HMKV

Hartware MedienKunstVerein

Performance Art and Secret Services

Performancekunst und Geheimdienste

AGENTS

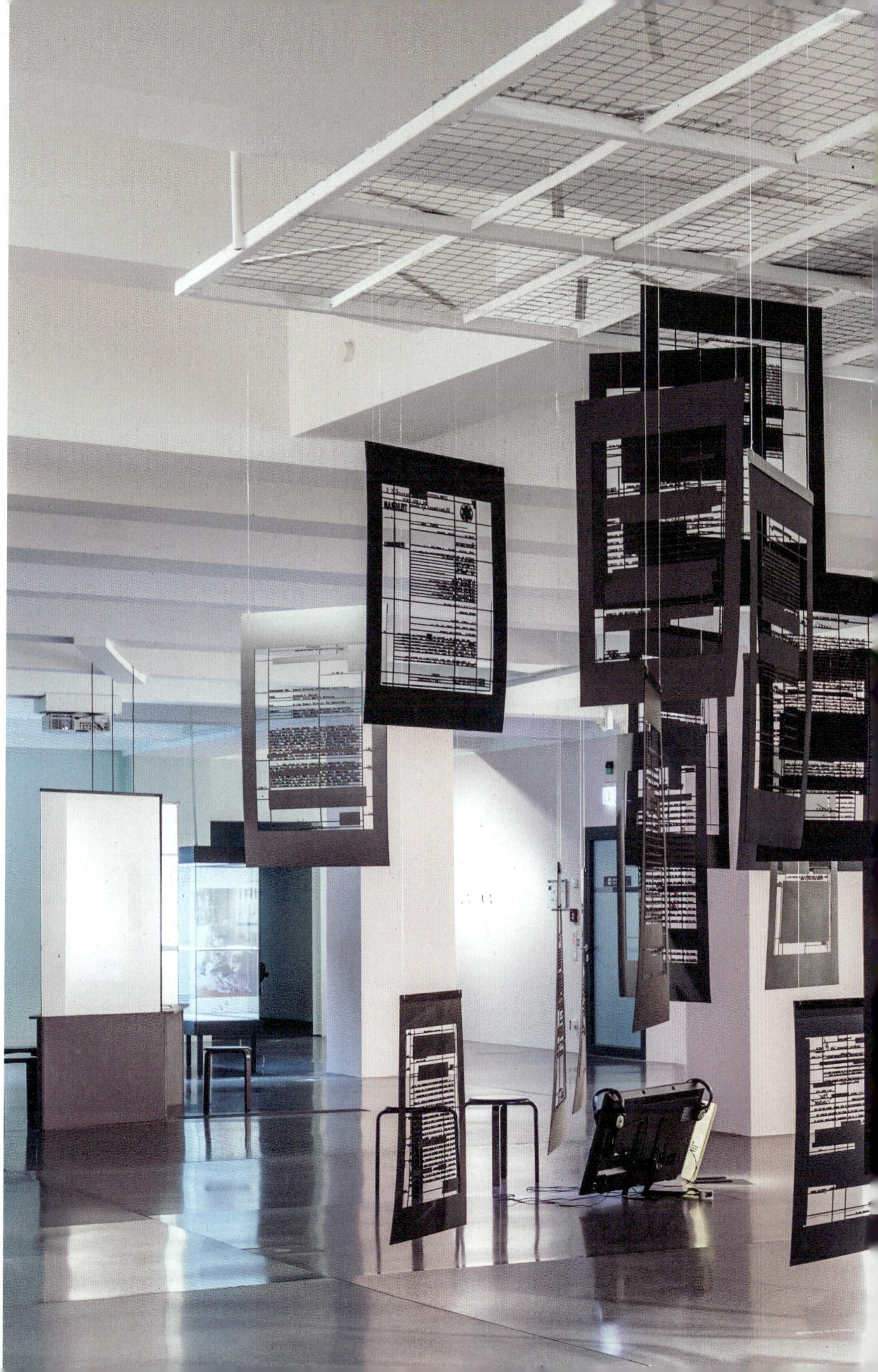

Ausstellungsansicht: Artists & Agents –
Performancekunst und Geheimdienste, HMKV 2019

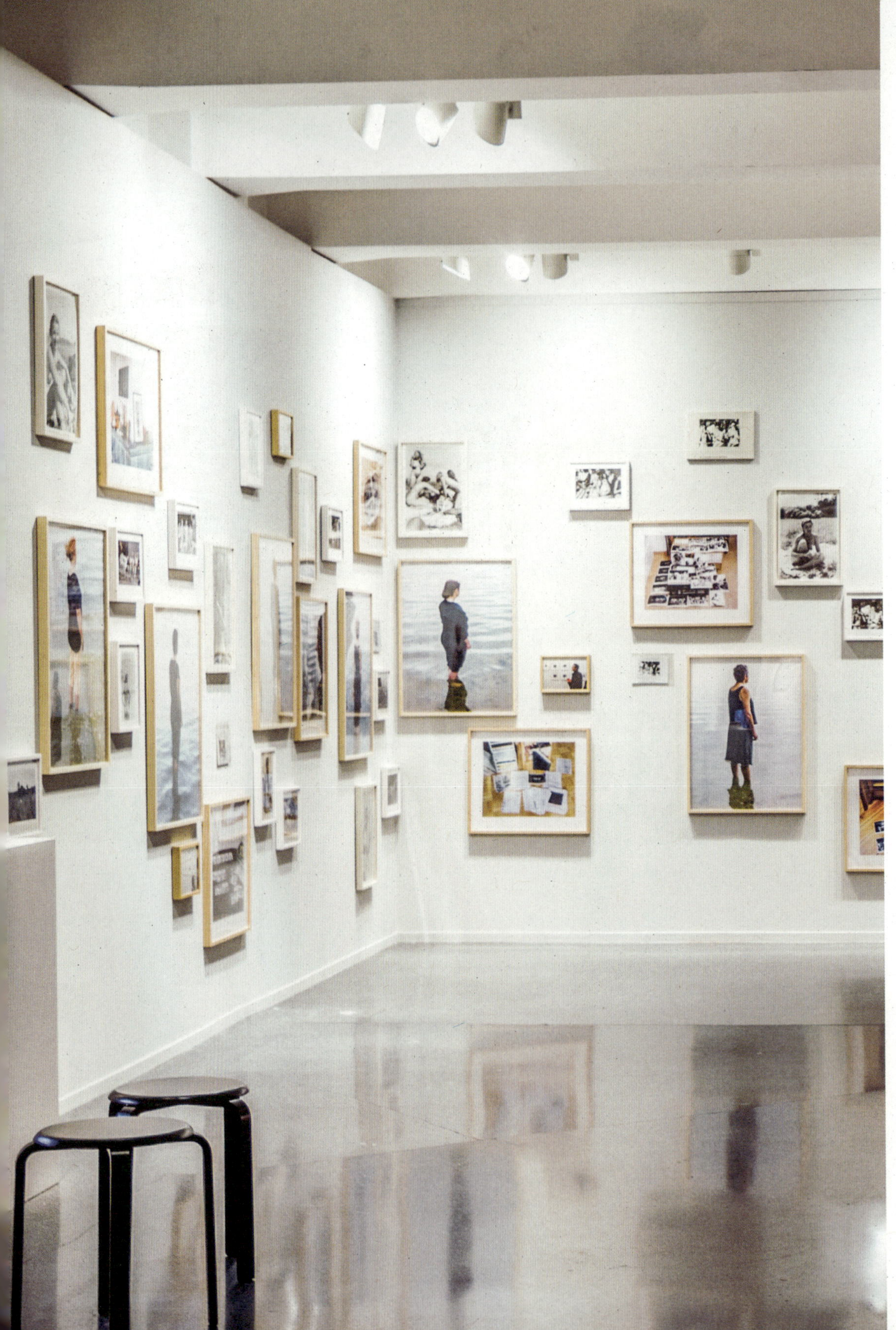

Tina Bara & Alba D'Urbano, Covergirl: Wespen-Akte (Story Tales) (2008/2009) © VG Bild-Kunst, Bonn 2019

Inhalt / Content

Einleitung / Introduction

Akten / Files

Künstlerische Positionen / Artistic positions

Glossar / Glossary

Jens Klein, Ballons (2013) © VG Bild-Kunst, Bonn 2019
Simon Menner, Geheimsignale übermitteln (2010–2014)

Überwachen und „Zersetzen“ – Eine Einleitung

KATA KRASZNAHORKAI
SYLVIA SASSE

Subversion gehört niemandem. Sie kann von Künstler*innen ausgehen, die den Staat überlisten, oder von Geheimdiensten, die mit staatlichem Auftrag die Kunstszene unterwandern. Doch was passiert, wenn beide Seiten aufeinandertreffen? Die dabei entstehenden Kollisionen sind Thema dieser Ausstellung. Wir wissen historisch viel über Subversion und Kritik in den Künsten, aber nur wenig über jene Strategien, mit denen die Geheimpolizei Desinformation über und mit Kunst betrieben hat und betreibt.

Die Gründe für geheimpolizeiliche Kunstüberwachung können ganz unterschiedlich sein. In der Regel geht es jedoch um den Versuch, die politisch oder ästhetisch riskant erscheinende Kunst zu beobachten, zu verhindern, zu stören und zu zerstören sowie kritische Künstler*innen gesellschaftlich zu diskreditieren, zu pathologisieren und schlimmstenfalls zu kriminalisieren. So kommt es dazu, dass Geheimpolizeimitarbeiter*innen schon mal in Performances eingreifen, selbst Fotomodell sind und auch eigene Aktionen planen und durchführen, mal gegen eine geplante Performance, mal als Mitglied von künstlerischen Gruppen. Das klingt abenteuerlich, aber nach der Lektüre Tausender Seiten von Geheimpolizeiberichten, die zwischen 1950 und 1990 in den ehemaligen sozialistischen Staaten Osteuropas verfasst worden sind, ist uns deutlich geworden, dass Künstler*innen mit der Geheimpolizei nicht nur als imaginärer Größe und realer Bedrohung rechnen mussten, sondern dass die Geheimpolizei auf erschreckend kreative Weise in den Kunstbetrieb und sogar in künstlerische Prozesse eingegriffen hat. Diese Eingriffe hat die Geheimpolizei selbst penibel dokumentiert, hat „Wer-ist-Wer-Aufklärungen“ erstellt, Maßnahmenpläne geschrieben, „Zersetzungsmaßnahmen“ erfunden, Spitzel eingeschleust, Kunstwerke zerstört, Ausstellungen verhindert, Happening-Prävention betrieben oder Künstler*innen zu „Aussprachen“ vorgeladen.

War das nur in Osteuropa so?

Wir wissen nicht, ob das, worüber wir in den Akten gelesen haben, so nur in Osteuropa passiert ist. In der Regel ist Geheimdienstwissen kein öffentliches Wissen. Zwar wurde schon 1967 von US-amerikanischen Medien aufgedeckt, dass die CIA die internationale Kunst- und Intellektuellenszene zu beeinflussen versuchte. Die CIA finanzierte den „Kongress für kulturelle Freiheit“, eine 1950 in Berlin gegründeten Organisation, die Propaganda gegen den kommunistischen Osten machen sollte. Inwiefern jedoch die USA über den FBI den eigenen Kunstbetrieb überwacht hat, ist nicht bekannt.[1] Durch den Zusammenbruch der ehemaligen Parteidiktaturen in Osteuropa um 1989 haben wir jedoch eine historisch einmalige Situation. Nach und nach wurden die Materialien der ehemaligen Staatssicherheitsdienste für private Akteneinsicht und wissenschaftliche Forschung geöffnet. Ausnahmen bilden nur Russland und das ehemalige Jugoslawien (mit Ausnahme von Slowenien), wo bislang keine Aufarbeitung der Akten möglich ist. In den übrigen Ländern Osteuropas jedoch kann man sich heutzutage einen umfassenden Überblick über geheimpolizeiliche (Inland) und geheim-

1 Parapolitik: Kulturelle Freiheit und Kalter Krieg, Ausstellung im HKW (Haus der Kulturen der Welt), www.hkw.de/de/programm/projekte/2017/parapolitics/parapolitik_mehr_zum_projekt/parapolitik_mehr.php (9.6.2019).

dienstliche (Ausland) Arbeit verschaffen. Dies führt unweigerlich zu einem Ungleichgewicht des Wissens über Geheimdienstpraktiken in Diktaturen gegenüber denen in Demokratien. Osteuropa dient uns hier deshalb vor allem als Ort der Forschung, nicht ausschließlich als Gegenstand. Anhand der Materialien aus den Geheimdienstarchiven in Osteuropa lässt sich erahnen, welche Praktiken weltweit angewendet worden sind und werden, wobei sich diese in unterschiedlichem Maße jeweils gegen die eigene Bevölkerung und eben auch die Kunst richten. Nichtsdestotrotz lässt sich das vorgefundene Material nicht einfach auf andere politische Situationen übertragen. Wir haben es, wenn wir in den geöffneten Archiven Osteuropas recherchieren, mit geheimpolizeilicher Arbeit in autokratischen Systemen zu tun, die ästhetisch und politisch Künstler*innen im Untergrund zu „feindlich-negativen Elementen“ erklärten und verfolgten. Recherchen in der Schweiz haben jedoch gezeigt, dass kritische oder linke Künstler*innen auch in einer Demokratie überwacht werden. Die Schweiz hatte zwischen 1900 und 1990 über 900.000 Staatsschutz-Fichen (im Vergleich dazu: in der DDR waren es 41 Millionen Karteikarten und 111 Kilometer Akten) angelegt, die 1990 nach dem sogenannten Fichenskandal, der Aufdeckung der Überwachung, zugänglich gemacht wurden. Schon Mitglieder der Dadaisten, Hugo Ball, Emmy Hennings und Tristan Tzara, wurden 1919 aufgrund des Verdachts, „revolutionäre Ideen“ zu „propagieren“ in der Schweiz beobachtet, man hielt Dada in Zürich für ein „Bolschewiken-Unternehmen“.[2] Es ist diese Angst, die sich vermutlich nicht nur in den Fichen der Schweiz fortschreibt. Während die DDR ihre Kritiker*innen als „feindlich-negative Elemente“ betitelt, sind es in der Schweiz die „Chaoten“, die „Militanten“ und die „Extremisten“ oder „Sozialisten“, die beobachtet und als potenzielle Feinde imaginiert werden.[3] Somit setzt sich diese Angst auch in der Rhetorik der Gegenwart fort, etwa wenn 2018 öffentlich wird, dass gegen das Zentrum für Politische Schönheit in Deutschland wegen des Verdachts der „Bildung einer kriminellen Vereinigung“ ermittelt wird. § 129 StGB gilt in Deutschland als „Schnüffelparagraf“, Ermittlungsbehörden können dadurch Maßnahmen wie Postkontrolle, Telefonüberwachung, langfristige Observation, Einsatz von V-Leuten und verdeckten Ermittler*innen, Rasterfahndung und den „großen Lauschangriff“ einleiten.

2 Guido Koller, „Unter Beobachtung“, NZZ, 10.2.2016, www.nzz.ch/feuilleton/100-jahre-dada/100-jahre-dada-unter-beobachtung-ld.5195 (26.5.2019).

3 Vgl. Christof Nüssli u. Christoph Oeschger (Hg.), Nikolaus Rosza, N. Rosza, Niklaus Rosza, Miklos Rosza, Robert (Miklos) Nikolaus Rosza, Rosza, K. Rosza, Rochat, Klaus Schmidt, Klaus Schmid, Nikolaus Rozsa, Niklaus Rozsa, Klaus Rozsa, Miklos Rozsa, Miklos (Klaus) Rozsa, Robert Nikolaus Rozsa, Rozsa, K.Rozsa, M. Rozsa, Miklós Klaus Rózsa, Zürich 2014.

Mit Aktionen gegen Aktionskunst

Auch wenn wir Diktaturen in literarischen und filmischen Dystopien immer als perfekte Überwachungssysteme – Stichwort: „Big Brother“ – erzählt bekommen, waren Beobachtung und Überwachung stets nur die Voraussetzung für das, was die Staatssicherheitsdienste in Osteuropa „Zersetzung“ nannten. „Zersetzung“ ist ein Wort, das aus dem Russischen (razloženie) übernommen wurde und die psychische und physische Zerstörung von Menschen, Gruppen und Objekten bezeichnet. Auch die Kunstszene sowie die Produktionsbedingungen im künstlerischen Untergrund sollten in den meisten sozialistischen Ländern „zersetzt“ werden. Von solchen Zersetzungspraktiken zu lesen ist auch 30 Jahre nach Fall des Eisernen Vorhangs immer noch aufwühlend. Sie zeigen den performativen Aspekt der Geheimpolizei, die zerstörerische Kreativität, die sich in Aktionen und Interventionen äußert. Wir haben uns bei unseren Recherchen immer gefragt, woher die Führungsoffiziere die verrückten Ideen für jene Subversion hatten, mit denen sie die Kunstszene in Unruhe versetzten, mit denen sie Künstler*innengruppen zerstörten, Personen diskreditierten und selbst „Kunst" – z. B. Gedichte gegen die Stasi – herstellten. Manchmal waren diese Aktionen den künstlerischen Aktionen zum Verwechseln ähnlich, etwa wenn es um Mimikry oder „Fake-Aktionen" ging.

Die Staatssicherheit realisierte jedoch nicht nur selbst Aktionen, sie interessierte sich bei der Überwachung vor allem für ein Genre, zumindest in Osteuropa: Aktionen, Happenings, Performances. Dies nicht nur, weil man den Ursprung der Aktionskunst wahlweise in der verhassten Avantgarde oder im bourgeoisen Westen vermutete; künstlerische Aktionen waren der Geheimpolizei noch aus einem anderen Grund suspekt. Man konnte sie nicht ohne Weiteres als solche erkennen, verstand nicht, was vor sich ging, hatte Angst vor ihrer Unberechenbarkeit und Wirkung, also davor, dass sie eine unkontrollierbare Öffentlichkeit erzeugen könnten. Deshalb wurden künstlerische Aktionen oftmals nicht einfach nur überwacht, sondern man versuchte, sie präventiv zu verhindern oder zu stören – vor allem auch mit Gegenaktionen. In manchen Fällen führte das zu einer regelrechten Konkurrenz zwischen künstlerischer und geheimpolizeilicher Aktion.

Wollte man Michel Foucaults berühmtes Buch Überwachen und Strafen für Osteuropa im Kalten Krieg fortsetzen, könnte man es getrost Überwachen und Zersetzen nennen, um zu unterstreichen, dass die „Zersetzung" eine verdeckte und präventive Praxis des Strafens darstellt. Das „Zersetzen" ist ein Strafen außerhalb des Gesetzes, es verweist auf das staatliche/geheimpolizeiliche Agieren im Schatten gegen die eigene Verfassung und das Gesetz im Namen des Gesetzes. Foucault hat von einem Diskretwerden der Strafen gesprochen und von einer Strafnüchternheit, die das ehemals stattfindende Straftheater abgelöst habe. Nimmt man die Praxis des „Zersetzens" als Strafpraxis ernst, müsste man Foucault dahingehend ergänzen, dass zumindest autokratische Systeme zwar ein diskretes, aber zugleich performatives Strafen einführen, das sich selbst als solches nicht zu erkennen gibt.

Ist das nicht längst Geschichte?

Wir machen diese Ausstellung im Jahr 2019, 30 Jahre nach dem Ende des Kalten Krieges und etwa 20 Jahre nach der Öffnung der Archive in den meisten osteuropäischen Ländern. Bislang hängt das Wissen aus diesen Archiven im Aufarbeitungsdiskurs fest und ist nur vereinzelt in kunst-, literatur- oder theaterwissenschaftlichen Debatten gelandet. Das ist schade, denn in Zeiten von „Mueller Report" und „Ibizagate" können wir beobachten, wie geheimdienstliche Praktiken die gesellschaftliche und politische Realität auch heute noch bestimmen und verändern. Und auch der Umgang mit den Archiven selbst ist nicht frei von politischem Interesse und naivem Glauben an die Quelle. Gerade der

Fall „Julia Kristeva" hat jüngst erneut vor Augen geführt, dass das Lesen von Staatssicherheitsakten eine anspruchsvolle Aufgabe ist. Diese Akten geben keine Fakten wieder, sie sollten vielmehr Fakten schaffen.

Und in der Kunst? Die Ermittlung gegen das Zentrum für politische Schönheit wegen des „Verdachts der Bildung einer kriminellen Vereinigung" wurde schnell wieder fallengelassen, ob das Künstler*innenkollektiv auch vom Verfassungsschutz beobachtet worden ist, wissen wir nicht. In Russland und Serbien werden Ausstellungen gerne unter Vorwand verhindert, mit Bombendrohungen oder Wasserrohrbrüchen – alles Praktiken, die wir aus den Geheimpolizeiakten kennen. In Ungarn werden „schwarze Listen" angefertigt mit Namen von Schriftsteller*innen und Künstler*innen, die angeblich gegen das ungarische Volk agieren und „aus dem Westen" u. a. von „George Soros" finanziert werden. Damit wird das geheimdienstliche Narrativ fortgeschrieben, dass Kritik überhaupt nur aus dem Westen stammen könne und von diesem auch bezahlt werde. Wir können heute beobachten, wie dieses geheimdienstliche Narrativ aus der Zeit des Realsozialismus im nationalistischen, rechtspopulistischen Diskurs landet. Die Praktiken der Geheimdienste sind also in nationalistischen Kreisen angekommen, und es sind diese Kreise, die mit ähnlichen Methoden „entblößt" werden, gerade wenn man das Strache-Video im Blick hat, das die österreichische FPÖ im Mai 2019 die Regierungsbeteiligung gekostet hat. Die Erstellung von Kompromat ist eine gegenwärtige politische Praxis. Und nicht die einzige dieser oder ähnlicher Art. Erinnern Sie sich noch an Petr Verzilov? Verzilov war derjenige, der 2018 während des WM-Finales zwischen Frankreich und Kroatien mit seinen Kolleg*innen von Pussy Riot aufs Spielfeld[4] lief und für die Freilassung des ukrainischen Regisseurs Oleh Sencov protestierte. Knapp zwei Monate später, ausgerechnet am 11. September 2018, kam Verzilov von einer Gerichtsverhandlung nach Hause, fühlte sich elend und legte sich ins Bett. Als er wieder aufwachte, konnte er erst nicht mehr richtig sehen, dann nicht mehr richtig sprechen und später kaum noch laufen. Er kam erst auf die Vergiftungsstation eines Moskauer Krankenhauses und wurde zwei Tage später mit einer Privatmaschine nach Berlin in die Charité geflogen. Dort bestätigten die Ärzte die Vergiftung.

In den deutschen Kommentarspalten zum Fall tummelten sich damals einige User*innen, die diese Ereignisse sofort als westliche politische Propaganda gegen Vladimir Putin deuteten oder behaupteten, Verzilov würde von Soros bezahlt und sei deshalb nach Deutschland ausgeflogen worden. Oder, um den Kommentator „John S." zu zitieren: „Wenn man im Suff einen drei Wochen alten Fisch isst, ist es super Putin als Ursache anzugeben, damit die Krankenversicherung bloß nicht aufhört zu zahlen. Aber im Ernst, vielleicht sollte man den ungewöhnlichen Konsum von ungewöhnlichen Stoffen in solchen ‚Künstler Gilden' prüfen."

Es waren diese beiden Muster, die sich in den Kommentaren immer wieder fanden: Es hieß erstens, die Geschichte sei erfunden, eine Räuberpistole der westlichen Lügenpresse, denn Verzilov habe das mit Unterstützung des ungarisch-amerikanischen Philanthropen Soros finanziert und inszeniert (der in sol-

4 Vgl. Sylvia Sasse, „Der Milizionär kommt ins Spiel – Wie Pussy Riot den Dichter Dmitrij Prigov zitieren und das Politische poetisch wird", Geschichte der Gegenwart, 22.7.2018, https://geschichtedergegenwart.ch/der-milizionaer-kommt-ins-spiel-wie-pussy-riot-den-dichter-dmitrij-prigov-zitieren-und-das-politische-poetisch-wird/ (17.5.2019).

chen Zusammenhängen immer genannt wird), um Putin zu schaden. Zweitens wurde die bekannte Vermutung in die Welt gesetzt, Künstler*innen behaupteten gerne mal, sie seien vergiftet worden, obwohl sie sich eigentlich eine Überdosis gegeben hätten. Das seien dann genau jene Künstler*innen, auf die sich die westliche Presse mit unerschöpflicher Gier stürze, um – in diesem Fall – Russland in einem negativen Licht zu zeigen.

Negative Inklusion

Dass man heutzutage Einsicht in den Datenbestand der Stasi hat, ist zumindest in Deutschland jenen zu verdanken, die selbst zum Objekt der Beobachtung geworden waren. In der DDR waren es u.a. Erfurter oppositionelle Aktivist*innen, unter ihnen die Künstlerin Gabriele Stötzer, die am 4. Dezember 1989 in einer konzertierten Aktion die Stasizentrale des Bezirks besetzten. Am 15. Januar 1990 schließlich wurde auch die Hauptzentrale in Berlin besetzt. Die massive Aktenvernichtung und Aktenchaotisierung konnte so unterbrochen und die Papierschnipsel zerrissener Akten sichergestellt werden. Aktenvernichtung fand nicht nur in der DDR statt, sondern auch in allen anderen ehemaligen sozialistischen Staaten und dort bis weit in die 1990er Jahre. In Ungarn z.B. wurde die rund 400-seitige Akte „Underground" 1989 vernichtet.[5] Besonders dramatisch jedoch ist die Aktenvernichtung in Russland. Wie Arsenij Roginskij und Nikita Ochotin 1993 auf einem Symposium zum Thema „Staatssicherheitsdienste und Literatur" zusammenfassten, wurde im Herbst 1990 eine totale Zerstörung aller IM-Akten befohlen, 1991 wurden auch viele der Akten von Opfern, „darunter die von Schriftstellern", zerstört.[6]

Wir haben es bei den ehemaligen Geheimdienstarchiven nicht mit Archiven zu tun, die, wie Michel de Certeau es in „Der Raum des Archivs oder die Perversion der Zeit" formuliert, etwas beiseitelegen, etwas schon Vorhandenes aussortieren, etwas als Quelle[7] festlegen, sondern mit einem Archiv, das archiviert, was durch eine Behörde, hier die Geheimpolizei, überhaupt erst produziert worden ist. Es gibt kein vorgängiges archivierbares Material, es gibt einen Auftrag zur Produktion dieses Materials und zwar von Material über jene, die als potenzielle Feinde der Gesellschaft registriert und archiviert werden sollen. Das Machen, das Produzieren, auch das Produzieren von Personen als Feinden, geht dem Archivieren voraus. Die von Derrida in seinem Essay „Dem Archiv verschrieben" ins Spiel gebrachte „erhaltende und errichtende"[8] Funktion des Archivs ist im Fall der Geheimdienstarchive ganz zu Gunsten der errichtenden Funktion verschoben. Erhalten wird, was errichtet, was selbst produziert worden ist. Mit Produzieren sind aber nicht, wie in der kulturwissenschaftlichen Archivologie üblich, die archivarischen Vorgänge des Kopierens, des Druckens, Bindens und Klassifizierens gemeint, sondern eben die grundsätzliche Erschaffung des zu archivieren-

5 Die drei Bände der Akte „Underground", die ursprünglich unter der Nummer Cs-771 wegen Vorwurfs der Agitation eröffnet und am 14. Oktober 1976 unter der Nummer O-16097 archiviert wurden, umfassten 225, 263 und 29 Seiten. Die Akte gibt es jedoch nicht mehr – sie wurde 1989 geschreddert, das kann man der Seite 17 eines unbetitelten Objekt-Registers entnehmen: ÁBTL, 3.1.5. [O-Register] 15860-19897. Durch diese Akte werden wir also weder in die entsprechenden Berichte des geheimen Beauftragten „Zoltán Pécsi" noch in die anderer Informanten Einblick bekommen. Die Tatsache, dass die Akte 23 Jahre nach ihrer Archivierung geschreddert wurde, weist eindeutig auf die Absicht hin, die darin festgehaltenen Informationen zu vernichten.

6 Arseni Roginski u. Nikita Ochotin, „Archivquellen zum Thema KGB und Literatur", in: Stasi, KGB und Literatur. Beiträge und Erfahrungen aus Russland und Deutschland, hg. v. d. Heinrich-Böll-Stiftung, Köln 1993, 131–141, 135. Deutlich wird bei Roginski und Ochotin auch (Stand 1993), dass zunächst nur eine Person Zugang zu den Dossiers der 1930er Jahre bekommen hat, Vitalij Šentalinskij, der die Ergebnisse dann in einer eher unwissenschaftlichen, narrativen Publikation veröffentlicht hat: Vitalij Šentalinskij, Raby svobody. V literaturnych archivach KGB. Babel', Bulgakov, Florenskij, Pil'njak, Mandel'štam, Kljuev, Platonov, Gor'kij, Moskva 1995. Aus dieser Zeit stammt auch die Akten-Leseszene von Vladimir Vojnovič, Delo № 34840, Moskva 1993.

7 Michel de Certeau, „Der Raum des Archivs oder die Perversion der Zeit", in: Archivologien, hg. v. Knut Ebeling u. Stephan Günzel, Berlin 2009, 113–122, 113.

8 Jacques Derrida, „Dem Archiv verschrieben", in: Archivologien, 29–60, 36.

den Materials: das Erstellen der Quelle. Es ist interessanterweise ein Künstler, György Galántai, der mit dem Artpool-Archiv, gegründet bereits 1979, an genau diese aktive Funktion des Archivierens anknüpft und sein eigenes Archiv, daran angelehnt, Active Archive nennt. Im Unterschied zu herkömmlichen Archiven sammelt Galántai, wie er in einem Manifest schreibt, nicht nur bereits existierendes Material, sondern stellt das zu sammelnde Material auch her. Die tatsächliche und ironische Parallele zu den Geheimdienstarchiven ist nicht zufällig. Es ist gerade Galántai, der in Ungarn als erster Künstler seine Akten in eben jenem zugänglich gemacht hat und damit auch die künstlerische Erforschung dieser Akten angestoßen hat – nicht nur für Ungarn.[9]

Das Archivieren als Kulturtechnik hat im Falle der Geheimdienstarchive also die Funktion, ein geheimes, nicht öffentliches Gedächtnis über politische und künstlerische Abweichungen zu produzieren.[10] Damit sind Geheimdienstarchive nicht, wie Foucault dies in „Das historische Apriori und das Archiv“ formuliert, das „Gesetz all dessen, was gesagt werden kann, das System, das das Erscheinen der Aussagen als einzelner Ereignisse beherrscht“[11]. Vielmehr haben wir es bei Geheimdienstarchiven in einem doppelten Sinne mit dem „Gesetz all dessen zu tun, was nicht gesagt werden kann“ – sowohl im Hinblick auf die Objekte der Speicherung (die von der Gesellschaft abweichenden, die Nonkonformisten) als auch in Bezug auf die Kulturtechnik des Beobachtens, Dokumentierens, Speicherns, Codierens, Registrierens und Archivierens. Es ist das Archiv und das Archivieren selbst, das verborgen werden muss, und die Inhalte des Archivs müssen teilweise verschlüsselt werden, so dass sie ohne Code, Wörterbuch und Insiderwissen nicht lesbar sind. So bedurfte es bei der Aufarbeitung der Stasiunterlagen absurderweise ehemaliger Mitarbeiter*innen der Staatssicherheit, die sowohl den Zugang als auch die Lesbarkeit sicherstellen mussten.

Im Grunde haben wir es nicht mit einem Prozess der Inklusion und Exklusion zu tun, also mit dem Aussortieren dessen, was eine Gesellschaft für erinnerungswürdig befindet, sondern mit einer „negativen Inklusion“.[12] In das Archiv findet (in diesem Fall) genau dasjenige Eingang, was nicht Teil des öffentlichen Gedächtnisses sein soll – z. B. eine durch dauerhafte Beobachtung hergestellte falsche ‚Dokumentation' nonkonformistischer Literatur und Kunst. Die hergestellten ‚Dokumente' erfüllen genau den Zweck, die Performanz des Archivs, seine negative Inklusion zu rechtfertigen.

9 György Galántai, „Active Archive 1979–2003“, in: Artpool. The Experimental Art Archive of East-Central Europe, hrsg. v. Júlia Klaniczay und György Galántai, Budapest 2013, 15.

10 Einen Überblick über die Archive findet man im Glossar. Zur vergleichenden Forschung vgl. z. B. Dagmer Unverhau u. Roland Lucht (Hg.), Lustration, Aktenöffnung, demokratischer Umbruch in Polen, Tschechien, der Slowakei und Ungarn, Münster 2005.

11 Michel Foucault, „Das Archiv und das historische Apriori“, in: Archivologien, 107–112, 110.

12 Vgl. zur Frage, wie die Institutionen der Moderne durch Disziplinierung, z. B. durch Gerichtsprozesse gegen Randständige, eine negative Inklusion über die Archive betreiben: Michel Foucault, Das Leben des infamen Menschen, Berlin 2001. Den Hinweis verdanken wir Anne Krier.

„Da ist doch nichts, da steht doch nichts drin“

Während unserer Recherchen haben wir immer wieder diese Sätze gehört: „Da ist doch nichts, da steht doch nichts drin. Und wenn dann nur Banales.“ Auch der Historiker Ilko-Sascha Kowalczuk schreibt in der Einleitung zu seinem Buch Stasi konkret, dass Zeithistoriker*innen immer wieder behaupten würden, die Archivalien aus dem Bestand der Staatssicherheitsdienste seien „langweilig“.[13] In Ungarn hat György Gyarmati, der langjährige

13 Ilko-Sascha Kowalczuk, Stasi konkret. Überwachung und Repression in der DDR, München 2013, 16.

Direktor (2003–17) des Archivs (ÁBTL) selbst die Relevanz und Bedeutung der im Archiv gesammelten Dokumente verharmlost – ebenfalls nach dem Motto: Da ist nichts.[14]

Wir sind froh, dass wir solchen Ratschlägen nicht gefolgt sind. Oft hätten wir uns sogar Akten mit etwas banaleren „operativen Maßnahmen" gewünscht, etwa wenn es darum ging, Künstler*innen systematisch zu zerstören. Umgekehrt sagen selbst die banalsten Berichte etwas über die Logik geheimpolizeilicher Arbeit aus, dies ganz im Sinne von Hannah Arendts Überlegungen zur Banalität des Bösen, denn auch hier haben wir es mit kleinkarierten Bürokrat*innen zu tun und ihrer Vorstellung von Kunst und Künstler*innen. Besonders anschaulich wird das in den Akten der tschechoslowakischen Geheimpolizei, die hin und wieder Milan Knížák und Maria Saudková beobachtet hat. Die Beobachtungsberichte protokollieren völlig irrelevante Alltagshandlungen sehr detailliert: das Öffnen der Fenster, Einkäufe, den Gang ins Atelier – mit Angabe von Uhrzeit, Beschreibung der Kleidung. Aber sie dokumentieren auch, mit welchem unverhältnismäßigen Aufwand diese Alltäglichkeiten gesammelt worden sind, es waren durchschnittlich sieben Informant*innen gleichzeitig im Einsatz, um beide zu beobachten, die neuesten und teuersten Autos wurden zur ‚unauffälligen' Observation – mit Fernrohr aus dem Auto – eingesetzt, die Informant*innen benötigten mehr Platz im Bericht als die zu beschreibenden Handlungen, um ihre Tarnung (Kleidungskonzept jeder*s einzelnen Informantin*en) zu beschreiben und Karten zu malen, auf denen die Standorte der Überwachungsautos rund um das Atelier von Knížák eingezeichnet sind. In diesem Fall zeigen die Berichte die Autoreferenz der Berichte, verweisen mehr auf die eigene Arbeit als auf das beobachtete Geschehen. In einem solchen Fall ließe sich zeigen, mit wie viel Personal, finanziellen Mitteln und Zeitaufwand über „nichts" berichtet wurde, eine Praxis, die auch Max Frisch, über den der Schweizer Staatsschutz eine Fiche anlegte, im Kommentar zu seiner Akte beschrieb. Bezogen auf die Geheimpolizei ist dieses „Nichts" jedoch unmittelbarer Bestandteil einer Praxis der Selbsterhaltung, der Selbstbezüglichkeit und eines Systems, das stets den Anderen, das Andere, den Feind und die Gefahr erschafft, um selbst am Leben bleiben zu können.

14 Gyarmati György, Kísértő közelmúlt – avagy a rendszerváltás egyik deficitje, Budapest 2011. Auf diesen fehlenden reflexiven Zugang zu den Beständen des Archivs seitens Gyarmati hat Krisztián Ungváry hingewiesen, vgl.: Krisztián Ungváry, „Források és alulértékelésük", in: Az ügynök arcai, hg. v. Sándor Horváth, Budapest 2014, 89–106.

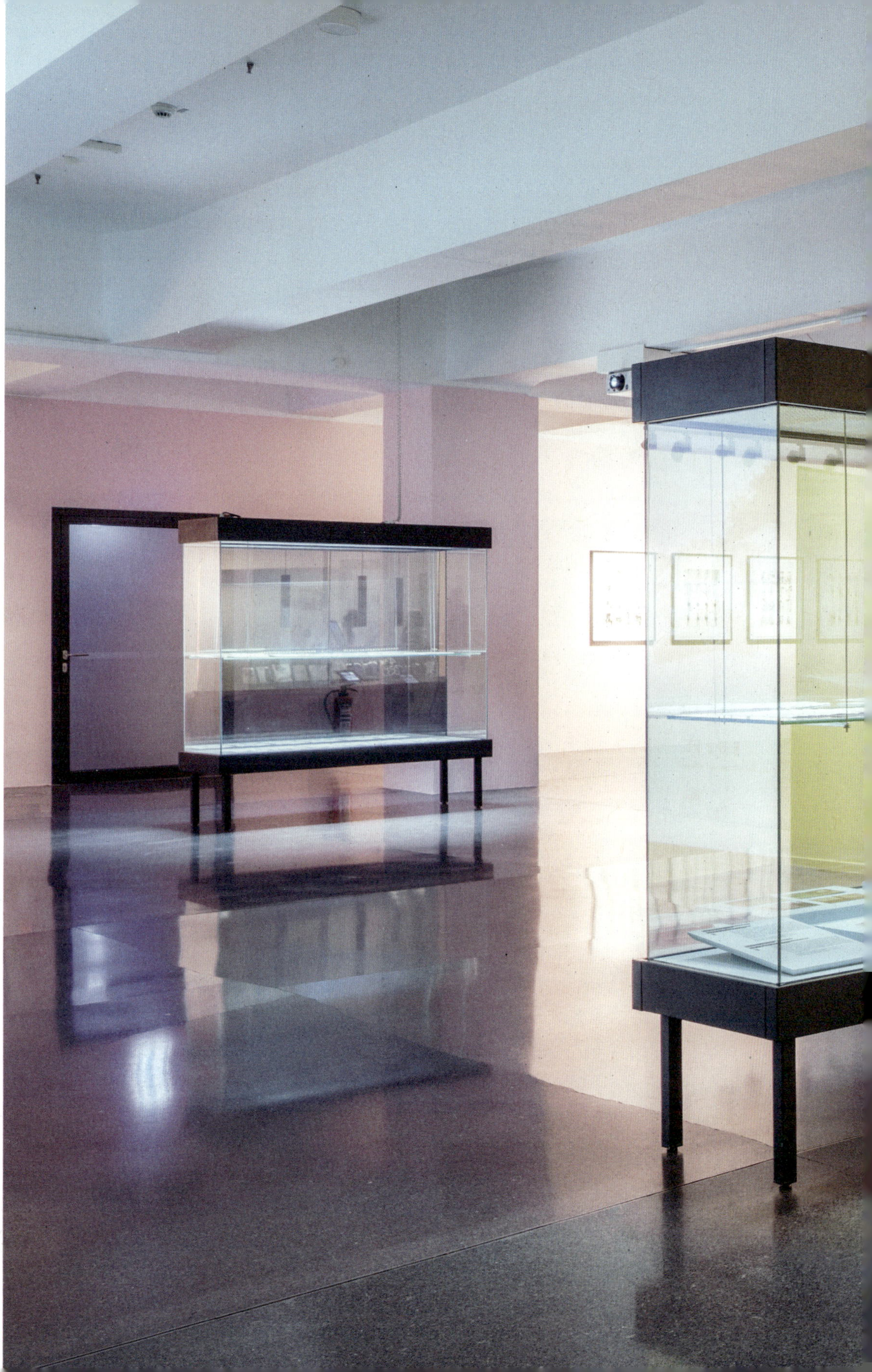

Ausstellungsansicht: Artists & Agents –
Performancekunst und Geheimdienste, HMKV 2019

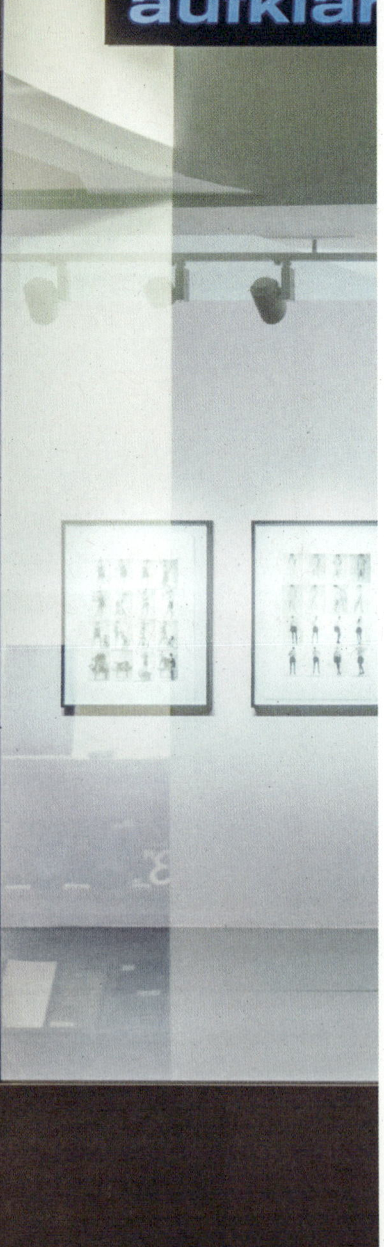

Ausstellungsansicht: Artists & Agents –
Performancekunst und Geheimdienste, HMKV 2019

Surveillance and "Disruption" —An Introduction

KATA KRASZNAHORKAI
SYLVIA SASSE

Subversion belongs to no one. It can be performed by artists trying to outsmart the state or by secret police ordered by the state to infiltrate the art scene. But what happens when both sides encounter each other? That encounter is the subject of this book. We know a great deal about subversion and criticism in the arts and yet little about the strategies secret police services use to spread disinformation about art—and with art.

The causes of secret police disinformation and surveillance of the arts can vary greatly, but in general they concern the attempt to surveil, prevent, disrupt, and destroy art which seems aesthetically risky, and to discredit, pathologize, and in the worst cases even criminalize critical artists. And so it happens that secret police agents interfere in performances, become photo models themselves, and even plan and carry out their own art actions, sometimes against a planned performance and sometimes as a member of artist groups. This might sound somewhat fantastic, but after reading thousands of pages of secret police reports written between 1950 and 1990 in the former socialist states of Eastern Europe, it became clear to us that artists were forced to deal with the secret police in shockingly creative ways in the art scene and even in processes of artistic creation. Secret police services themselves documented these interventions in meticulous detail, producing "Who's-Who" summaries, writing operational plans, inventing "disruptive measures," planting informants, destroying works of art, stopping exhibitions, introducing "happening prevention," and inviting artists to "discussions."

Was this only the case in Eastern Europe?

We do not know if the things we read about in the files only happened in Eastern Europe. Secret police files are, by their nature, not public. As a rule, secret service knowledge is not public knowledge. As early as 1967, it was discovered that the CIA had attempted to influence international art and intellectual scenes. The CIA financed the "Congress for Cultural Freedom," an organization founded in 1950 in Berlin with the purpose of creating propaganda directed against the communist East. The extent to which the United States surveilled the domestic art industry via the FBI remains, however, unknown.[1] With the collapse of the former party dictatorships of Eastern Europe in 1989, however, we encountered a historically unique situation. Gradually, the materials of the former state security services have become open to personal and scholarly research. The only exceptions are Russia and Yugoslavia (excluding Slovenia), where analysis of the files is still impossible. In all other Eastern European countries, however, it is now possible to gain a comprehensive overview of secret police (domestic) and intelligence service (foreign) operations. This inevitably leads to an imbalance of knowledge about secret service practices in dictatorships as opposed to democracies. Eastern Europe is thus primarily the site of research rather than its exclusive subject. We could say that the materials from Eastern European secret police archives allow us to imagine the practices which have been and are still

1 Parapolitics: Cultural Freedom and the Cold War, exhibition at HKW (Haus der Kulturen der Welt), Berlin, 2017, www.hkw.de/en/programm/projekte/2017/parapolitics/parapolitik_mehr_zum_projekt/parapolitik_mehr.php (4.11.2019)

used worldwide, with variations in the degree to which they have been directed towards a country's own population and towards the art world. Nevertheless, the material discovered cannot simply be applied to different political situations. We are dealing, when researching in the opened archives of Eastern Europe, with the operations of secret police in autocratic systems which classified underground artists as aesthetic and political "hostile-negative elements" and persecuted them as such. Research in Switzerland has shown, however, that critical or leftist artists have also been subject to surveillance in a democratic society. Between 1900 and 1990, Switzerland compiled over 900,000 state security files (compared to 41 million index cards and 111 kilometers of files in former East Germany) which were made accessible in 1990 after the so-called "Fiche Scandal" which exposed the surveillance. Even members of the Dadaist movement, Hugo Ball, Emmy Hennings and Tristan Tzara, were placed under surveillance in Switzerland in 1919 on suspicion of "propagating" "revolutionary ideas";[2] Dada was suspected in Zurich of being a "Bolshevik enterprise." This is the fear which finds expression in the Swiss files—and presumably not only there. While the GDR labeled its critics as "hostile-negative elements," in Switzerland it was the "anarchists," "militants," "extremists," and "socialists" who were placed under surveillance and imagined to be potential enemies.[3] This fear continues even in contemporary rhetoric, e.g. when it was revealed in 2018 that the German Center for Political Beauty (Zentrum für Politische Schönheit) was being investigated on suspicion of "forming a criminal organization." Paragraph 129 of the German Criminal Code is considered the "snooping paragraph": under its authority, investigative authorities are authorized to take measures like reading mail, phone-tapping, long-term surveillance, the use of informants, clandestine investigators, dragnet operations, and "major eavesdropping."

2 Guido Koller, "Unter Beobachtung," Neue Zürcher Zeitung, 10.2.2016, www.nzz.ch/feuilleton/100-jahre-dada/100-jahre-dada-unter-beobachtung-ld.5195 (accessed 26.5.2019).

3 See Christof Nüssli/Christoph Oeschger (eds.): Nikolaus Rosza, N. Rosza, Niklaus Rosza, Miklos Rosza, Robert (Miklos) Nikolaus Rosza, Rosza, K. Rosza, Rochat, Klaus Schmidt, Klaus Schmid, Nikolaus Rozsa, Niklaus Rozsa, Klaus Rozsa, Miklos Rozsa, Miklos (Klaus) Rozsa, Robert Nikolaus Rozsa, Rozsa, K.Rozsa, M. Rozsa, Miklós Klaus Rózsa (Zurich, 2014).

With actions against action art

Even if dictatorships are often portrayed as perfect systems of surveillance in the films and dystopias of popular culture—keyword "Big Brother"—, surveillance was always only the starting point for what state security services in Eastern Europe called "disruption." "Disruption" is a word stemming from the Russian "razloženie" indicating the psychological and physical destruction of persons, groups, and objects. The art scene and the conditions of artistic production in the artistic underground were also subject to "disruption" in most socialist countries. Reading about these disruption practices is still disturbing thirty years after the fall of the Iron Curtain. They reveal the performative aspect of the secret police. It is this aspect that interests us here: an uncanny, destructive creativity. During our research, we were continually asking ourselves where the handling agents got their crazy ideas for the interventions, counter-actions, and subversions which they used to unsettle the art scene, discredit individuals, and even "create" art themselves—e.g. anti-Stasi poems. These actions were something so similar to artistic actions as to be almost indistinguishable, e.g. in cases of mimicry or "fake actions," of alienation and deferral.

It is no surprise that the secret police's preference for actions aroused a special interest in a specific genre, at least in Eastern Europe: performances, happenings, and action art. And that not only because they originated in the much-hated avant-garde or in the bourgeois West: they were also suspect for another reason. They could not immediately be recognized for what they were, and the secret police was afraid of their unpredictability and influence, i.e. that they could produce an equally uncontrollable public. For this reason, action art was often not just kept under surveillance; the secret police attempted to prevent the actions from happening or to disturb them—especially with counter-actions. In some cases this led to actual competition between artistic actions and secret police actions. If we wanted to write a sequel to Michel Foucault's famous Discipline and Punish in Cold War-era Eastern Europe, we could easily call it Discipline and Disrupt, drawing attention to exactly that aspect which must remain hidden and was meant to be preventive: "disruption." "Disruption" is a covert theatrical punishment outside the bounds of the law; it refers to clandestine state or secret police actions which violate the state's own constitution and laws in the name of the law. Foucault spoke of a process of punishment becoming more discreet, as well as of a soberness of punishment which replaced the previous theater of punishment. Foucault's observation that punishment disappeared from public view over the course of history, becoming in the process more and more subtle and insidious, can be supplemented by the thesis that during the Cold War, theater again became subject to illegal sanction—but a sanction which was forced to remain covert. Taking the practice of "disruption" seriously as a disciplinary practice would require supplementing Foucault's thesis with another claim: that autocratic systems (at least) introduce discreet and yet at the same time performative disciplinary actions which do not reveal themselves to be such.

Is this not all just a thing of the past?

This exhibition is being put together in 2019, thirty years after the end of the Cold War and about twenty years after the opening of the archives in most Eastern European countries. So far, the knowledge acquired from these archives has remained stuck in the discourse of reappraisal and has only occasionally and in isolated instances become part of debates in scholarly studies of art, literature, and theater. This is unfortunate in the era of the Mueller Report and "Ibizagate," when we are learning how clandestine practices still shape and alter social and political reality. And even interaction with the archives itself is not free of political interests and naïve faith in the sources. The "Julia Kristeva" case again reminded us that the reading and interpretation of state security files is a challenging task. These files do not so much reflect facts as attempt to produce them.

And in art? The investigation of the Center for Political Beauty on "suspicion of forming a criminal organization" was rapidly dropped, but we do not know whether the artist collective was also placed under surveillance by the German Office for the Protection of the Constitution (Verfassungsschutz). In Russia and Serbia, exhibitions are frequently disrupted under the pretext of bomb threats or broken water pipes, all actions which we are familiar with from the secret police files. Hungary compiles “blacklists” with the names of writers and artists who allegedly act against the Hungarian people and who are allegedly financed “by the West.” This reactivates the secret police narrative that criticism can only emerge from and be paid for by the “West,” foremost by “George Soros.” We can currently observe how this secret service narrative has migrated from the era of actually-existing socialism into nationalist, right-wing populist discourse. The practices of the secret services have thus arrived in nationalist circles, and it is these circles which are “exposed” with similar methods, as we can see in the 2019 video which cost the far-right Austrian FPÖ party their participation in the governing coalition. The production of “kompromat” is a contemporary political praxis—but not only that. Do you remember the case of Petr Verzilov? Verzilov was the man who ran onto the field during the 2018 World Cup final between France and Croatia with his colleagues from Pussy Riot[4] and protested for the release of the Ukrainian director Oleh Sencov. Barely two months later, on September 11, 2018, Verzilov came home from a court hearing, began to feel ill, and lay down in bed. When he woke up, he could no longer see properly, and soon could no longer speak properly and later could hardly even walk. He initially went to the poisoning station of a Moscow hospital before being flown two days later with a private helicopter to the Charité hospital in Berlin. There, physicians confirmed that he had been poisoned. In German opinion columns on the case, there were some who made a stir about the events being western anti-Putin political propaganda or who asserted that Verzilov was being paid by Hungarian philanthropist George Soros, which is why he was able to be flown to Germany. Or, to cite the commentator “John S.”: “If you’re drunk and eat a three-week-old fish, it’s a great idea to give Putin as the cause, so your insurance keeps on paying. But in all seriousness, maybe we should take a closer look at the uncommon consumption of uncommon substances in these ‘artists’ guilds.’”

These two patterns recurred repeatedly in the opinion columns: first of all, they claimed the story was invented, a cock-and-bull story by the lying western press: Verzilov had staged the whole thing with the financial support of Soros (who is always named in these sorts of circumstances) in order to damage Putin; second, they made the familiar assertion that artists like to claim that they have been poisoned even though they have simply overdosed on drugs. And, the claim continues, it is exactly those artists the western press gives endless attention to, with the purpose, in this case, of painting Russia in a false light.

4 See Sylvia Sasse, “‘Der Milizionär kommt ins Spiel’ – Wie Pussy Riot den Dichter Dmitrij Prigov zitieren und das Politische poetisch wird,” https://geschichtedergegenwart.ch/der-milizionaer-kommt-ins-spiel-wie-pussy-riot-den-dichter-dmitrij-prigov-zitieren-und-das-politische-poetisch-wird/ (accessed 17.5.2019).

We owe our ability to examine the Stasi records, in Germany at least, to those who were themselves subjects of surveillance. In the GDR, dissident activists in Erfurt, including artist Gabriele Stötzer, occupied the local Stasi headquarters in a concerted action on December 12, 1989. On January 15, 1990, the headquarters in Berlin were also finally occupied. The massive destruction and disordering of files was thus able to be stopped and shredded paper scraps secured. File destruction took place not only in the GDR but also in all other former socialist states, where it continued over a much longer period of time beyond 1990. In Hungary, for example, the "Underground" file, approximately 400 pages long, was destroyed.[5] The destruction of files was particularly dramatic in Russia. As Arseny Roginski and Nikita Okhotin summarized in 1993 at a symposium on the topic of "State Security Services and Literature," the total destruction of all IM files was ordered in the fall of 1990; in 1991, many of the files of victims, "among them many writers,"[6] were destroyed.

Former secret service archives are not like those which Michel de Certeau describes in "The Space of the Archive or the Perversion of Time"—archives which set something aside, organize something already existing, define something as a source.[7] Instead, this kind of archive archives that which only came into existence through an agency in the first place, in this case the secret police. There is no preexisting archivable material: there is an order to produce material, specifically material about those who are to be registered and archived as potential enemies of society. The act of making, of producing, including the production of persons as enemies, precedes the act of archiving. The "institutive and conservative" function of the archive described by Derrida in "Archive Fever"[8] is shifted in the case of the secret service archive entirely to the institutive function. That which is preserved is that which itself has been produced. "Production" here does not mean, as it usually does in archivology, the archival events of copying, printing, binding, and classification, but rather the fundamental generation of the material to be archived: the creation of the source. Interestingly, it is an artist, György Galántai, who makes a connection to precisely this active function of the archive, naming his archive "Active Archive." In contrast to traditional archives, Galántai, as he writes in a manifesto, not only collects already-existing material but produces the very material which is to be collected. The real and ironic parallel to the secret service archives is not coincidental, even if it is Galántai who was the first artist in Hungary—and not only in Hungary—to make his files public in this "Active Archive" and thus stimulated artistic research into these files.[9]

5
The three volumes of the "Underground" files, originally opened under number Cs-771 under suspicion of agitation and archived on October 14, 1976 under number O-16097, consisted of 225, 263, and 29 pages. The files, however, no longer exist—they were shredded in 1989, as we know from page 17 of an untitled object registry: ABTL, 3.1.5. [O-Register] 15860-19897. We will thus not be able to review the corresponding reports of the secret agent "Pécsi Zoltán" nor of any other informants. The fact that the files were shredded twenty-three years after their archiving clearly points to the intention of destroying the information specified in them.

6
Arseni Roginski/Nikita Ochotin, "Archivquellen zum Thema KGB und Literatur," Stasi, KGB und Literatur. Beiträge und Erfahrungen aus Russland und Deutschland (Cologne, 1993), pp. 131–141, here p.135. In Roginski/Ochotin (as of 1993), it also becomes clear that only one person initially had access to the 1930s dossiers: Vitalij Šentalinskij, who published the results in a narrative and rather unscholarly form: Vitalij Šentalinskij, Raby svobody. V literaturnych archivach KGB. Babel', Bulgakov, Florenskij, Pil'njak, Mandel'štam, Kljuev, Platonov, Gor'kij (Moscow, 1995). Also from this time period: the file reading scene of Vladimir Voinovich, Delo № 34840 (Moscow, 1993).

7
Michel de Certeau, "Der Raum des Archivs oder die Perversion der Zeit," in: Archivologien, Knut Ebeling/Stephan Günzel (eds.) (Berlin 2009), pp. 113–122, here p. 113 [translated from German].

8
Jacques Derrida, "Archive Fever: A Freudian Impression," translated by Eric Prenowitz, Diacritics, vol. 25, no. 2 (Summer, 1995), pp. 9–63, here p. 12.

9
György Galántai, Active Archive 1979–2003, in: Artpool. The Experimental Art Archive of East-Central Europe, Julia Klaniczay/György Galántai (eds.) (Budapest, 2013), p. 15.

Archiving as a cultural technology has, in the case of the secret service archive, the function of producing a secret, non-public memory of political and artistic deviation.[10] Secret service archives are thus not what Foucault described in "The Historical a priori and the Archive" as "the law of what can be said, the systems that governs the appearance of statements as unique events."[11] Instead, secret service archives function according to the "law of what cannot be said"—both with a view to the stored objects (the socially deviant, the nonconformists) and with respect to the cultural technology of observation, documentation, storage, encoding, registering, and archiving. It is the archive and the act of archiving itself which must be concealed, and the contents of the archive must be partially encrypted so that they cannot be read without the code, the lexicon, insider knowledge. This means, absurdly, that the analysis of Stasi documents required the assistance of former Stasi agents, who ensured both access to and the readability of the archives.

This does not fundamentally concern a process of inclusion and exclusion, of the discernment of what a society considers worth preserving, but rather with a form of "negative inclusion."[12] In the archive, we can find (in this case) exactly that point of entry which is not intended to be part of public memory—e.g. the false "documentation" of nonconformist literature and art generated through continual surveillance. The "documents" produced serve the exact purpose of justifying the performance of the archive, its negative inclusion.

10 An overview of the archive can be found in the glossary. On comparative research, see e.g.: Dagmer Unverhau/ Roland Lucht (eds.), Lustration, Aktenöffnung, demokratischer Umbruch in Polen, Tschechien, der Slowakei und Ungarn (Münster, 2005).

11 Michel Foucault, Archaeology of Knowledge, trans. A.M. Sheridan Smith (London/ New York: Routledge, 1972), p. 145.

12 On the question of how the institutions of modernity engage in negative inclusion through disciplining, e.g. through court hearings against marginalized people, see Michel Foucault, "The Life of Infamous Men," Power, Truth, Strategy (Sydney: Feral Publications), pp. 76–91. We thank Ann Krier for the tip.

"But there's nothing there, there's nothing in there"

During our research, we again and again heard the sentence: "But there's nothing there, there's nothing in there. And even if there is, it's only banal." The historian Ilko Sasha Kowalczuk also writes in the introduction to his book Stasi Concretely that historians of the era repeatedly assert that archival material from the catalogues of state security services is "boring."[13] In Hungary, György Gyarmati, the long-time director (2003–17) of the ÁBTL archive, himself downplayed the relevance and significance of the documents collected in the archive—also under the motto: "there's nothing there."[14]

We are glad that we chose not to follow this advice. We often even wished that the "operative measures" were more banal, like in cases involving the systematic destruction of artists. And even the most banal reports say something about the logic of secret police work, fully in line with Hannah Arendt's thoughts on the "banality of evil," as here, too, we are dealing with narrow-minded bureaucrats and their ideas about art and artists. This is particularly apparent in the files of the Czechoslovakian secret police, who now and again placed Milan Knížák and Maria Saudková under surveillance. The surveillance reports record totally irrelevant activities in their daily lives in a highly detailed manner: the opening of a window, shopping purchases, walking into the studio—specifying the time of day, describing their clothes. But they also document the disproportionate amount

13 Ilko-Sascha Kowalczuk, Stasi Konkret. Überwachung und Repression in der DDR (Munich, 2013), p. 16.

14 Gyarmati György, Kísértő közelmúlt—avagy a rendszerváltás egyik deficitje (Budapest, 2011). Krisztián Ungváry referred to this lack of reflective access to the catalogues of the archive on the part of Gyarmati: Krisztián Ungváry, "Források és alulértékelésük," Az ügynök arcai, ed. Sándor Horváth (Budapest, 2014), pp. 89–106.

of effort that went into collecting these everyday details: an average of seven informants were simultaneously deployed to observe both of them; the newest and most expensive automobiles were used for “discreet” observation, telescopes pointing from the cars; the informants needed more space in their reports for things unrelated to the recorded activities: describing their disguises (the clothing concepts of each individual informant) and painting cards indicating the locations of the surveillance vehicles around Knížák’s studio. In this case, the reports reveal their own self-referentiality, refer more to their own work than to whatever they had observed. The phrase “there’s nothing there” would need in such a case to show how much manpower, how much money and time were used to report about “nothing,” a practice that Max Frisch also observed in Switzerland. With reference to the secret police, however, this “nothing” is a direct component of a praxis of self-preservation, self-reference, and of a system which constantly invents its other, its enemies, its threats—and does so to remain in existence.

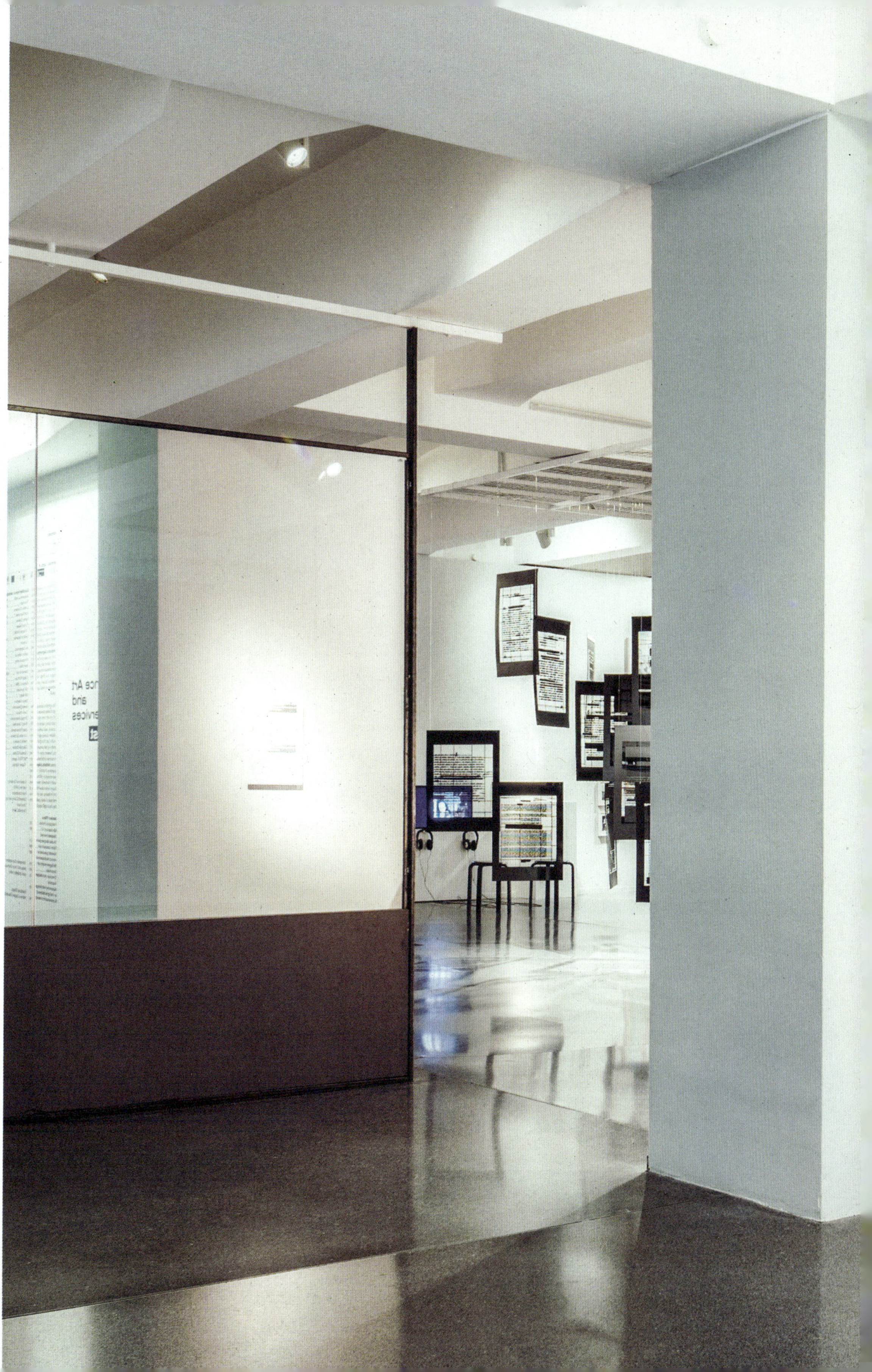

Ausstellungsansicht: Artists & Agents –
Performancekunst und Geheimdienste, HMKV 2019

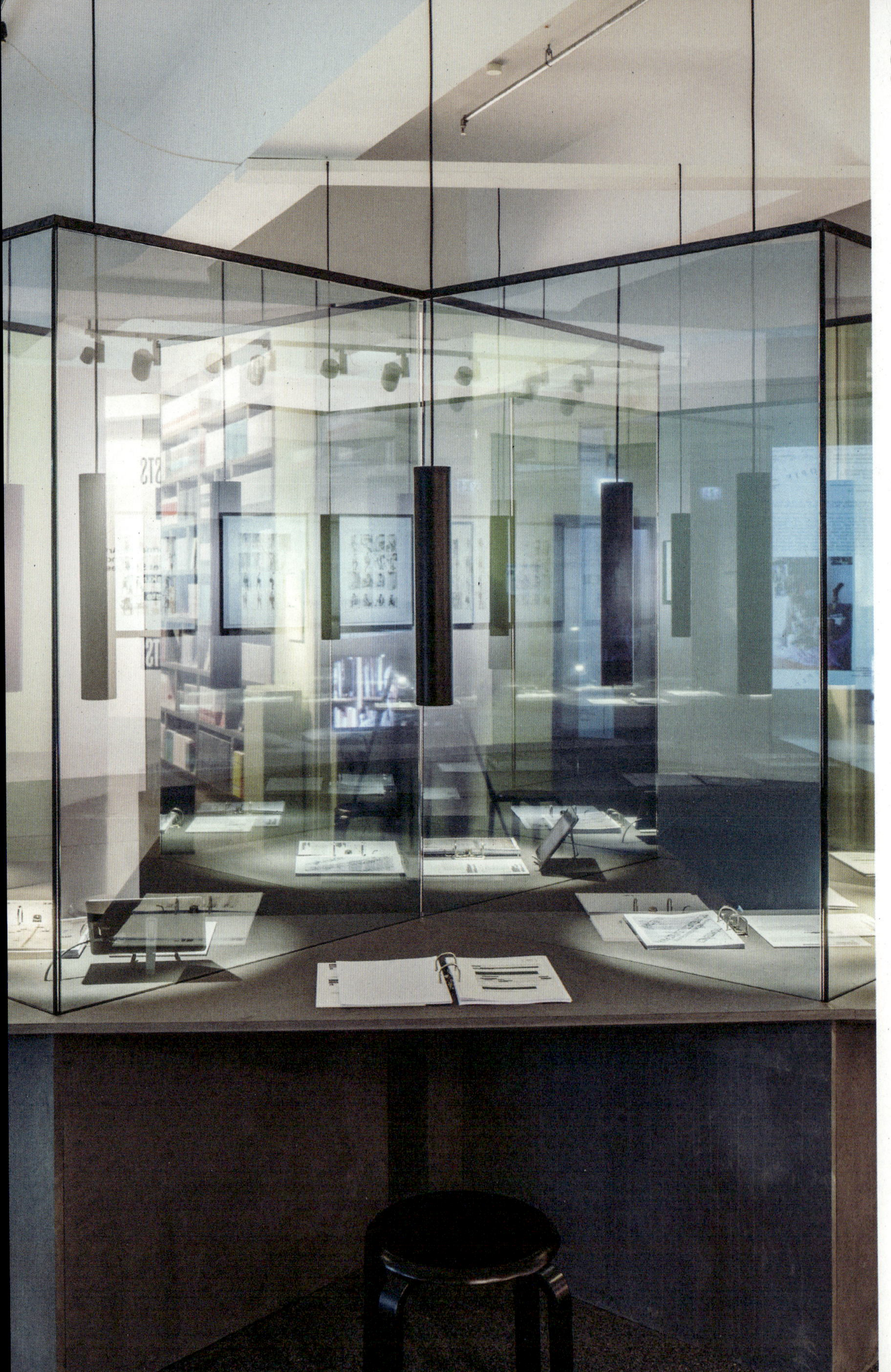

Ausstellungsansicht: Artists & Agents –
Performancekunst und Geheimdienste, HMKV 2019

Frequently Asked Questions (FAQs)

„Frequently Asked Questions" sind „oft gestellte Fragen" zu einem bestimmten Thema. Genau diese immer wiederkehrenden Fragen beantworten die Kuratorinnen der Ausstellung Artists & Agents – Performancekunst und Geheimdienste in diesem Gespräch.

INKE ARNS
KATA KRASZNAHORKAI
SYLVIA SASSE

Was verbindet Künstler*innen und Agent*innen? Man würde ja erst einmal annehmen, dass es sich um zwei sehr konträre, gar gegensätzliche Positionen handelt. Im Titel der Ausstellung wird jedoch eine gewisse Nähe suggeriert.

Sylvia Sasse: Es gibt einerseits Künstler*innen, die waren auch Agent*innen bzw. Informant*innen, andererseits wurden (und werden) Künstler*innen von Agent*innen, Informant*innen bzw. Mitarbeiter*innen der Geheimpolizei, der Staatssicherheit oder anderer Dienste beobachtet, manipuliert und in ihrem persönlichen und künstlerischen Umfeld isoliert und zerstört. Es gibt aber auch Fälle, in denen Geheimdienste bestimmte Künstler*innen und Kunstrichtungen fördern oder künstlerische Arbeiten in Auftrag geben. Letzteres kennen wir z. B. von den USA.

Inke Arns: Die amerikanische Central Intelligence Agency (CIA) hat in den 1950er Jahren ganz gezielt den Abstrakten Expressionismus gefördert und diese Kunstrichtung als Ausdruck der politischen und künstlerischen Freiheit in die Länder des US-amerikanischen Einflussbereichs exportiert. Die Ausstellung Parapolitik im Haus der Kulturen der Welt (HKW) in Berlin hat das ja zuletzt 2017 ausführlich untersucht.[1] Uns interessiert in der aktuellen Ausstellung aber etwas anderes. Uns interessiert nicht Propaganda oder „Außenpolitik", wie im Falle der USA, sondern quasi die „Innenpolitik" – also wie die osteuropäischen Staaten (und andere) mit ihren „inneren Feinden" umgegangen sind. Und Aktions- und Performancekunst wurde in manchen Ländern als sehr gefährlich eingeschätzt. Uns interessieren die Strategien der Agent*innen, mit denen sie sich Zutritt zu den jeweiligen künstlerischen Szenen verschafft haben.

1 Vgl. zu dem Thema auch Serge Guilbaut, How New York Stole the Idea of Modern Art: Abstract Expressionism, Freedom and the Cold War (1983), oder Frances Stonor Saunders, Who Paid the Piper. The CIA and the Cultural Cold War (1999) (dt. Wer die Zeche zahlt ... Der CIA und die Kultur im Kalten Krieg, 2001)

Kata Krasznahorkai: Ein Genre, das beide – Agent*innen und Künstler*innen – verbindet, ist die Performance. Auf beiden Seiten wurde inszeniert und performt: Die Stasi griff in die künstlerische Produktion ein und inszenierte die Künstler*innen als große gesellschaftliche Gefahr, als „feindlich-negative Elemente". Die Künstler*innen wiederum nahmen die Perspektive der Stasi in ihre Arbeiten auf – auch, wenn sie nicht direkt überwacht wurden. Sie inszenierten z. B. „für die Kamera" der Stasi. Aber wir haben in der Ausstellung auch Fälle, bei denen Künstler*innen und Agent*innen nur noch auf einer indirekten Ebene „zusammenarbeiten": im Falle der Generation von Künstler*innen, die nicht mehr unmittelbar betroffen sind, aber heute mit dem Material arbeiten, das Agent*innen über Künstler*innen erstellt haben. Dieses Material wird dann quasi als „Ready-made" verwendet.

Es geht in der Ausstellung um „Fälle“ aus der Sowjetunion, Polen, Bulgarien, der Tschechoslowakei, Rumänien, Ungarn und der DDR – warum konzentriert sich die Ausstellung vor allem auf ehemals sozialistische Länder Osteuropas, also quasi auf Diktaturen? Gab und gibt es solche Fälle nicht auch in westlichen Demokratien?

Kata Krasznahorkai: Der Staat versus subversive Kunst: Das gab und gibt es überall. Nur wissen wir im Westen nicht, wie das genau funktioniert und funktioniert hat.

Inke Arns: Wir verstehen das relativ gut in den osteuropäischen Staaten, weil deren Archive der ehemaligen Staatssicherheiten heute größtenteils für die Forschung offenstehen. Diese Staaten existieren seit 1990 nicht mehr. Es gibt also niemanden, der den Zugang zu diesen Archiven heute noch ‚bewachen‘ würde. Zuletzt ist das 1989/90 passiert, als Stasimitarbeiter*innen in großem Maße Akten vernichtet haben – um Beweismaterial gegen sich selbst verschwinden zu lassen. Daher haben damals viele Leute – darunter auch viele Künstler*innen – zu aller erst die Stasizentralen besetzt, um dafür zu sorgen, dass die Aktenvernichtung aufhört. Diesen Besetzer*innen ist zu verdanken, dass diese Akten heute noch existieren und zugänglich sind. Die Archive in der DDR und in Osteuropa sind quasi historische Objekte, denn die Staaten, die sie angelegt haben, existieren nicht mehr. Im Gegensatz dazu wissen wir nur sehr wenig über das Verhältnis von Staat versus subversive Kunst im Westen. Warum? Nun, weil die westeuropäischen Staaten nach wie vor existieren und deren Geheimdienstarchive nicht zugänglich sind. Die – verschlossenen – westlichen Archive bilden quasi eine Kontinuität von der Vergangenheit bis in die Gegenwart und sind auch gerade deswegen nicht öffentlich. Sie sind in dieser Ausstellung quasi der „elephant in the room“.

Kata Krasznahorkai: In den von der Sowjetunion dominierten und kontrollierten Staaten war 1989 nicht nur mit dem System Schluss – sondern auch mit der Stasi. Die Kontinuität ist weg. Nach der Gründung der Stasi-Aufarbeitungsbehörden wurden ehemalige Geheimdienstarchive zu „Archiven im Archiv“. Eine einmalige Forschungssituation! Man kann tatsächlich die Geschichte der jüngsten Vergangenheit erforschen, und zwar anhand des Geheimsten, was ein Staat vor seinen Bürger*innen verbergen wollte. Das gibt es im Falle des BND, der CIA oder des FBI nicht. Dieses Wissen, das wir aus diesen „Gegenarchiven“ gewinnen, hilft uns heute, um Fake News und Desinformation besser zu verstehen. Es ist auch dieses Wissen über die Funktionsweise von Repression in Diktaturen, das uns als Bürger*innen heute bei den ersten Anzeichen in diese Richtung sofort auf den Plan rufen sollte.

Sylvia Sasse: Unser Blick auf die ehemaligen Geheimdienstarchive in Osteuropa hat mit der Forschungssituation zu tun. Nur dort wurden nach der Wende die vom Geheimdienst bzw. der Geheimpolizei über Jahre produzierten und gesammelten Dokumente der Öffentlichkeit und der Forschung in unterschiedlichem Maße zugänglich gemacht, im Grunde handelt es sich um ein komplettes Gegen-archiv zum öffentlichen, kulturellen Archiv. Das ist eine einmalige Situation, denn wir haben sonst weltweit kaum „ehemalige Geheimdienstarchive“. Einerseits zeigen diese Dokumente, wie die Geheimpolizei in Parteidiktaturen gearbeitet hat. Man kann ihre absurde Angst vor bestimmten künstlerischen Strömungen und Genres, wie der Performance Art, die sie für westlich und unvorhersehbar hielten, förmlich spüren. Andererseits zeigt das Material auch Geheimdienstpraktiken an sich, einige dieser Praktiken (Diskreditierung, Isolation, Verbreitung von Gerüchten, Verkehrungen ins Gegenteil, Herstellung von Kompromat) etc. sind international, man trifft sie nur heute nicht mehr im Realsozialismus an, sondern gerade in nationalistischen, rechtspopulistischen Kreisen sowie außerhalb des Geheimdienstes – in den Medien, in der Politik. Und selbstverständlich beobachten auch Demokratien ihre eigenen Bürger*innen, dies ist hinlänglich bekannt. Inwieweit sie aber Künstler*innen beobachtet und in künstlerische Prozesse eingegriffen haben, darüber wissen wir kaum etwas. Lediglich in der Schweiz, in der es 1990 ebenfalls zu einer Öffnung der „Fichen“, der Akten der Politischen Polizei, kam, die zwischen 1900 und 1990 über die Bürger*innen angelegt worden sind, kann man sehen, wer und warum beobachtet worden ist. Es waren vor allem Linke, Gewerkschaftler*innen und Ausländer*innen aus Osteuropa, viele linke Aktivist*innen landeten sogar in der so genannten Extremistenkartei, darunter auch Fotograf*innen und solche, die künstlerische und politische Aktionen organisiert haben.

D. h. in der Ausstellung steht nicht die Region und die politische Situation im Vordergrund, sondern die Geheimdienstpraxis, ihre Lesbarkeit und die Frage, warum uns dieses Wissen dabei hilft, auch die heutige Situation zu verstehen und mit dieser umzugehen, z. B. durch die Decodierung von Desinformation.

Wie müssen wir uns die Arbeit in Geheimdienstarchiven vorstellen? Können Sie beschreiben, wie Sie recherchiert haben? Wie läuft so eine Recherche konkret ab? Nach was kann oder muss man suchen?

Kata Krasznahorkai: Das Archiv selbst lässt sich nicht durchforsten, man kann also nicht an Aktenregalen entlanglaufen und je nach Schlagwort oder Namen etwas aussuchen, wie in einer Bibliothek oder in einem Lesesaal. Um in den Staatssicherheitsarchiven etwas zu finden, muss man einen Forschungsantrag stellen und Namen bzw. Schlagworte angeben. Dann bekommt man eine*n Referent*in bzw. Archivar*in zur Seite, die*der sucht und manchmal sogar etwas findet, nach dem man gar nicht suchen konnte. Denn: Wie findet man Material unter mehreren Kilometern Akten? Da ist man komplett auf das Fachwissen und die Kenntnisse der einem persönlich zugeordneten Referent*innen angewiesen – und sie sind gleich mehrfach gefordert: Sie müssen sich nicht nur in der Systematik des Aufarbeitungssystems und der Aktensystematik der Staatssicherheit auskennen, sondern sie müssen in unserem Kontext auch mit Kunst und Künstler*innen der Zeit vertraut sein. Wenn etwas gefunden wird, bekommt man als Wissenschaftler*in die Möglichkeit, die Akten, die das Forschungsthema betreffen, ungeschwärzt einzusehen. Wenn es dann zum tatsächlichen „Aktenlesen“ kommt, sind ebenfalls die Referent*innen gefragt, um Licht ins Dunkel der teilweise undurchschaubaren Strukturen und Systematiken der Geheimdienstsprache und der Akten-Systematik zu bringen. Denn wenn man dem Archiv nicht die richtigen Fragen stellt, bleibt es stumm. Aber auch die Antworten muss man verstehen können. Das Aktenlesen selbst ist eine tief deprimierende Angelegenheit, die einen krank machen kann. Davor hatte uns die Künstlerin Gabriele Stötzer, als sie uns ihre komplette Akte zeigte, gewarnt. Man liest Tausende von Seiten über Verrat, Denunziation, Erpressung und Hinterhältigkeit, aber auch völlig Banales, so dass man sich fragt, warum der ganze Aufwand veranstaltet worden ist.

Inke Arns: Bin ich froh, dass mir das erspart geblieben ist. Und die Besucher*innen der Ausstellung und die Leser*innen des Magazins und des Buches freuen sich bestimmt auch darüber.

Sind eigentlich die Staatssicherheits-Akten in allen ehemals sozialistischen Ländern gleich gut zugänglich oder gibt es da große Unterschiede?

Sylvia Sasse: Ja, da gibt es große Unterschiede. In Russland war es ganz kurze Zeit nur wenigen Personen gestattet, sich Dossiers von Schriftsteller*innen der 1930er Jahre anzuschauen, der russische PEN hatte sich im Zuge der Perestroika dafür eingesetzt. Da fand man dann z. B. Osip Mandel'stams Gedicht gegen Stalin, das Mandel'stam während der Untersuchungshaft niederschreiben musste. Heute kann man, wenn man etwas über den KGB erfahren will, auf die Ukraine und das Baltikum ausweichen, aber dort beginnt die Forschung erst, während die historische, nicht aber die kunsthistorische in den anderen ehemaligen sozialistischen Ländern weit fortgeschritten ist. Am detailliertesten aufgearbeitet ist das Material in der BStU, der Behörde für die Unterlagen der DDR-Staatssicherheit. In der ehemaligen DDR wurden am wenigsten, nur ca. 40 % des vorhandenen Aktenmaterials vernichtet, was wir u. a. auch wiederum Aktivist*innen, darunter auch Künstler*innen, zu verdanken haben, die die Stasizentralen im Herbst 1989 besetzten. In anderen Ländern ist die Vernichtungsquote viel höher, besonders dramatisch jedoch ist die Aktenvernichtung in Russland. Wie Arsenij Roginskij und Nikita Ochotin 1993 auf einem Symposium zum Thema Staatssicherheitsdienste und Literatur zusammenfassten, wurde im Herbst 1990 eine totale Zerstörung aller IM-Akten (Informanten- und Mitarbeiterakten) befohlen, 1991 wurden auch viele der Akten von Opfern, „darunter die von Schriftstellern“, zerstört.

Inke Arns: In Russland scheint die Kontinuität zwischen der Sowjetunion und dem heutigen russischen Staat ungebrochen. Das sieht man ja auch in der Art und Weise, wie Künstler*innen bis heute vom Staat und von der russisch-orthodoxen Kirche drangsaliert werden. Und es zeigt sich darin, dass so viele Gerichtsverfahren – ich würde ja von Schauprozessen reden – gegen Künstler*innen (z. B. Pussy Riot) und Theaterregisseure (z. B. Kirill Serebrennikov) geführt werden, die oft mit harten Strafen enden.

Sylvia Sasse: Ja, es wäre natürlich sehr interessant, russisches Material zur Verfügung zu haben, wir haben nur ein paar Notizen eines ehemaligen KGB-Mitarbeiters, der den Moskauer Underground Ende der 1970er Jahre beobachtet hat, er machte sich private Notizen, eine so genannte „Wer-ist-Wer-Aufklärung", die er dann in den 2000er Jahren der russischen Kunstzeitschrift Iskusstvo übergab. Auch ist die Intensität der Beobachtung in den einzelnen Ländern sehr unterschiedlich. Während man in der DDR und in Ungarn sehr konsequent und einfallsreich „zersetzte", ist dies in anderen Ländern nicht der Fall. In Polen, wo Performance Art eine „normale" Kunstgattung war, ging es nur darum zu sehen, ob es sich um politische Aktionen handelt. In Tschechien haben wir nur vereinzelt Akten gefunden, und die, die wir gefunden haben, sagen mehr über die „Performance" der Staatssicherheit als über die Künstler*innen aus. Wir erfahren z. B. genau, was die Agent*innen zur Tarnung trugen. In einigen Archiven ist der Bestand klein, in Slowenien z. B. hat man uns die 16 gefundenen Seiten über Künstler*innen auf einem USB-Stick zugeschickt – es handelt sich um Akten über die NSK (Neue Slowenische Kunst). In Rumänien haben wir uns auf die Expertise von Mădălina Brașoveanu verlassen, die dort bereits seit vielen Jahren die kunsthistorische Forschung in den Archiven betreibt. Über die Situation in Bulgarien haben wir uns mit Hristo Hristov unterhalten, dessen Forschung politisch nicht willkommen ist, er wurde mehrfach bedroht.

Präsentieren Sie in der Ausstellung neue Fundstücke bzw. Materialien?

Sylvia Sasse: Wir zeigen in der Ausstellung sowohl Dokumente, die überhaupt noch nie bzw. die noch nie in einem solchen transnationalen Zusammenhang gezeigt worden sind. Dazu gehören einerseits Akten, z. B. die Stasidokumentation der Losungsaktion Das Scheigen von Clara Mosch wird unterbewertet, die die Stasi erst 1984, vier Jahre, nachdem die Losung auf die Straße aufgemalt worden war, gefunden und forensisch dokumentiert hat. Andererseits zeigen wir auch Performances von Künstler*innen, die überwacht bzw. gestört worden sind, und die so noch nie gezeigt worden sind. Dazu gehört u. a. die Aktion von Alexandru Antik in Rumänien im Jahr 1986, The Dream Has Not Died. Die Aktion wurde von der Securitate brutal unterbrochen, ohne dass die Securitate ihre Intervention dokumentiert hätte. Für mich war besonders erstaunlich, wie performativ und kreativ die Arbeit der Geheimpolizei war bzw. ist, denn künstlerische Arbeiten oder Aktionen wurden nicht einfach nur verboten, manchmal wurden sie durch aufwändige staatliche Gegenaktionen gestört. Diese performative Seite des Geheimdienstes bleibt oft unterbelichtet, weil man sich die Geheimpolizei immer als technischen Überwachungsapparat vorstellt. Wir haben es aber vor allem mit angewandtem Theater zu tun, und dieses, mal raffinierte, mal grauenvolle Theater zeigen wir in der Ausstellung.

Kata Krasznahorkai: Die Aktion Das Scheigen von Clara Mosch wird unterbewertet wäre ohne diese Akteneinsicht nicht in der Kunstgeschichte aufgetaucht. Wir zeigen zudem zwei Fotos von einem Agenten, der gleichzeitig Fotograf war, die er auf Siebdruck aufwendig drucken ließ, und die dank der Galerie Barthel in Berlin jetzt zum ersten Mal ausgestellt werden.

Gibt es auch neue theoretische Erkenntnisse? Ergeben sich daraus vielleicht neue Narrative für die Kunstgeschichte?

Kata Krasznahorkai: Performativität in der Interaktion zwischen Performancekünstler*innen und Staatssicherheit ist ein komplett unerforschtes Thema. Auch für uns war es ein Sprung ins Dunkel der Akten. Was wir ans Licht befördert haben, wird nicht nur für die Geschichte der Performancekunst viele neue Erkenntnisse liefern, sondern auch für die Geschichte von Geheimdiensten. Es gibt aber auch kunsthistorische Narrative, die von der Staatssicherheit zumindest mitbefördert wurden, und die teilweise heute immer noch existieren – so zum Beispiel, wenn es um die Politisierung von Kunst geht, und Künstler*innen (aus der Sicht des Staates) entweder in „Feinde“ oder „Freunde“ – also subversive Künstler*innen oder Staatskünstler*innen – aufgeteilt werden. Die Schattierungen werden immer wichtiger. In Zeiten von Fake News und populistischen antidemokratischen Strömungen ist es sehr wichtig zu zeigen, dass es nicht nur Schwarz-Weiß gibt. Auch in Diktaturen nicht.

Sylvia Sasse: Man kann beim Lesen der Akten sehen, wie subversiv Geheimdienste bzw. die Geheimpolizei gegen den künstlerischen Underground gearbeitet haben, sie haben Verfahren verwendet, die man gleichzeitig auch in der Kunstszene findet, z. B. Verfahren subversiver Affirmation (Nachahmung von subversiven Gedichten oder ganzen Oppositionszeitungen). Subversion als Verfahren, so die Erkenntnis, gehört niemandem, sie kann von der politischen oder künstlerischen Opposition ausgehen und den Staat unterhöhlen, sie kann aber auch von der Geheimpolizei bzw. vom Geheimdienst kommen und die Kunstszene unterwandern. Dieses Wechselspiel der Subversion kann man in der Ausstellung sehr genau sehen, auch die zerstörerische, „zersetzende“ Kreativität geheimpolizeilicher Subversion. Eine zweite Erkenntnis ist das, was wir „performative Zensur“ nennen. Das bedeutet, dass künstlerische Aktionen nicht nur verboten, sondern durch Gegenaktionen verhindert oder kriminalisiert worden sind. Das kann man übrigens heute noch beobachten, etwa wenn der schon erwähnte Regisseur Kirill Serebrennikov wegen einer Scheinanklage vor Gericht kommt oder wenn Filmvorführungen durch angebliche Bombendrohungen verhindert werden.

Sind die Stasi-Akten belastbare Grundlagen für eine Neuschreibung der Kunstgeschichte?

Kata Krasznahorkai: Uns ist ganz wichtig zu betonen: die Stasi sollte keine Kunstgeschichte schreiben. Wir dürfen niemals, egal was es ist, den scheinbaren „Fakten" in den Akten glauben. Denn wenn wir zulassen, dass das von der Stasi inszenierte Spiel weitergeführt wird, dass also Lügen für bare Münze genommen werden, laufen wir Gefahr, einer eigentlich beendeten Geheimdienstagenda neuen Aufschwung zu geben – oder eben deren Narrative fortzuschreiben. Dagegen ist aber ganz schwer anzugehen, was sich z.B. auch daran zeigt, dass osteuropäische Kunst immer noch fast ausschließlich anhand ihres politischen Inhalts beurteilt wird – und nicht hinsichtlich kunsthistorischer Prämissen und Kontexte. Wir schlagen mit dieser Forschung einen neuen Weg ein, um zu zeigen, dass es dreißig Jahre nach dem Systemwechsel endlich an der Zeit ist, gängige Denkmuster über die Kunst dieser Zeit hinter sich zu lassen.

Sylvia Sasse: Gleichzeitig wird aber durch die Lektüre der Akten auch klar, dass die Stasi massiv in die Kunstgeschichtsschreibung einzugreifen versuchte, Kunst verhindern wollte, Künstler*innen kriminalisierte und pathologisierte. Sie schrieb zwar in den Akten keine Kunstgeschichte, man kann, wie Kata Krasznahorkai schon sagte, den Akten und auch den Beschreibungen von Performances darin nicht trauen. Die Staatssicherheit machte aber mit ihren Eingriffen in die Kunstszene durchaus Kunstgeschichte, deshalb ist es uns auch wichtig, Künstler*innen zu zeigen, die aus der Kunstgeschichte herausgeschrieben werden sollten, etwa Gabi Stötzer.

Warum sollten wir uns überhaupt mit diesen Akten beschäftigen, 30 Jahre nach dem Mauerfall und 40, teils 50 Jahre, nachdem sie verfasst wurden? Warum können wir das nicht einfach in den Archiven ruhen lassen?

Sylvia Sasse: Es handelt sich um Beispiele von Desinformation, um Desinformation gegen Kunst – darunter im heutigen Jargon Fake-News, Fake-Gedichte, Fake-Aktionen gegen Kunst. Beschäftigt man sich mit dem Material, erkennt man, dass heutzutage zwar die medialen Verbreitungsmöglichkeiten andere sind, die Verfahren der Diskreditierung von politischen Gegner*innen aber nach ähnlichen Mustern funktionieren. Wir müssen uns die Frage stellen, wie gegenwärtig geheimpolizeiliche und geheimdienstliche Methoden der Diskreditierung und Kriminalisierung in der aktuellen politischen Praxis und den Medien sind – weltweit. Der russische Philosoph Michail Ryklin nennt die russische Regierungsform heute z.B. eine „operative Macht", weil sie Geheimdienstmethoden für die politische Praxis verwendet, und nicht etwa, um die Verfassung zu schützen, sondern um sie zu umgehen. Beunruhigend ist auch, dass im Jahr 2018 in Deutschland ein Verfahren gegen eine Künstlergruppe, das ZPS (Zentrum für Politische Schönheit) wegen Bildung einer kriminellen Vereinigung eingeleitet worden ist, das dazu berechtigt, den Verfassungsschutz mit einer Beobachtung zu beauftragen.

Kata Krasznahorkai: Wenn wir die Akten „in Ruhe lassen", passiert das, was z.B. in Ungarn heute zu beobachten ist. Die fehlende Aufarbeitung des sozialistischen Systems ist einer der Gründe für die gegenwärtige Entdemokratisierung. Die Leerstellen, die Intransparenz, die Erpressbarkeit und Manipulation der Erinnerungskultur wird durch Re-Nationalisierung und „Fake-History" gefüllt. Um lästige Kunst, Kunst-Orte, NGOs, Theater o.ä. loszuwerden, entzieht man die Finanzierung, löst Mietverträge, diskreditiert öffentlich Institutsdirektor*innen, stellt „Schwarze Listen" in einer medial gleichgeschalteten Medienlandschaft auf. Kommt uns das bekannt vor? Der öffentliche Zugang und die Forschung in den Archiven verhindert auch, dass Dokumente politisch instrumentalisiert werden, um unliebsame Gegner*innen auszuschalten oder zu erpressen. Unsere Aufgabe ist es zu zeigen, wie enorm wichtig es ist, diese Archive immer wieder neu zu befragen und Transparenz herzustellen – nicht um der Vergangenheit willen, sondern es geht hier um die Zukunft, nämlich unsere Zukunft.

Wir setzten sich Künstler*innen in Osteuropa mit der potentiellen Überwachungssituation in ihren Aktionen und Performances auseinander?

Sylvia Sasse: Die Künstler*innen wussten von den so genannten „Kunsthistorikern in Zivil", wie russische Künstler*innen die KGB-Mitarbeiter, die auf Ausstellungen herumschlichen oder an Aktionen als Informanten teilnahmen, nannten. Einige Künstler*innen waren deshalb vorsichtig, andere haben mit dem potentiellen Blick der Stasi gearbeitet oder die Überwachung schon in ihre Performances einbezogen. Die Orange Alternative in Polen, deren Happenings von der polnischen Staatssicherheit überwacht und dokumentiert worden sind, hat sogar 1988 einen „Tag des Geheimdienstlers" veranstaltet und zwar am Tag des staatlichen Feiertags für die Mitarbeiter der Staatssicherheit. Sie haben die Bevölkerung mit einem Flugblatt dazu angeleitet, sich selbst wie Spitzel zu kleiden und zu verhalten, so dass die potentiell anwesenden Spitzel von der Bevölkerung beobachtet werden. Eine solche Umkehrung der Perspektive hatte auch Ion Grigorescu im Sinn, als er bei einer Wahlveranstaltung mit versteckter Handkamera Aufnahmen machte. Er nahm die anwesende Securitate auf, die die „Wahl" überwachte. Und die Fotos, die er machte, gleichen jenen, die man heute in den Geheimdienstarchiven tatsächlich findet.

Was passierte, als Künstler*innen nach 1989 begannen, ihre eigenen Akten zu lesen?

Inke Arns: Cornelia Schleime, die 1984 aus der DDR ausgereist war und zuvor und danach intensiv bespitzelt worden ist, las 1993 ihre Akten, die typische Beschuldigungsnarrative für Künstler*innen in der DDR enthielt: So habe Schleime eine „asozialen Lebensweise" und lebe in einer „notdürftig" eingerichteten Wohnung, sie selbst trage „Westkleidung" und lehne eine „Anpassung an die sozialistische Gesellschaft völlig ab". Die Künstlerin verharrte daraufhin nicht in einer Opferrolle, sondern antwortete mit frivol dekadenten Selbstportraits, die sie auf vierzehn verschiedene Aktenblätter klebte: Mal sieht man sie West-Bravo-lesend auf dem Bett fläzen, mal nackt in einem Mohnfeld tanzen oder vor einer amerikanischen Limousine posieren. Sie inszeniert sich damit genau so, wie die Stasi sie in den Akten beschrieben hat: als ein vollkommen überzogenes Propagandabild, über das man als Beobachter*in lachen muss. Cornelia Schleime ist ein Beispiel für eine Künstlerin, die souverän mit ihren eigenen Akten umgeht, diese nicht versteckt, sondern veröffentlicht, und die in ihnen enthaltenen Stasi-Phantasien quasi öffentlich ausagiert.

Sylvia Sasse: Unmittelbar nach der Öffnung der Archive haben viele Künstler*innen ihre Akten angefordert und bei der Lektüre erfahren, wie sie von der Staatssicherheit überwacht und „zersetzt" worden sind. Viele Schriftsteller*innen haben beschrieben, wie man plötzlich feststellt, dass jemand, ohne dass man das wusste, das eigene Leben manipuliert hat. Sie fühlten sich nicht mehr wie Autor*innen des eigenen Lebens, sondern wie Figuren im Roman eines Anderen, nicht Subjekt, sondern Objekt von Beobachtung und Beschreibung. Péter Esterházy hat geschrieben, dass die Realität der Akten phantastischer war als seine Einbildungskraft. Klaus Schlesinger kam es vor, als sei die „Struktur dieses Romans der europäischen Moderne entlehnt, in der die Figuren aus Blicken entstehen, die andere Figuren auf sie werfen". Viele, u.a. Jürgen Fuchs haben versucht, ihre eigene Aktenlektüre zu beschreiben und zu zeigen, wie schwierig es ist, nach dieser Lektüre über sich selbst nicht weiter im Jargon der Stasi nachzudenken und zu schreiben. Während Fuchs versuchte, den Jargon beim Schreiben wieder loszuwerden, hat Gabriele Stötzer damit begonnen, ihre Stasiakten zu dadaisieren, d.h. ihren schon vorhandenen dadaistischen, unsinnigen Kern freizulegen. Der Umgang mit den Akten hat, so könnte man es zusammenfassen, ein eigenes Genre hervorgebracht, und zwar in allen Künsten.

Sind die Archive auch für Künstler*innen und nicht nur für Forscher*innen interessant?

Inke Arns: Auf jeden Fall. Gerade in den letzten Jahren haben viele Künstler*innen das Material der Archive, insbesondere Fotografien, Asservate aber auch, wie Daniel Knorr, die von der Stasi bei der Vernichtung der Akten entstandenen Aktenklumpen für sich als künstlerische

Objekte entdeckt. Zu welchen Fragen von Autor*innenschaft diese Appropriation führen kann, zeigen Tina Bara und Alba D'Urbano in ihrer Arbeit. 2007 entdeckte Alba D'Urbano in der Ausstellung der spanischen Künstlerin Dora Garcia in der Galerie für zeitgenössische Kunst Leipzig ein 25 Jahre altes Foto ihrer Kollegin Tina Bara, wie D'Urbano Professorin an der Hochschule für Grafik und Buchkunst (HGB). Das (anonyme) schwarz-weiß Foto zeigt Tina Bara nackt mit einem schwarzen Balken über den Augen, zusammen mit der Textzeile BStU-Kopie MfS HA XX/Fo/689 Bild 9. Das Foto ist Teil eines privaten s/w-Foto-Konvoluts aus dem Jahr 1983, das die Stasi im Rahmen des Operativen Vorgangs „Wespen" beschlagnahmt hatte. Dora Garcia verwendete dieses Material als „ready made", ohne sich jedoch für die Herkunft der Bilder zu interessieren und die Einwilligung der abgebildeten Personen einzuholen. Dieser als gewaltsam erfahrenen Enteignung begegnen die Künstlerinnen, indem sie sich das Bildmaterial – einschließlich seiner Geschichte – im Rahmen ihres mehrteiligen Projektes Covergirl: Wespen-Akte wieder aneignen.

Die AfD – deren Anführer*innen in den neuen Bundesländern ironischerweise alles Westdeutsche sind – vergleicht sich selbst gerne mit der DDR-Opposition, spricht von „Systemparteien" und wirft dem Verfassungsschutz Stasimethoden vor – weil er die Partei als Prüffall bezeichnet hat. Mitglieder der Identitären Bewegung (IB) laufen bei der versuchten Stürmung des Justizministeriums in Berlin im Mai 2017 mit DDR-Fahnen herum – und mit Transparenten, auf denen steht „... alles schon vergessen?" Das sind abenteuerliche Verdrehungen.

Sylvia Sasse: Rechtspopulist*innen versuchen seit Jahren, Begriffe für sich in Anspruch zu nehmen, die aus den Oppositionsbewegungen und Bürgerrechtsbewegungen des ehemaligen Ostblocks stammen. Sie bezeichnen sich selbst als „Andersdenkende" oder gar als die neuen Dissident*innen. Vertreter*innen der AfD bezeichnen z.B. die Kritik an ihrer Partei als „Hexenjagd auf Andersdenkende". Im extremsten Fall bezeichnen sie sogar Holocaust-Leugner*innen als „Dissidenten", wie man in den Schriften des AfD-Politikers Wolfgang Gedeon lesen kann. Die russischen Auslandspropagandasender RT und Sputnik benutzen dieses Vokabular ebenfalls. Dadurch können die potentiellen Wähler*innen rechtspopulistischer Parteien mit Vokabeln versorgt werden, mit denen sie sich wohl eher identifizieren können als mit der Selbstbezeichnung ‚Rassist' oder ‚Faschist' ... Aber nicht nur das: Was durch diese permanente Verschiebung und Verdrehung letztlich passiert, ist ein Akt der Auslöschung und Usurpation. Die Umbenennung und Verdrehung zielt darauf ab, die Erinnerungen daran, was man historisch über Dissidenz, Widerstand, Andersdenkende wissen kann und sollte, zu verlachen und auszulöschen. Im Gegenzug ursurpiert man die positiven Vorstellungen, die mit Widerstand und Opposition verbunden sind. Konkret versucht etwa die AfD den Nimbus der Oppositionsbewegung der ehemaligen DDR für sich zu reklamieren, indem sie zum Beispiel den Slogan „Wir sind das Volk" annektiert und für ihre Zwecke missbraucht. Völlig zu Recht, aber in den Medien kaum hörbar, hat die DDR-Opposition sich darüber empört, dass nun versucht wird, „ein freiheitliches Motto für völkisch-rassistische Zwecke umzudefinieren."[2] Ähnliches lässt sich auch in Polen und Ungarn beobachten. Die neue Rechte, die für den rasanten Abbau von Demokratie und Rechtsstaatlichkeit verantwortlich ist, eignet sich die Erinnerung an den Widerstand gegen die Diktatur an und nutzt diese für die eigenen, wiederum entgegengesetzten Ziele. Viktor Orbán bringt zum Beispiel in seinen Statements zum Gedenken an den Aufstand von 1956 problemlos die Belagerung durch die Sowjetunion mit der Flüchtlingspolitik durch die EU zusammen.[3] Der Aufstand von 1956 wird nun auch als Aufstand gegen das Fremde und nicht mehr nur als Aufstand gegen die Diktatur erinnert.

2 www.migazin.de/2015/01/07/ddr-buergerrechtler-kritisieren-pegida-demonstrationen

3 http://hungarytoday.hu/news/pm-orban-talks-constitutional-amendment-migrant-crisis-1956-public-radio-interview-58394

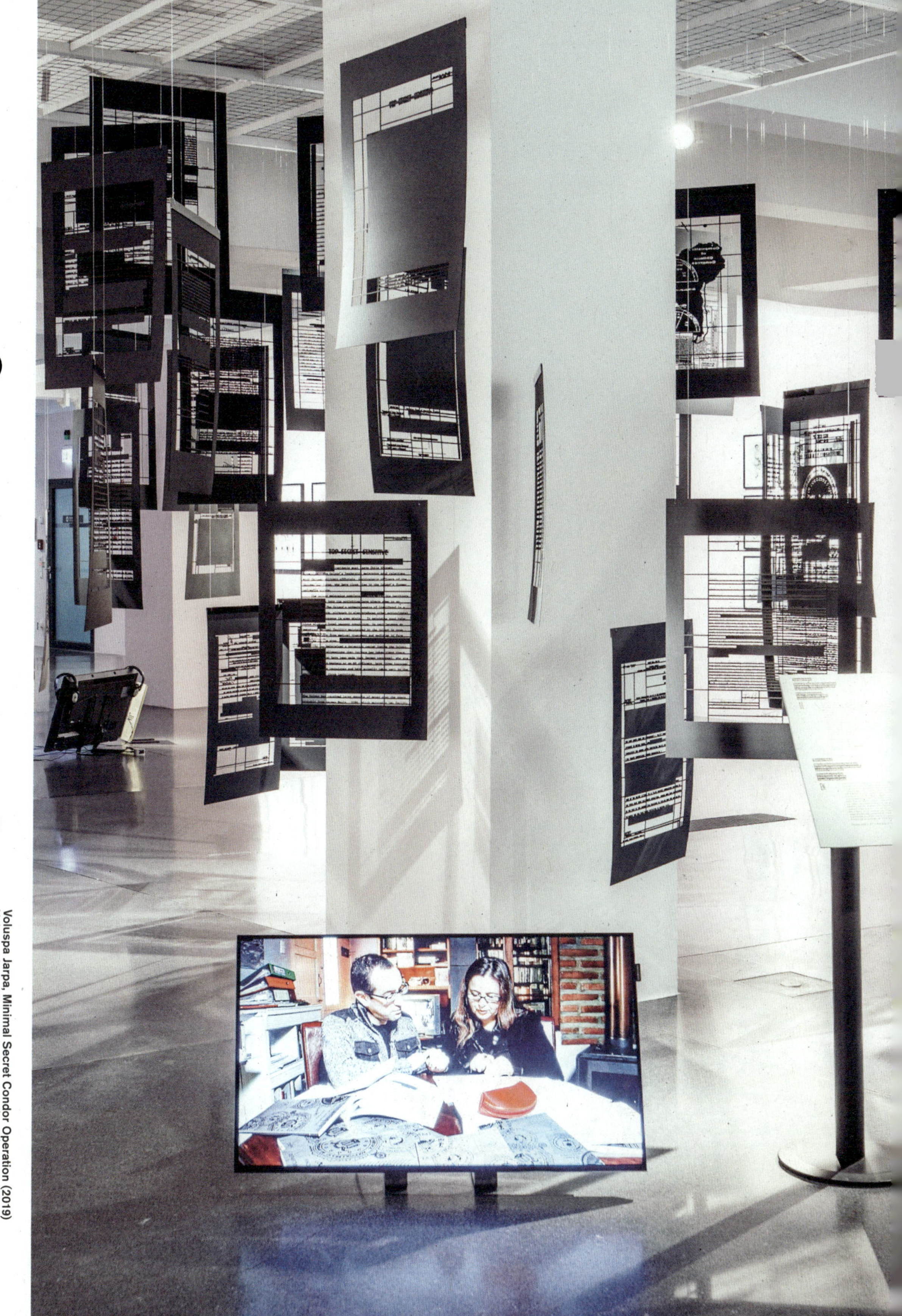

Voluspa Jarpa, Minimal Secret Condor Operation (2019)
Voluspa Jarpa, Translation Lessons (2014)

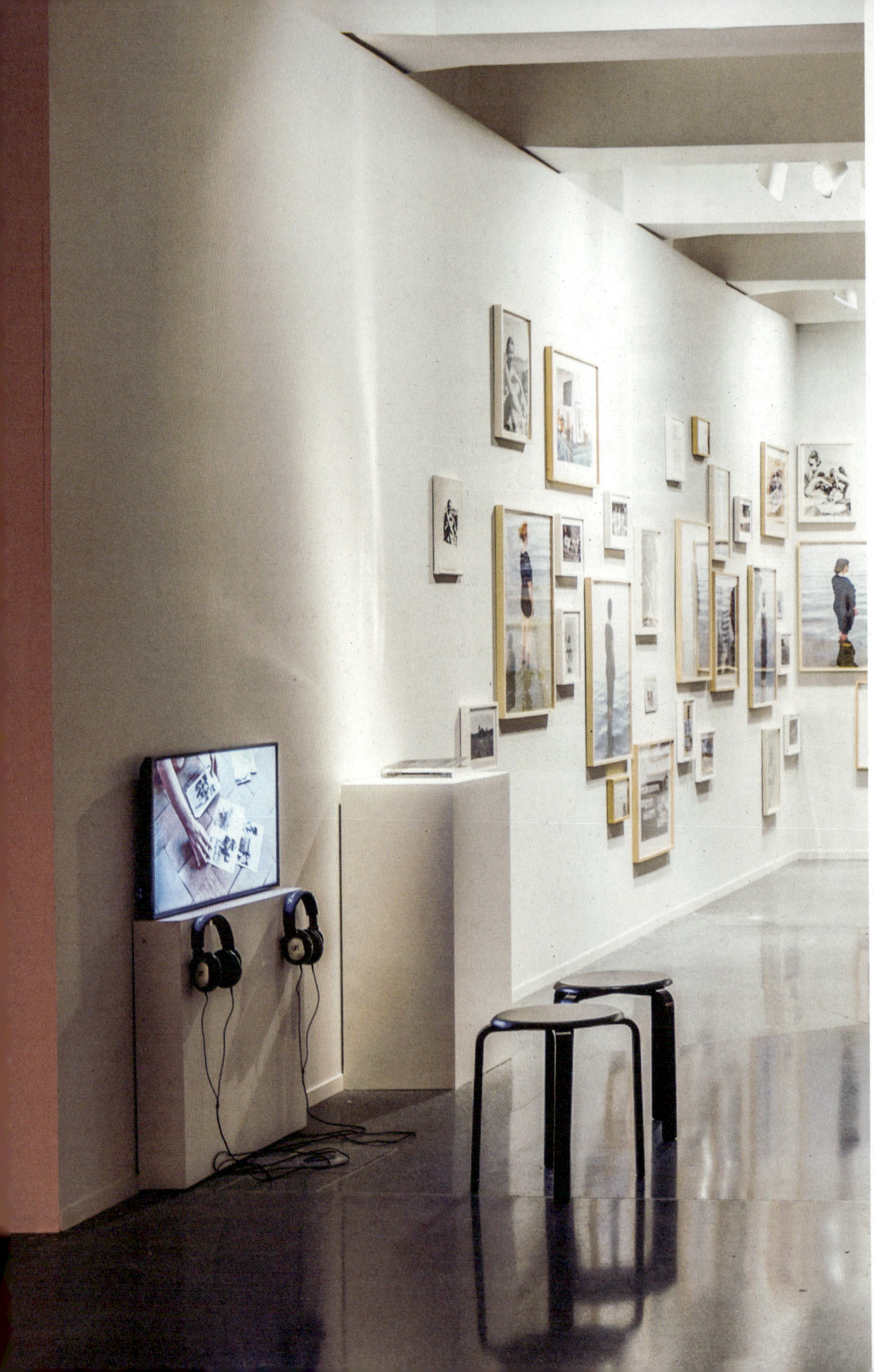

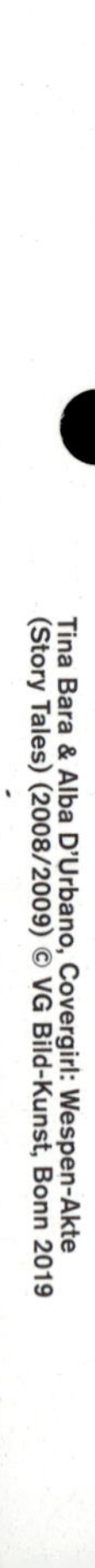

Tina Bara & Alba D'Urbano, Covergirl: Wespen-Akte (Story Tales) (2008/2009) © VG Bild-Kunst, Bonn 2019

Frequently Asked Questions (FAQs)

„Frequently Asked Questions“ are recurring questions on a specific topic. It is exactly these recurring questions that the curators of the exhibition Artists & Agents—Performance Art and Secret Services attempt to answer in a nutshell in this interview.

INKE ARNS
KATA KRASZNAHORKAI
SYLVIA SASSE

What do artists and agents have in common? One might first assume that these are two contrary or even opposing positions. However, a certain proximity is suggested by the title of the exhibition.

Sylvia Sasse: On the one hand, there are artists who were also agents or informers. On the other hand, artists have been (and possibly are) monitored and manipulated, as well as isolated and destroyed in their personal and artistic environment by agents, informers, employees of the secret police, of the Ministry of State Security of the GDR or by other state agencies. However, there are also cases in which secret services promote certain artists and art directions or commission works of art. We know of the latter, for example, from the USA.

Inke Arns: In the 1950s, the US Central Intelligence Agency (CIA) very deliberately promoted Abstract Expressionism and exported this direction in art as an expression of political and artistic freedom to countries within the realm of American influence. The Parapolitics exhibition in the Haus der Kulturen der Welt (HKW) in Berlin most recently examined this in detail in 2017.[1] However, we are more interested in something else in the present exhibition. We aren't interested in propaganda or "foreign policy", such as in the American case, but instead more in "domestic policy", or how the Eastern European states (and others) dealt with their "internal enemies". Action and performance art were also viewed as highly dangerous in some countries. We are interested in the strategies of the agents, through which they achieved access to the respective art scenes.

1 On this topic, see also Serge Guilbaut, How New York Stole the Idea of Moder Art: Abstract Expressionism, Freedom and the Cold War (1983) or Frances Stonor Saunders, Who Paid the Piper. The CIA and the Cultural Cold War (1999).

Kata Krasznahorkai: One genre that both agents and artists have in common is performance. Both sides enacted and performed: the State Security of the GDR (Stasi) intervened in the artistic production and represented the artists as a great social danger, as "hostile and negative elements". The artists in turn adopted the perspective of the Stasi in their works, even when they were not under direct surveillance. For example, they carried out enactments "for the camera" of the Stasi. However, we also have cases in the exhibition in which artists and agents only "cooperated" at an indirect level: in the case of the generation of artists that are no longer directly affected, but today work with the material created by agents about artists. This material is then used in a sense as "ready-made".

The exhibition deals with "cases" from the Soviet Union, Poland, Bulgaria, Czechoslovakia, Rumania, Hungary and the German Democratic Republic—why does the exhibition focus on the former socialist countries of Eastern Europe, or, in a sense on dictatorships? Have there not been and aren't there also such cases in Western democracies?

Kata Krasznahorkai: The state versus subversive art: this has existed and still exists everywhere. However, we don't know how that precisely works or has worked in the West.

Inke Arns: We understand this relatively well in the Eastern European countries because the archives of the former state security organs are today accessible for research for the most part. These states have no longer existed since 1990. There is thus no one still "guarding" access to these archives today. This happened for the last time in 1989/90, when Stasi employees destroyed documents on a large scale to make possible evidence against themselves disappear. This is why many people at that time, including many artists, quickly occupied the Stasi facilities to end the destruction of files. We owe these occupiers our gratitude that the files still exist today and are accessible. The archives in the GDR and in Eastern Europe are historical objects in a way, because the states that created them no longer exist. In contrast with this, we know very little about the state versus subversive art in the West. Why? This is because the Western European states still exist and have secret service archives that are inaccessible. The (sealed) Western archives provide a kind of continuity extending from the past into the present and are not public for precisely this reason. They are the "elephant in the room" in this exhibition, so to speak.

Kata Krasznahorkai: In the states dominated and controlled by the Soviet Union, not only the system ended in 1989, but also the Stasi with it. The continuity was terminated. Following the founding of the authorities for Stasi research, former secret service archives became "archives within the archive". A unique research situation! One can research the history of the most recent past, and this based on the most secret things a state hoped to conceal from its citizens. There is no precedent for this in the case of the German Federal Intelligence Service (BND), the CIA or the FBI. The knowledge we gain from these "counter-archives" helps us to better understand fake news and disinformation today. It is also this knowledge of the functional principle of repression in dictatorships that should immediately alert us today as citizens to the first indications of a move in this direction.

Sylvia Sasse: Our perspective on the former secret service archives in Eastern Europe has to do with the research situation. Only there were the documents produced and gathered by the secret services or the secret police over many years made accessible to varying degrees to the public and to research following the fall of communism. This basically involves a complete counter-archive standing in opposition to the public, cultural archive. This is a unique situation, because there are otherwise hardly any other "former secret service archives" anywhere in the world. On the one hand, these documents show how the secret police worked in one-party dictatorships. One can literally feel their fear of certain artistic currents and genres, such as performance art, which they viewed as Western and unpredictable. On the other hand, the material also documents secret service practices in themselves. Some of these practices (discrediting, isolation, the spreading of rumours, perversions into the opposite, the manufacture of compromising material, etc.) are international. One only no longer encounters them today in real socialism, but instead particularly in nationalist, right-wing-populist circles, as well as outside of the secret services—in the media, in politics. And of course, democracies also observe their own citizens, as is well-known. However, we know almost nothing about the extent to which they have observed artists and intervened in artistic processes. Only in Switzerland, where the "Fichen", the files of the political police, which had been collected on citizens between 1900 and 1990, were opened, can one see who had been monitored and why. These were primarily people from left-wing circles, trade unionists and foreigners from Eastern Europe. Many activists of the left even ended up in the so-called extremist file, including photographers and those who had organised artistic and political actions.

This means that the focus of the exhibition is not on the region and the political situation, but instead on the secret service practice, its legibility and the question of why this knowledge also helps us to understand and deal with the current situation, for example, through the decoding of disinformation.

How should we imagine work in secret service archives? Can you describe how you carried out research? How does such research take place in concrete terms? What can or must one look for?

Kata Krasznahorkai: It is not possible to scour the archive itself. One can't simply walk along the file shelves and look for something by keyword or name, like in a library or in a reading room. In order to find something in the state security archives, one needs to submit a research application and provide names or keywords. One is then assigned an aide or archivist, who searches for and sometimes even finds something that you couldn't actually search for. Because: How does one find material from among several kilometres of files? Here one is completely dependent upon the specialised knowledge of the aide assigned to you—and they are challenged in a number of ways: they must not only be familiar with the classification scheme of the reappraisal system and the filing classification scheme of the state security, but also with the art and artists of the time in our context. When something is found, one has the opportunity as a scientist to view the unredacted files of relevance to the research topic. When it comes to actually "reading the files", the aides are also called upon to shed light onto the in some cases impenetrable structures and classification schemes of the secret service language and the classification scheme of the files. This is because the archive remains mute when one doesn't ask it the right questions. However, one also needs to be able to understand the answers. The reading of the files themselves is an extremely depressing matter that can make you sick. The artist Gabriele Stötzer warned us of this when she showed us her complete file. One reads thousands of pages about betrayal, denunciation, blackmail and deviousness, but also about completely banal things, so that one asks why the effort was made at all.

Inke Arns: I'm happy to have been spared that. And visitors to the exhibition and readers of the magazine and the book will also be happy about this.

Are the state security files equally accessible in all the former socialist countries, or are there important differences?

Sylvia Sasse: Yes, there are big differences. In Russia, it was only possible for a very short time for only a few people to view the dossiers on authors of the 1930s. The Russian branch of PEN was active on behalf of this during the period of Perestroika. There, one could find, for example, Osip Mandel'stam's anti-Stalin poem, which Mandel'stam had to transcribe while in remand custody. Today, when one wants to learn something about the KGB, one can turn to the Ukraine and the Baltic countries, but research is only beginning there, while historical, but not art-historical research is quite advanced in the formerly socialist countries. The material has been reappraised in the greatest detail in the BStU, the Agency of the Federal Commissioner for the Stasi Records. The smallest number, or only approx. 40% of the existing documentation materials was destroyed in the former GDR, which is due, in turn, to the activities of activists, including artists and others, who occupied the Stasi offices in the autumn of 1989. In other countries, the degree of destruction is much greater, and was especially dramatic in Russia. As Arsenij Roginskij and Nikita Ochotin summarised in 1993 at a symposium about State Security Services and Literature, in autumn 1990, the complete destruction of all informant and employee files was ordered. Many of the files were also destroyed by victims in 1991, "including those of authors".

Inke Arns: The continuity of the Soviet Union and the present-day Russian state appears to be unbroken. This can also be seen in the way artists are still harassed today by the state and the Russian-Orthodox church. It is also evident in the fact that so many court proceedings, I would call them show trials, are pursued against artists (e.g. Pussy Riot) and theatre directors (e.g. Kirill Serebrennikov), which often end with hard sentences.

Sylvia Sasse: Yes, it would of course be very interesting to have access to Russian material. We only have a few notes of a former KGB member who had observed the Moscow underground at the end of the 1970s. He took private notes, a so-called "who's who clarification", which he then handed over to the Russian art magazine Iskusstvo in the 2000s. The intensity of surveillance also varied greatly in the various countries. While they very consistently and imaginatively "subverted" in the GDR and in Hungary, this was not the case in other countries. In Poland, where performance art was a "normal" art form, the important thing was to decide whether political actions were involved. In the Czech Republic, we only found individual files, and these say more about the "performance" of the state security than about the artists. We learned, for example, precisely what the agents wore as disguises. The number of files in some countries is quite small. In Slovenia, for example, we were sent the 16 pages found about artists on a USB stick—these were files about NSK (Neue Slowenische Kunst, a name used in German in Slovenia, corresponding to New Slovenian Art). In Romania, we relied on the expertise of Mădălina Brașoveanu, who has already been carrying out art historical research in the archives for many years. We talked with Hristo Hristov, whose research is not politically welcome, and who has been threatened repeatedly, about the situation in Bulgaria.

Do you present new finds or materials in the exhibition?

Sylvia Sasse: In the exhibition, we show both documents that have never been shown at all or that have not yet been shown in such a transnational context. These include files, for example, about the Stasi documentation of the slogan action Das Scheigen von Clara Mosch wird unterbewertet (The sience of Clara Mosch is undervalued), which the Stasi first found and forensically documented in 1984, four years after the slogan had been painted onto the road. We also show performances by artists who were observed or disturbed, and that have never been shown in this way. These include, among others, the action of Alexandru Antik in Romania in 1986, The Dream Has Not Died. The action was brutally interrupted by the Securitate, without the Securitate having documented its intervention. For me it was particularly astonishing how performative and creative the work of the secret police was or is, because artistic works or actions were not simply prohibited. Sometimes they were disturbed by elaborate state counteractions. This performative side of the secret service often remains neglected, because one always imagines the secret police as a technical surveillance apparatus. However, we are primarily dealing with applied theatre, and we show this sometimes sophisticated, sometimes dreadful theatre in the exhibition.

Kata Krasznahorkai: The action Das Scheigen von Clara Mosch wird unterbewertet would not have turned up in art history at all without these files having been viewed. We are also showing two photos of an agent, who was also a photographer, which he has elaborately silkscreened, and which, thanks to the Galerie Barthel in Berlin, is now being exhibited for the first time.

Are there also new theoretical findings? Will these result in a new narrative for art history?

Kata Krasznahorkai: Performativity in the interaction between performance artists and state security is a completely unresearched theme. It was also a leap into the dark of the files for us. What we have brought to light will not only provide many new findings for the history of performance art, but also for the history of secret services. However, there are also art history narratives that have at least been co-promoted by the state security itself, and which still even exist in part. For example, when the politicisation of art is involved, and artists are classified (from the perspective of the state) as either “enemies” or “friends”, meaning subversive artists or state artists.

The gradations are becoming increasingly important. In times of fake news and populist, anti-democratic currents, it is very important to show that there is not only black-and-white. Not even in dictatorships.

Sylvia Sasse: When reading the files, one can see how subversively secret services, or the secret police worked against the artistic underground. They utilised methods that can simultaneously be found in the art scene, for example, processes of subversive affirmation (imitation of subversive poems or entire oppositional newspapers). We have found that no one enjoys a monopoly on subversion as a process. It can initiate from the political or artistic opposition and undermine the state but can also come from the secret police or the secret service and infiltrate the art scene. This interplay of subversion can be seen very precisely in the exhibition, including the destructive, "corrosive" creativity of the subversion of the secret police. A second finding is what we call "performative censorship". This means that artistic actions have not only been prohibited, but also prevented by counteractions, or have been criminalised. Incidentally, this can still be observed today, for example, when the previously mentioned director, Kirill Serebrennikov, must appear in court on sham charges or when film presentations are prevented by fake bomb threats.

Are the Stasi files a sufficient foundation for the rewriting of art history?

Kata Krasznahorkai: It is very important that we emphasise this: the Stasi didn't write art history. We may never, regardless of what it is, believe the alleged "facts" in the files. This is because, when we allow the game staged by the Stasi to continue to the point at which lies are thus accepted at face value, we run the risk of providing an actually extinct secret service agenda with new impetus, or of simply continuing their narrative. However, it is very difficult to counter these, which is also shown, for example, by the fact that Eastern European art is still almost exclusively evaluated based on its political content, and not on art-historical premises and contexts. With this research, we embark upon a new path, with the aim of showing that, thirty years after system change, it is finally time to leave the habitual thought patterns about the art of this period behind us.

Sylvia Sasse: At the same time, however, reading the files also makes clear that the Stasi attempted to intervene in the writing of art history on a massive scale, wanted to prevent art and criminalised and pathologized artists. While it didn't write art history in the files, one can, as Kata Krasznahorkai has already said, not trust the files and the descriptions of performances contained within them. However, the Stasi most certainly made art history with its interventions in the art scene, which is why it is also important to us to show artists who were meant to be written out of art history, like Gabi Stötzer.

Why should we even occupy ourselves with these files, 30 years after the fall of the Berlin Wall, and forty or even fifty years after they were created? Why can't we simply leave them be in the archives?

Sylvia Sasse: We are talking about examples of disinformation, about disinformation against art, including, to utilise current jargon, fake news, fake poems, fake actions against art. When we look more closely at the material, we see that the media possibilities for distribution are of course different, but that the processes for the discrediting of political opponents still function according to similar patterns. We must ask ourselves how present secret police and secret service methods for discrediting and criminalisation are still used in present political practice and the media worldwide. The Russian philosopher Mikhail Ryklin calls the present form of government in Russia, for example, an "operative power", because it uses secret service methods for political practice and not, for example, to protect the constitution, but instead to circumvent it. It is also unsettling that legal proceedings were initiated in Germany in 2018 against an artist group, the Centre for Political Beauty (ZPS), involving charges of the formation of a criminal association, which authorises the commissioning of the Bundesamt für Verfassungsschutz, the domestic intelligence service of the Federal Republic of Germany, with the observation of the organisation.

Kata Krasznahorkai: If we "leave the files in peace", the same thing will happen as can be seen in Hungary today. The absence of a reappraisal of the socialist system is one of the reasons for the present de-democratisation currently taking place. The empty spaces, the lack of transparency, the vulnerability to blackmail and the manipulation of a culture of remembrance are filled with re-nationalisation and "fake history". In order to do away with bothersome art, art locations, NGOs, theatre, etc., funding is withdrawn, rental agreements are terminated, directors of public institutions are discredited, "blacklists" are compiled in a media landscape that has been brought into line. Doesn't that seem familiar? Public access to and research in the archives also prevents documents from being politically instrumentalised to neutralise or blackmail unpleasant opponents. Our task is to show how extremely important it is to repeatedly interrogate these archives and to create transparency—not for the sake of the past, but instead for the future, for our future.

How did artists in Eastern Europe deal with the potential surveillance situation in their actions and performances?

Sylvia Sasse: The artists were aware of the so-called "plain-clothes art historians", which is how Russian artists referred to the KGB employees who lurked at exhibitions or participated in actions as informants. Some artists were therefore careful, while others worked with the potential gaze of the Stasi or even incorporated the surveillance into their performances. The Orange Alternative in Poland, whose happenings were monitored and documented by the Polish state security, even organised a "Secret Agents Day" in 1988, and this on the state holiday for state security employees. They invited the population with flyers to dress and behave like spies, so that the potentially present spies were monitored by the population. Ion Grigorescu also experienced such a reversal of perspective when he made recordings with a concealed camera at an election event. He recorded the Securitate employees who were monitoring the "election". The photos he took are like those that are found today in the secret service archives.

What happened when artists began to read their own files after 1989?

Inke Arns: Cornelia Schleime, who emigrated from the GDR in 1984, and who had been intensively spied on both prior and after this, read her files in 1993, which contained accusatory narratives typical for artists in the GDR: Schleime was said to lead an "antisocial lifestyle" and to live in a "meagrely" furnished apartment. She wore "West clothing" and "completely rejected adaptation to the socialist society". The artist then didn't linger in the role of the victim, but instead responded with flippantly decadent self-portraits, which she glued onto fourteen different file sheets: she is seen lounging on the bed reading a *Bravo* magazine from the West, or dancing naked in a poppy field, or posing in front of an American automobile. She thus presents herself exactly as described by the Stasi in her files: as a completely exaggerated propaganda image, at which one must laugh as an observer. Cornelia Schleime is an example of an artist who deals with her own files with aplomb, doesn't hide these, but instead publishes them and effectively acts out the Stasi fantasies contained within them publicly.

Sylvia Sasse: Immediately subsequent to the opening of the archives, many artists requested their files and found out while viewing them how they were monitored and "undermined" by the Stasi. Many writers have described how they suddenly discovered how someone had manipulated their lives without them being aware of it. They no longer felt like authors of their own lives, but instead like figures in somebody else's novel, not the subject, but instead the object of surveillance and description. Péter Esterházy has written that the reality of the files was more fantastic than his imagination. To Klaus Schlesinger, it seemed as if the "structure of this novel was borrowed from European modernity, in which the figures originate from the gaze of other figures". Many, including Jürgen Fuchs, have attempted to describe their experience of reading their own files and to show how difficult it is to avoid continuing to consider themselves and write about themselves using the jargon of the Stasi. While Fuchs attempted to do away with the jargon while writing, Gabriele Stötzer began to "Dadaise" her Stasi files, meaning to reveal their already existing Dadaist, nonsensical core. One could summarise that dealing with the files has created a new genre, and this across all art forms.

Are the archives also of interest to artists, or only to researchers?

Inke Arns: Definitely. Especially in recent years, many artists have discovered the material of the archives as artistic objects, especially photographs and exhibits, but also, like Daniel Knorr, the clumps of files resulting from the destruction of the files by the Stasi. Tina Bara and Alba D'Urbano show the questions of authorship to which this appropriation can lead in their work. In 2007, Alba D'Urbano discovered a 25-year-old photo of her colleague Tina Bara, who, like D'Urbano, is a professor at the Academy of Fine Arts Leipzig (HGB), in the exhibition of the Spanish artist Dora Garcia in the Galerie für zeitgenössische Kunst in Leipzig. The (anonymous) black-and-white photo shows Tina Bara nude with a black bar over her eyes, together with the text line BStU-Kopie MfS HA XX/Fo/689 Bild 9. The photo is part of a private black-and-white photo set from 1983, which the Stasi had confiscated in the context of the operation "Wespen" (Wasps). Dora Garcia used this as "ready-made" material, without, however, being interested in the origin of the images or acquiring the consent of the people shown. The artists encounter this expropriation, which they perceived as violent, by reappropriating the photo material, including its history, in the context of their multi-part project entitled Covergirl: Wespen-Akte (Covergirl: Wasps Files).

The Alternative for Germany (AfD) party, whose leaders in the new federal German states (i.e. the former GDR) are ironically all West Germans, likes to compare itself with the GDR opposition, speaks of "system parties" and accuses the Bundesamt für Verfassungsschutz, the domestic intelligence service of the Federal Republic of Germany, of deploying Stasi methods, because it has designated the party as a case for further observation. Members of the Identitarian Movement (IB) ran around with GDR flags during their attempted storming of the Ministry of Justice in Berlin in May 2017, and with banners reading "... forgotten everything already?" These are venturesome prevarications.

Sylvia Sasse: Right-wing populists have been attempting to appropriate terms that originate from opposition movements and civil rights movements of the former Eastern bloc for years. They describe themselves as "Andersdenkende" (dissenters) or even as the new dissidents. Representatives of the AfD describe, for example, criticism of their party as a "witch hunt on dissenters". In the most extreme case, they even describe Holocaust deniers as "dissidents", as one can read in the writings of the AfD politician Wolfgang Gedeon. The Russian foreign propaganda broadcasters RT and Sputnik also use this vocabulary. In this way, potential voters for right-wing populist parties can be supplied with a vocabulary with which they can better identify than with a self-designation as a "racist" or a "fascist". But not only that: what ultimately occurs as a result of this permanent dislocation and prevarication is an act of obliteration and usurpation. The renaming and prevarication serve the aim of ridiculing and extinguishing the memories of what one can and should historically know about dissidence, resistance and dissenters. Conversely, the positive perceptions that are linked with resistance and opposition are usurped. In concrete terms, the AfD, for example, is attempting to reclaim the nimbus of the oppositional movement of the former GDR for itself, in that it, for example, annexes the slogan "Wir sind das Volk" (We are the people) and misuses it for its purposes. Completely justifiably, but hardly audible in the media, the GDR opposition is indignant that an attempt is now being made to "redefine a liberal motto for völkisch-racist purposes."[2] Something similar can also be observed in Poland and Hungary. The new right, which is responsible for the rapid dissolution of democracy and the rule of law, is appropriating memory of the resistance against dictatorship and using this for its own, in turn antithetical objectives. In his statements commemorating the uprising of 1956, for example, Viktor Orbán easily links the siege by the Soviet Union with the refugee policy of the EU.[3] The uprising of 1956 is now remembered as an uprising against the foreign, and no longer as an uprising against dictatorship.

2 www.migazin.de/2015/01/07/ddr-buergerrechtler-kritisieren-pegida-demonstrationen

3 http://hungarytoday.hu/news/pm-orban-talks-constitutional-amendment-migrant-crisis-1956-public-radio-interview-58394

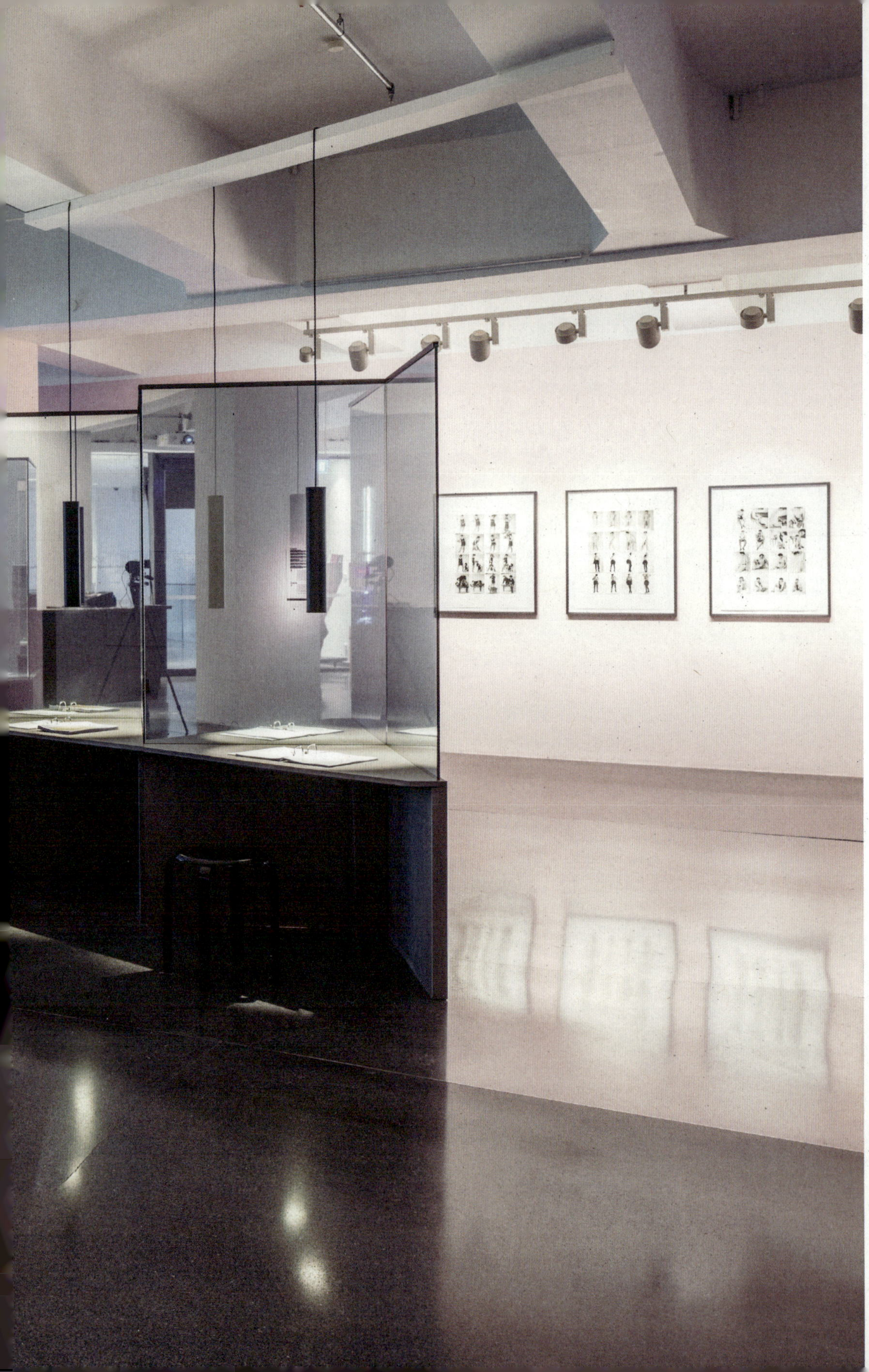

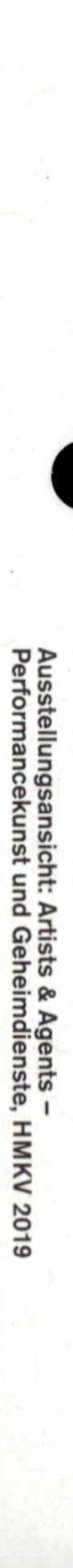

Ausstellungsansicht: Artists & Agents –
Performancekunst und Geheimdienste, HMKV 2019

Zur Struktur der Ausstellung

INKE ARNS
KATA KRASZNAHORKAI
SYLVIA SASSE

Die Ausstellung Artists & Agents ist in thematische Zonen gegliedert, die durch verschiedene Wandfarben gekennzeichnet sind. Diese Farben entsprechen den typischen Farben von Aktendeckeln, wie sie in Behörden verwendet werden: blassrosa, blassgrün, blassgelb, blassblau, blassorange und hellgrau.

Interaktionen und Gegenaktionen —> blassrosa

György Galántai / Artpool (HU)
Bulldozerausstellung (UdSSR)
Gabriele Stötzer (DE)
Alexandru (Sándor) Antik (RO)

Hier geht es um vielfältige – durchaus irritierende und beängstigende – Formen von direkten Interaktionen zwischen Künstler*innen und Agent*innen. 1973 dokumentiert der ungarische Künstler György Galántai – der massiv überwacht und bei der ungarischen Stasi unter dem Decknamen „Festő" (Maler) geführt wurde – die unheimlichen Gegenaktionen der Staatssicherheit gegen seine (und László Najmányis) künstlerischen Aktionen. Die Bulldozerausstellung wurde 1974 am Stadtrand von Moskau von „Kunsthistorikern in Zivil" (= KGB-Mitarbeitern) mit einer aufwändigen Gegeninszenierung beendet. Die Erfurter Künstlerin Gabriele Stötzer suchte 1984 einen Transvestiten für eine Fotoserie. Die Stasi schickte ihr einen Informellen Mitarbeiter (IM) – in der Hoffnung, dass pornografisches Material entstehen würde, mit dem man Stötzer wieder ins Gefängnis hätte bringen können. Der plötzliche und brutale Eingriff der Securitate in eine Performance von Alexandru (Sándor) Antik im Jahr 1986 gilt wiederum in der rumänischen Kunstgeschichte als ein Musterbeispiel von performativer Zensur.

Re-Lektüre, Re-Enactment, Re-Konstruktion —> blassgrün

Cornelia Schleime (DE)
Csilla Könczei (RO)
Voluspa Jarpa (CL)
Nedko Solakov (BG)

Re-Lektüren eigener oder fremder Akten und deren (Un-)Lesbarkeit sind das übergreifende Thema in dieser Abteilung. So liest Cornelia Schleime Anfang der 1990er Jahre in ihren eigenen Akten das, was die Stasi über sie fabuliert hat – und inszeniert als Antwort darauf frivol dekadente Selbstportraits – genau so absurd, wie die Stasi sie imaginiert hat. Sie bleibt nicht Opfer, sondern verlacht die ehemaligen Täter*innen. Csilla Könczeis Video Ein abstraktes Wissen beschreibt, wie es war, sich ständig von einem unsichtbaren Dritten – der rumänischen Securitate – umgeben zu wissen. Voluspa Jarpa versucht, die freigegebenen CIA-Akten der Operation Condor in Chile zwischen 1948 und 1994 zu lesen – und ist zum Scheitern verurteilt, da das CIA-Material wegen der massiven Schwärzungen größtenteils unlesbar ist. Nedko Solakov schließlich sehen wir bei der Re-Lektüre der Inhalte eines 1989–1990 entstandenen Karteikastens zu, der die Zusammenarbeit des jugendlichen Künstlers mit der bulgarischen Staatssicherheit dokumentiert.

Archive & Agenten —> blassgelb

Lászlo Algol /
Informant „Pécsi Zoltán" (HU)
Jill Magid (US)
Peng! Collective (DE)

Agent*innen waren nicht nur Beobachter*innen, sie waren auch selbst „Performer in Zivil", wurden als solche ausgebildet und mit einer „Legende" versorgt, die ihre Tarnexistenz garantierte. Eine der bekanntesten Vielfachidentitäten ist der ungarische Spitzel und Künstler László Algol bzw. „Pécsi Zoltán". Während den Künstler*innen aus Osteuropa die „Zusammenarbeit“ mit Agent*innen kaum bewusst war, beauftrag(t)en andere Geheimdienste auch Künstler*innen, in ihrem Sinne zu agieren. Hinterfragt man diese Form der Zusammenarbeit, wie Jill Magid, die vom niederländischen Geheimdienst für die Produktion einer Kunst-am-Bau Arbeit engagiert wurde, wird deutlich, dass man im Modus der Geheimhaltung selbst zu einer Agentin gemacht wird. Dem Geheimdienst kann man sich nur im Status des Vergangenen bzw. des Ehemaligen nähern, in Osteuropa in den ehemaligen Geheimdienstarchiven, oder wie beim Peng! Collective durch die Zusammenarbeit mit ehemaligen Agent*innen.

Dokumentationen
—> blassblau

Kurt Buchwald (DE)
Clara Mosch (DE)
Tamás St.Turba (NETRAF-agent) / Gábor Altorjay (HU)
Károly Elekes / Árpád Nagy / Gruppe MAMŰ (RO)

Nach der Öffnung der ehemaligen Geheimdienstarchive wurde klar, wie intensiv Performancekunst beobachtet und manipuliert worden war. In einem Happening von Kurt Buchwald war es der Stasispitzel, der 1980 eine Losung auf die Straße malte, die dann von der Stasi selbst inkriminiert wurde. Die Stasi dokumentierte 1980 auch detailliert eine Aktion der Künstler*innengruppe Clara Mosch, wobei die Künstler*innen wussten, dass sie von der Stasi beobachtet wurden. Besonders gründlich wurde 1966 das erste ungarische Happening von Tamás St.Turba (NETRAF-agent) und Gábor Altorjay dokumentiert: Die ungarische Stasi schickt drei Agenten, die ausführliche Interpretationen lieferten. Oft diente die Dokumentation einer so genannten „Wer-Ist-Wer-Aufklärung“, d.h. einer fotografischen Sichtung des „feindlichen Feldes“. Dies war auch 1986 in Rumänien bei einem Happening zweier Mitglieder der Gruppe MAMŰ der Fall, bei dem alle Teilnehmer*innen schon am Gartentor fotografiert wurden.

Gegenbeobachtung
—> blassorange

Orange Alternative (PL)
Jiří Kovanda (CZ)
Ion Grigorescu (RO)
Sanja Iveković (HR)
Józef Robakowski (PL)
Korpys/Löffler (DE)

Künstler*innen entwickeln – quasi im Visier der Geheimdienste – Strategien der „Gegenbeobachtung“: Sie beobachten ihre Beobachter*innen. Am deutlichsten wird dies vielleicht bei Ion Grigorescu, der Agent*innen des rumänischen Geheimdienstes Securitate heimlich auf einer Wahlveranstaltung beobachtet. Jiří Kovanda wiederum lässt sich von einem Freund beobachten, dessen Fotos später so wie die eines auf ihn angesetzten Agenten aussehen. Sanja Iveković fordert – während eines Besuchs vom Tito in Zagreb – in ihrer ikonischen Performance Triangle das Eingreifen der sie beobachtenden Polizisten erfolgreich heraus. Die Orange Alternative feiert die polnische Staatssicherheit öffentlich mit einem Tag des Geheimdienstlers. Józef Robakowski beobachtet Bewohner*innen seines Wohnblocks über mehr als 20 Jahre und kommentiert die Aufnahmen „aus seinem Fenster“ auf poetisch-lakonische Weise. Korpys/Löffler schließlich begeben sich in die USA, um dort – wie es scheint – klandestine Beobachtungen von Gebäuden und Personen durchzuführen.

Archiv-Appropriation
—> hellgrau

Tina Bara & Alba D'Urbano (DE)
Jens Klein (DE)
Simon Menner (DE)
Arwed Messmer (DE)
Daniel Knorr (RO/DE)

Einige Künstler*innen arbeiten mit Bildmaterial aus Stasi-Archiven. Dass dieser Umgang, wenn er unüberlegt ist, durchaus zu problematischen Situationen führen kann, bekam die spanische Künstlerin Dora Garcia zu spüren. Sie verwendete ein (anonymisiertes) Foto aus dem Stasi-Unterlagen-Archiv, auf dem sich Tina Bara wiedererkannte. Zusammen mit Alba D'Urbano entwickelte Bara eine überzeugende künstlerische Antwort. Jens Klein und Simon Menner ihrerseits verwenden Stasi-Fotos als unkommentierte Ready-Mades. Während Klein eine fast konzeptuell anmutende Foto-Serie von Propaganda-Ballons aus Westdeutschland präsentiert, die von der Stasi abgefangen wurden, zeigt uns Menner neben Fotos von Verkleidungsseminaren, Lehrgängen und Kostümpartys der Stasi auch die 14 unbedeutendsten Bilder aus der Geschichte des BND – und verweist damit auf das Ungleichgewicht, das sich in der (Nicht-)Zugänglichkeit der Geheimdienst-Archive in West und Ost ausdrückt. Arwed Messmer beleuchtet in Reenactment MfS teils nachgestellte MfS-Dokumente zu Fluchtversuchen an der Berliner Mauer. Und Daniel Knorr? Er zeigt uns Klumpen geschredderter Stasi-Akten, die er vom Leipziger Stasi-Museum in der Runden Ecke im Austausch gegen eine seiner Arbeiten erhalten hat.

1. Politische Polizei, Schweiz: Erhebungen über bolschewistische Umtriebe der Dadaistengruppe in Zürich, 1918–1919
2. Ministerium für Staatssicherheit (MfS), DDR: „Aber diese Form der Aktionskunst ist mir ein bisschen fremd" – eine Aussprache
3. Komitet gosudarstvennoj bezopasnosti (KGB), UdSSR: Private Aufzeichnungen, 1976–1979
4. Belügyminisztérium (BM), Ungarische Volksrepublik: Zusammenfassender Bericht und Maßnahmenplan Vorgang „Schwitters", 1968
5. Służba Bezpieczeństwa (SB), Volksrepublik Polen: Kryptonym „Medium", 1987
6. Ministerium für Staatssicherheit (MfS), DDR: Operativplan „OV Arkade", 1976
7. Ministerium für Staatssicherheit (MfS), DDR: Konzeption zur Differenzierung und Zerschlagung des Schwerpunktes „Avantgardistischer Kreis", 1977
8. Štátní bezpečnost (ŠB), ČSSR: „Objekt Větrník", „Objekt Aktual", 1968/1974

Bearbeitungen und Zersetzungen

Lesesaal mit acht „Operativen Vorgängen" an acht Tischen, Beleuchtung, Bewegungsmelder, Spionfolie

Wie liest man Akten? Naiv wäre es, den Akten zu trauen. Sie dokumentieren keine Fakten, vielmehr schaffen sie diese. Insofern dokumentieren die Akten eher die geheimdienstliche Arbeit, nicht die künstlerische. Im Lesesaal kann man Geheimdienstakten – Berichte, Fotos, Videos, Audioaufzeichnungen – lesen, hören und sehen, in denen kritische Künstler*innen beobachtet, „bearbeitet", „zersetzt", kriminalisiert und pathologisiert werden. Einige Akten sind harmlos, andere zeigen die Brutalität, mit denen die Staatssicherheit vorging.

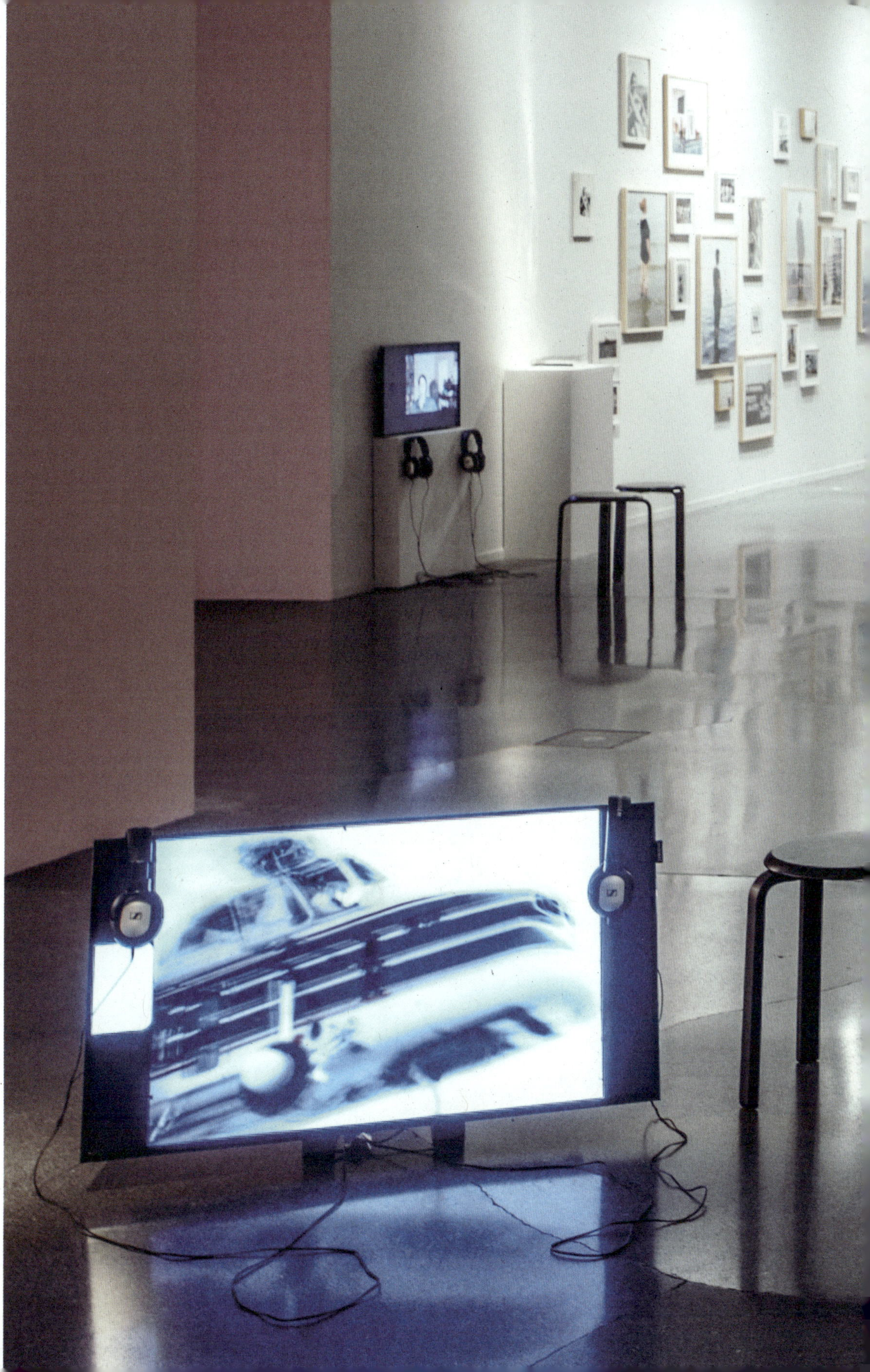

Ausstellungsansicht: Artists & Agents –
Performancekunst und Geheimdienste, HMKV 2019

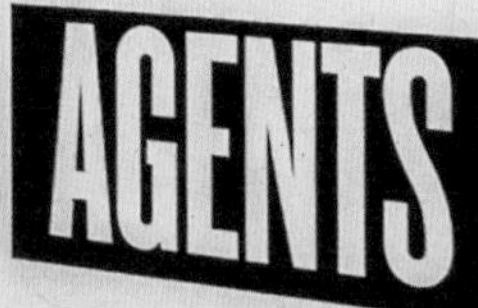

Ausstellungsansicht: Artists & Agents –
Performancekunst und Geheimdienste, HMKV 2019

On the exhibition structure

INKE ARNS
KATA KRASZNAHORKAI
SYLVIA SASSE

The exhibition Artists & Agents is divided into a number of sections, each indicated by a different wall colour. The paint shades correspond to the colours of the file covers typically used in government departments: pale pink, pale green, pale yellow, pale blue, pale orange and light grey.

interactions and counteractions —> pale pink

György Galántai / Artpool (HU)
Bulldozer Exhibition (USSR)
Gabriele Stötzer (DE)
Alexandru (Sándor) Antik (RO)

This sections deals with the many—thoroughly irritating and alarming—forms of direction interaction between artists and agents. In 1973, the Hungarian artist György Galántai, who was kept under heavy surveillance by the Hungarian security services and known by the code name "Festő" (meaning painter), documented the sinister counteractions carried out by the state against his (and László Najmányis') artistic activities. In 1974, the Bulldozer Exhibition on the outskirts of Moscow was broken up by "plainclothes art historians" (= KGB agents) in a large-scale counter "performance". In 1984, Erfurt artist Gabriele Stötzer looked for a transvestite to appear in a series of photographs. The Stasi sent her an "informal collaborator" in the hope that she would produce pornographic material that would allow them to send her back to prison. The sudden and brutal intervention of the Securitate in Alexandru Antik's 1986 performance piece was another classic example of performance censorship in Romanian art history.

re-reading, re-enactment, re-construction —> pale green

Cornelia Schleime (DE)
Csilla Könczei (RO)
Voluspa Jarpa (CL)
Nedko Solakov (BG)

The re-reading of one's own or other people's files and their (un)readability are the overarching themes in this section. In the early 1990s, for example, in her own files Cornelia Schleime read the wild stories imagined about her by the Stasi. Her response takes the form of frivolously decadent self-portraits that are every bit as absurd as the picture the Stasi had painted of her. In them she chooses to ridicule her former persecutors rather than portraying herself as a victim. Csilla Könczei's video Abstract Knowledge describes what it felt like to know that one was constantly surrounded by the invisible strangers of the Romanian Securitate. Voluspa Jarpa tries to read the CIA files, now made public, that recount the US's Operation Condor in Chile between 1948 and 1994. A vain attempt as the documents are largely illegible due to massive redacting. Finally, with Nedko Solakov, we watch the re-reading of the content of a card index created in 1989-1990 documenting the young artist's collaboration with the Bulgarian state security service.

archives & agents —> pale yellow

László Algol / Informant "Pécsi Zoltán" (HU)
Jill Magid (US)
Peng! Collective (DE)

More than mere observers, the agents themselves became "plainclothes actors". They were trained and provided with cover stories that guaranteed their secret existence. One of the most famous of these multiple identities was Hungarian informer and artist László Algol, aka "Pécsi Zoltán". While artists in Eastern Europe were largely unaware of their "collaboration" with agents, other secret services commissioned artists to act on their behalf. An examination of this form of collaboration, like that made by Jill Magid, commissioned by the Netherlands secret service to produce art-in-architecture, reveals how working in secret can turn artist into agent. The only way to get close to the secret services is through the past: in Eastern Europe through the archives of the "former" secret services or, as with the Peng! Collective, by working with former agents.

documentation —> pale blue

Kurt Buchwald (DE)
Clara Mosch (DE)
Tamás St.Turba (NETRAF-agent) / Gábor Altorjay (HU)
Károly Elekes / Árpád Nagy / MAMŰ Group (RO)

Once the Stasi's secret archives were opened up, it became clear just how closely performance art had been watched and manipulated. In an event organised by Kurt Buchwald in 1980, the informer/artist painted a slogan on the street only to be denounced by the Stasi itself. In 1980, the Stasi made an in-depth record of a performance by the Clara Mosch group of artists, during which the artists knew that they were being watched. In 1966, the first Hungarian "happening" organised by Tamás St.Turba (NETRAF-agent) and Gábor Altorjay was exhaustively documented. The Hungarian security services sent three agents, who sent back detailed accounts of the work. Such documentation was often used for so-called "Who's Who" exercises, a photographic sifting through of the enemy. This happened in 1986 in Romania at an event organised by two members of the MAMŰ Group at which all the participants were photographed from the moment they left their homes.

counter observation —> pale orange

Orange Alternative (PL)
Jiří Kovanda (CZ)
Ion Grigorescu (RO)
Sanja Iveković (HR)
Józef Robakowski (PL)
Korpys/Löffler (DE)

Artists developed counter observation strategies—even while they were in the sights of the secret services; they observed their observers. One of the clearest examples is perhaps that of Ion Grigorescu, as he secretly watched Romanian Securitate agents at an election meeting. Jiří Kovanda, on the other hand, allowed himself to be observed by a friend whose photographs later proved to look exactly like those taken by an agent set to watch him. In her iconic performance Triangle, Sanja Iveković successfully challenged the intervention of the police as they watched her during one of Tito's visits to Zagreb. The Orange Alternative publicly celebrated the Polish security service with a Secret Agents' Day. Józef Robakowski observed the inhabitants of his block of flats over more than 20 years, accompanying the film and video recordings taken "from his window" in poetically laconic style. Finally, Korpys/Löffler travelled to the US in order—apparently—to carry out clandestine surveillance on buildings and people.

archive appropriation —> light grey

Tina Bara & Alba D'Urbano (DE)
Jens Klein (DE)
Simon Menner (DE)
Arwed Messmer (DE)
Daniel Knorr (RO/DE)

Some artists work with images from the Stasi archives, an activity that, if not carefully considered, can prove problematic, as Spanish artist Dora Garcia found out. She used an (anonymised) photo from the Stasi document archive in which Tina Bara recognised herself.

Together with Alba D'Urbano, Bara has developed a convincing artistic response. In contrast, Jens Klein and Simon Menner use Stasi photographs as unannotated ready-mades. Klein presents an almost conceptual seeming series of photographs of propaganda balloons from West Germany that were captured by the Stasi. Alongside photographs of Stasi disguise workshops, training courses and fancy-dress parties, Menner also shows us the 14 Least Important Pictures From the History of the BND (West Germany's Federal Intelligence Service), pointing up the mismatch between the (non)availability of secret service archives in East and West. Arwed Messmer sheds light on attempts to escape over the Berlin Wall which the Ministry of State Security had re-enacted by the 'perpetrators' themselves. As for Daniel Knorr, he shows us clumps of shredded Stasi documents that he obtained from the Leipzig Stasi Museum in der Runden Ecke in exchange for one of his works.

1. Politische Polizei, Switzerland: Survey of Bolshevik Activities of the Dadaist Group in Zurich, 1918–1919
2. Ministerium für Staatssicherheit (MfS), GDR: "But this kind of action art is a little foreign to me" —A Discussion
3. Komitet gosudarstvennoj bezopasnosti (KGB), USSR: Private Notes,1976–1979
4. Belügyminisztérium (BM), Hungarian People's Republic: Summary Report and Measure Plan for Operation "Schwitters", 1968
5. Służba Bezpieczeństwa (SB), Polish People's Republic: Cryptonym "Medium", 1987
6. Ministerium für Staatssicherheit (MfS), GDR: Operative Plan "Operation Arkade", 1976
7. Ministerium für Staatssicherheit (MfS), GDR: Plan for the Differentiation and Elimination of Focus Area "Avant-Garde Circle", 1977
8. Štátní bezpečnost (ŠB), ČSSR: "Subject Větrník", "Subject Aktual", 1968/1974

processing and subverting

Reading room featuring eight "operative processes" at eight tables, lighting, motion sensors, one-way mirror film

How should the files be read? It would be naïve to believe them for rather than documenting facts, they create them. In fact, the files document not the work of the artists, but that of the security services. In the reading room you can read, see and listen to secret service files—reports, photographs, videos, audio recordings—in which critical artists are observed, "processed", "subverted", criminalised and pathologized. Some of the files are harmless, others shows the brutality with which the state security machine went about its work.

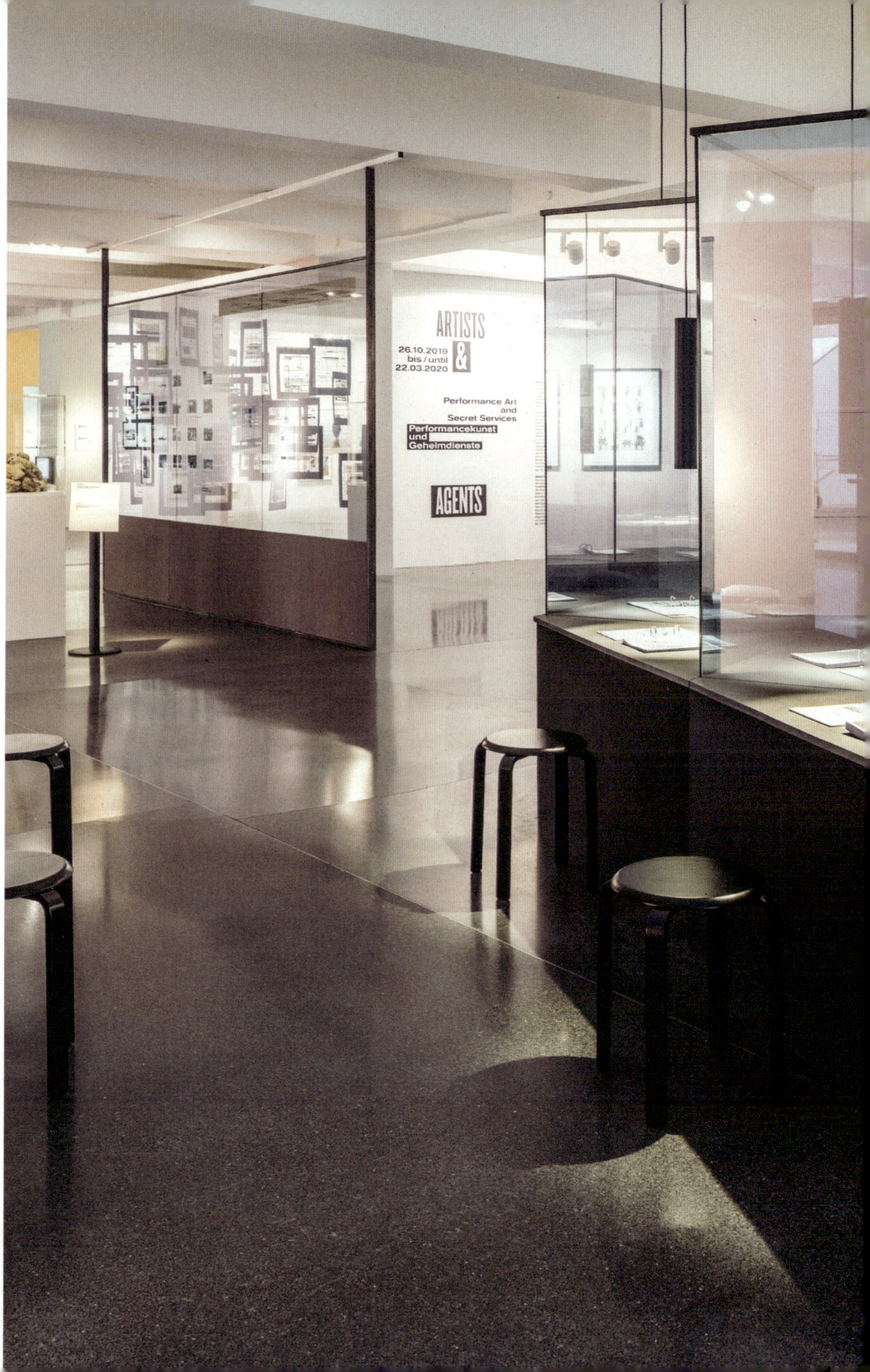

Ausstellungsansicht: Artists & Agents –
Performancekunst und Geheimdienste, HMKV 2019

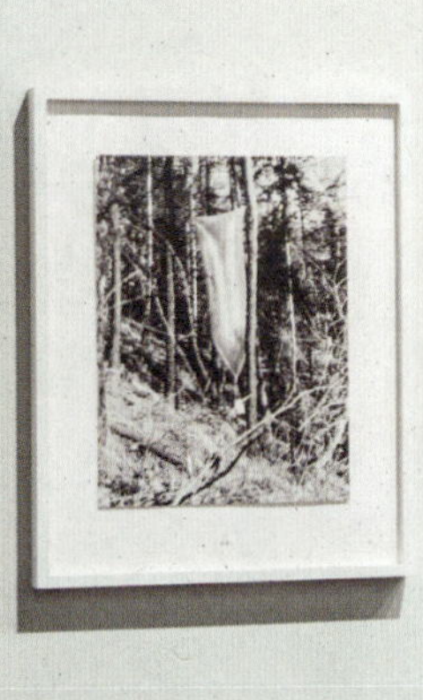

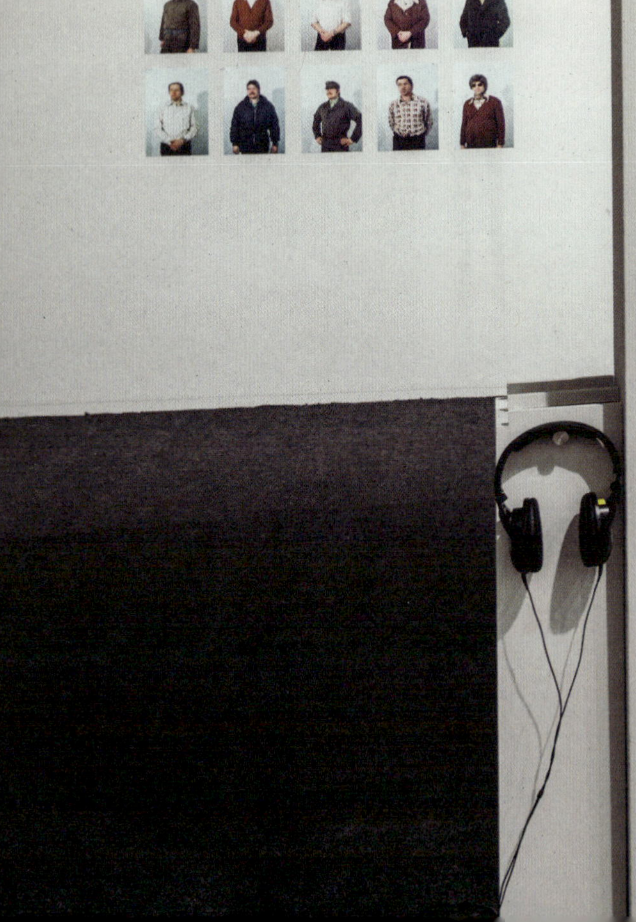

Jens Klein, Ballons (2013) © VG Bild-Kunst, Bonn 2019
Simon Menner, Aus einem Verkleidungsseminar (2010–2014)

Akten / Files

Politische Polizei, Schweiz:

Erhebungen über bolschewistische Umtriebe der Dadaist*innengruppe in Zürich

7 von 19 Aktenblättern, 1918–1919

QUELLE: BUNDESARCHIV SCHWEIZ BERN (21/10558)

Postgebäude Zimmer 142 7. Ju

Bern An

39 Detektiv F r

B E

Es werden uns als in Bern s

von der Zürcher Polizei signalisiert:

B A L L Hugo (alias Höxter John und Ha

geb.1886, von Pirmasens (Bayern), Schrifts

und

H E N N I N G S Emmy (alias Editha von

geb.1885, von Flensburg (Holstein).

Die beiden stehen angeblich

Es besteht g Verdacht, dass s

Ideen propagieren

Richtun

veranstalten

Eidg. Untersuchu
für die
deutsche und italienisc

Der Schriftfü

Political Police, Switzerland:

Survey of Bolshevik Activities of the Dadaist Group in Zurich

7 of 19 file pages, 1918–19

SOURCE: SWISS FEDERAL ARCHIVE, BERN (21/10558)

Wie dieser Fall zeigt, wurden Künstler*innen nicht nur in autoritären Regimes und auch nicht erst zur Zeit des Kalten Krieges beobachtet. Die Observation der Dadaist*innen durch die Politische Polizei der Schweiz ist eine unmittelbare Reaktion auf die Oktoberrevolution von 1917. Man merkt der Politischen Polizei die Angst an, es könnten sich weitere revolutionäre Kräfte aus dem Ausland in der Schweiz aufhalten und die Schweizer*innen politisch beeinflussen. Schließlich kam Lenin direkt aus der Schweiz nach Petrograd, um die Revolution vorzubereiten. Entsprechend bewertet die Politische Polizei die Dadaist*innen Emmy Hennings, Hugo Ball und Tristan Tzara (in den Akten: Zara), den sie für einen Russen hält, als „bolschewistische“ Gefahr bzw. als Bolschewiki, die Bolschewiki-Propaganda verbreiten wollen. Sie nennen die Dadaist*innen sogar ein „Bolschewiki-Unternehmen“. Gegen Hennings und Ball besteht konkret der Verdacht, dass sie „revolutionäre Ideen propagieren“. Ziel der Beobachtung ist es, einen Ausweisungsantrag zu stellen, der nicht nur durch die „revolutionären Ideen“ begründet wird, sondern durch den ‚liederlichen' Lebenstil (Ball und Hennings lebten im Konkubinat) und unzureichende Erwerbsquellen, die sie „zu wenig glaubwürdig ausweisen können“. Die Akte umfasst insgesamt 30 Blätter aus den Jahren 1918 und 1919. (S)

Glossar —> Archiv (Schweizerisches Bundesarchiv)
—> Informant
—> Gerücht

As this case demonstrates, it is not only in authoritarian regimes that artists were subject to surveillance, nor did it only begin with the Cold War. Surveillance of Dadaists by the Political Police of Switzerland was an immediate reaction to the October Revolution of 1917. One can sense the fear of the Political Police that other revolutionary forces might be residing in Switzerland and influencing Swiss politics. Lenin did, after all, go directly from Switzerland to Petrograd to spread the revolution. Accordingly, the Political Police classified the Dadaists Emmy Hennings, Hugo Ball, and Tristan Tzara (known in the files as Zara), who they thought was Russian, as a “Bolshevistic” threat or as Bolsheviks who wanted to spread Bolshevik propaganda. They even call the Dadaists a “revolutionary enterprise.” Hennings and Ball were specifically suspected of “propagating revolutionary ideas.” The goal of the surveillance was to submit a deportation request based not just on “revolutionary ideas” but on their “dissolute” lifestyle (Ball and Hennings lived together as an unmarried couple) and insufficient income sources, which they “were not able to convincingly demonstrate”. The file consistsof a total of thirty pages from the years 1918 and 1919. (S)

Glossary —> Archive (Swiss Federal Archive)
—> Informant
—> Rumor

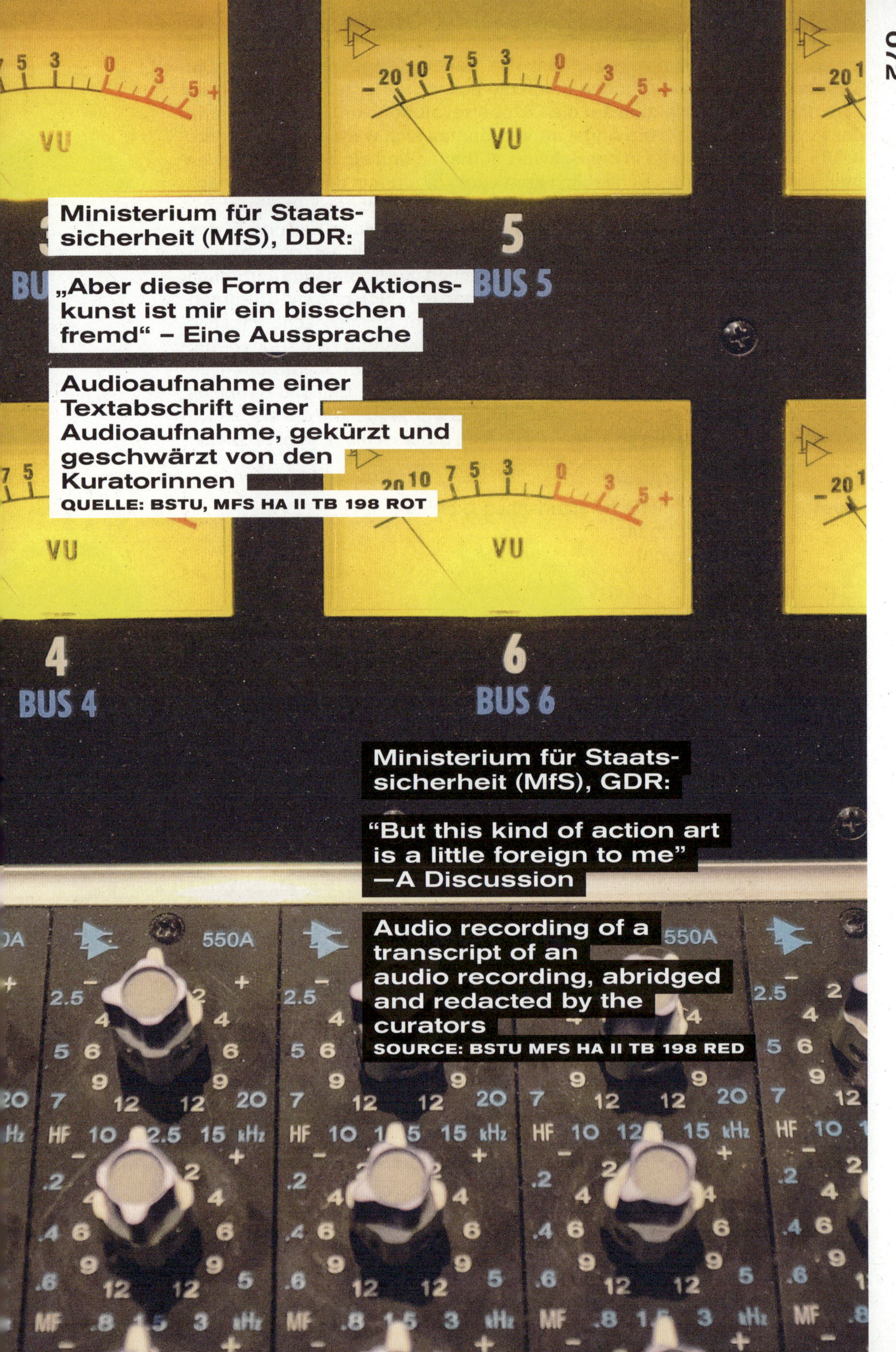

Ministerium für Staatssicherheit (MfS), DDR:

„Aber diese Form der Aktionskunst ist mir ein bisschen fremd" – Eine Aussprache

Audioaufnahme einer Textabschrift einer Audioaufnahme, gekürzt und geschwärzt von den Kuratorinnen

QUELLE: BSTU, MFS HA II TB 198 ROT

Ministerium für Staatssicherheit (MfS), GDR:

"But this kind of action art is a little foreign to me" —A Discussion

Audio recording of a transcript of an audio recording, abridged and redacted by the curators

SOURCE: BSTU MFS HA II TB 198 RED

Oft wurden Künstler*innen von der Staatssicherheit direkt vorgeladen. Es handelte sich dabei um eine typische „Zersetzungsmaßnahme" zur „Untergrabung des Selbstvertrauens". In der Sowjetunion gab es die sogenannten „prophylaktischen Warnungen", ebenfalls Vorladungen zum Gespräch. Zwischen 1967 und 1975 wurden mehr als 130.000 Sowjetbürger*innen zum Gespräch geladen und gewarnt.

Es gibt aber auch Fälle, in denen Bürger*innen zu „legendierten Aussprachen" vorgeladen worden sind, bei denen es darum ging, den Verdacht zu schüren, die*der Vorgeladene arbeite mit den Staatsorganen zusammen.

Hier haben wir es mit einer Aussprache zu tun, bei der sich die beiden verhörenden Stasioffiziere nicht nur für den*die Künstler*in interessieren, sondern auch für Aktionskunst als Gattung. Die Staatssicherheit fürchtete Aktionskunst – als Gattung aus dem Westen, als Praxis der historischen Avantgarde, als unvorhersehbares Geschehen. In der Audioaufzeichnung fordern die verhörenden Offiziere den*die Künstler*in auch auf, ausführlich von den eigenen Performances zu erzählen. Aus Gründen des Persönlichkeitsschutzes präsentieren wir eine durch Schauspieler eingesprochene Aufnahme, die alle Hinweise auf konkrete Aktionen vermeidet. (S)

Glossar —> Archiv (BStU)
—> Befragung
—> Zersetzung

Artists were often directly summoned to interviews by the Stasi. This was a typical "disruption measure" with the purpose of "undermining self-confidence." In the Soviet Union, there were the so-called "prophylactic warnings" which were also summonses to conversation. Between 1967 and 1975, more than 130,000 Soviet citizens were invited to these discussions and warned.

But there were also cases where citizens were summoned to fake, "legendated discussions," i.e. to interviews where the purpose was to stoke suspicion that the summoned person was working with the state.

These were "discussions" where both of the examining Stasi officers were interested not only in the artists but also in action art as a genre. State security feared action art—as a genre from the West, as a praxis of the historical avant-garde, as an unpredictable event. In the audio transcript, the examining officers ask the artists to talk about their own performances in detail. For reasons of privacy, we present here a recording spoken by actors which avoids references to any specific actions. (S)

Glossary —> Archive (BStU)
—> Interrogation
—> Disruption

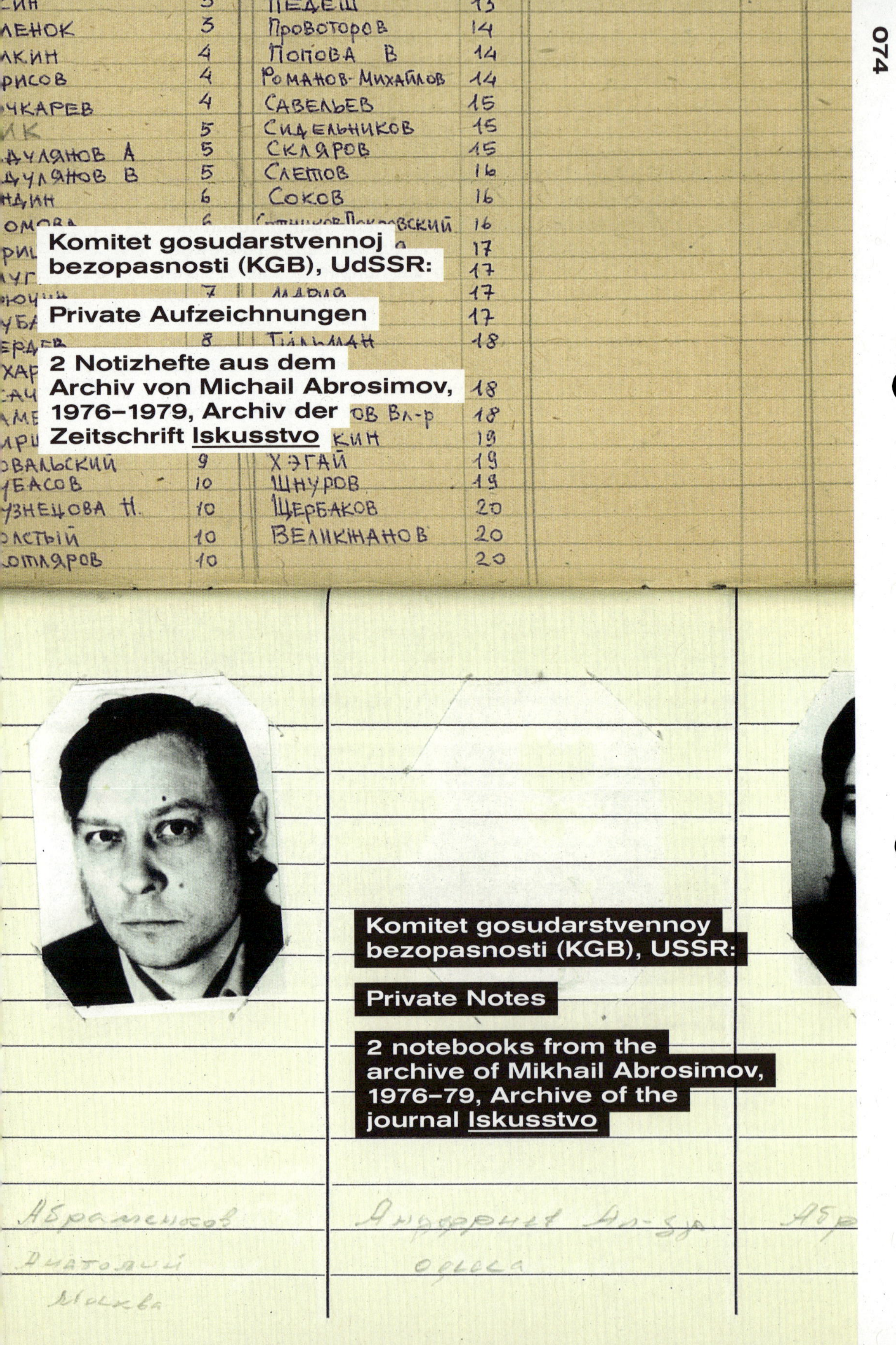

Komitet gosudarstvennoj bezopasnosti (KGB), UdSSR:

Private Aufzeichnungen

2 Notizhefte aus dem Archiv von Michail Abrosimov, 1976–1979, Archiv der Zeitschrift Iskusstvo

Komitet gosudarstvennoy bezopasnosti (KGB), USSR:

Private Notes

2 notebooks from the archive of Mikhail Abrosimov, 1976–79, Archive of the journal Iskusstvo

Der ehemalige KGB-Offizier Michail Abrosimov, von 1976 bis 1979 KGB-Mitarbeiter der 5. Abteilung in Moskau, die für die Künstler*innen zuständig war, beobachtete die Moskauer Underground-Kunstszene. Vor seinen Tod hinterließ er sein privates Archiv der Kunstzeitschrift Iskusstvo. Im Archiv finden sich unter anderem zwei Hefte mit Notizen, die Abrosimov bei der Beobachtung der Kunstszene machte. Man könnte diese Hefte eine private WWW-Aufklärung (Wer-ist-Wer-Aufklärung) nennen. Die WWW-Aufklärung war ein geheimpolizeiliches Arbeitsmittel, um Personen und Gruppen und ihre relevanten Beziehungen untereinander zu erfassen und darzustellen. Abrosimov verzeichnete hier 145 Personen, u. a.: Yuri Albert, Sergej Anufriev, Elena Elagina, Valerij Gerlovin, Aleksander Melamid, Genrich Sapgir, Nadežda Stolpovskaja und Vadim Zakharov. Abrosimov hat offenbar versucht, alle Mitglieder des Moskauer Undergrounds alphabetisch zu ordnen und den Namen Fotos zuzuordnen. (S)

Glossar —> Wer-kennt-wen-Schema
—> Agent
—> Desinformation
—> Inoffizieller Mitarbeiter (SEKSOT)

The former KGB officer Mikhail Abrosimov, a KGB agent from 1967–79 in Department 5 in Moscow, which was responsible for artists, was involved in the surveillance of the Moscow underground art scene. When he died, he passed on his private archive to the art journal Iskusstvo. Among the contents of this archive were two notebooks with notes that Abrosimov made during his observation of the art scene. We could call these notebooks a private "Who's-Who Report." The Who's-Who Report was a secret police working method for recording and presenting persons and groups and their relevant relationships among each other. Abrosimov noted people like Yuri Albert, Sergei Anufriev, Elena Elagina, Valery Gerlovin, Aleksander Melamid, Genrich Sapgir Nadia Stolpovskaya und Vadim Zakharov. Abrosimov apparently attempted to arrange all of the members of the Moscow underground in alphabetical order and to assign photos to them. (S)

Glossary —> Who-knows-who Schema
—> Agent
—> Disinformation
—> Unofficial Collaborator

- 9 -

./ "Fung György" fn. inf. jelentést adott a legujabb happening bemutató szervezésékről, kinek Poór Istvánon keresztül lehetősége van a happeningről jelenteni.

Belügyminisztérium (BM), Ungarische Volksrepublik:

Zusammenfassender Bericht und Maßnahmenplan Vorgang „Schwitters"

6 Aktenblätter, 1968

QUELLE: ÁBTL 3.1.9. -V-156455, 127-135

Határidő : folyamatos
Felelős : Balogh Mihály fhdgy.

./ ... Sándorról /csehszlovák állam- ... szervezőkkel való kapcsolatáról ... irányában rendelkezik hirszerzési lehe-

Határidő : folyamatos
Felelős : Seres Imre szds.
BRFK. Pol.O. III/b. al

. megtett operativ intézkedések a beérkező hálózati jelentések és z egyéb uton szerzett adatok elemzése alapján ujabb intézkedési erv kidolgozása.

Határidő : 196., szeptember 30.
Felelős : BRFK. Pol.O. III. alo.

yzés:

Fel kell hivni a BM. Közp-onti Osztályok tájékozta- figyelmét, ha a happeninggel kapcsolatos jelentés jut a tudomá- , rövid uton tájékoztassák az üggyel foglalkozó illetékes álytt.

a p e s t , 1968. május hó

Belügyminisztérium (BM), Hungarian People's Republic:

Summary Report and Measure Plan for Operation "Schwitters"

6 file pages, 1968

SOURCE: ÁBTL 3.1.9. -V-156455, 127-135

... olna r. fhdgy. :/

/: Balogh Mihály r. fhdgy. :/

t: 3 péld.
: elo.sz.
.: 2-7-978.

Nachdem über das erste Happening im Juni 1966 von drei Informanten Berichte eingegangen waren, wurde der Vorgang „Schwitters“ eröffnet. Schon der Deckname ist bezeichnend, denn Kurt Schwitters wurde von Stasi-Informanten fälschlicherweise als Erfinder des Happenings angegeben – deshalb wurde Tamás Szentjóby in den Akten unter diesem Namen geführt. Anhand des „Zusammenfassenden Berichts“ von 1968 lassen sich auch die „Wege“ der einzelnen Berichte innerhalb der Staatssicherheit verfolgen. In ihm werden die drei Informatenberichte des ersten Happenings zitiert, diese sind u. a. der Grund für die dramatische Ausweitung der Verfolgung gegen die Happening-Szene und speziell gegen Tamás Szentjóby. In kaum einem anderen Maßnahmenplan wird die Konsequenz so klar formuliert: Sollte Szentjóby weiterhin Happenings machen, werde man ihn in ein psychiatrisches Krankenhaus einweisen. (K)

Glossar —> Archiv (ÁBTL)
—> Bearbeitung operative
—> Kriminalisierung
—> Maßnahmenplan
—> Zersetzungsmaßnahme

After reports about the first happening were submitted by three different informants in June 1966, Operation “Schwitters” was opened. The codename itself is already revealing: the Dadaist Kurt Schwitters was falsely specified by Stasi informants as the inventor of the happening—and so Szentjóby was called by this name in the files. On the basis of this “Summary Report” from 1968, we can also follow the “paths” of the individual reports within the state security apparatus. The first three informant reports are already cited in this report; they are one of the causes of the dramatic expansion of persecution of the happening scene and specifically of Tamás Szentjóby. Almost no other measure plan so clearly formulates the consequences: if Szentjóby continues to create happenings, then he will be admitted to a psychiatric hospital. (K)

Glossary —> Archive (ÁBTL)
—> Handling, operative
—> Criminalization
—> Measure plan
—> Disruption measure

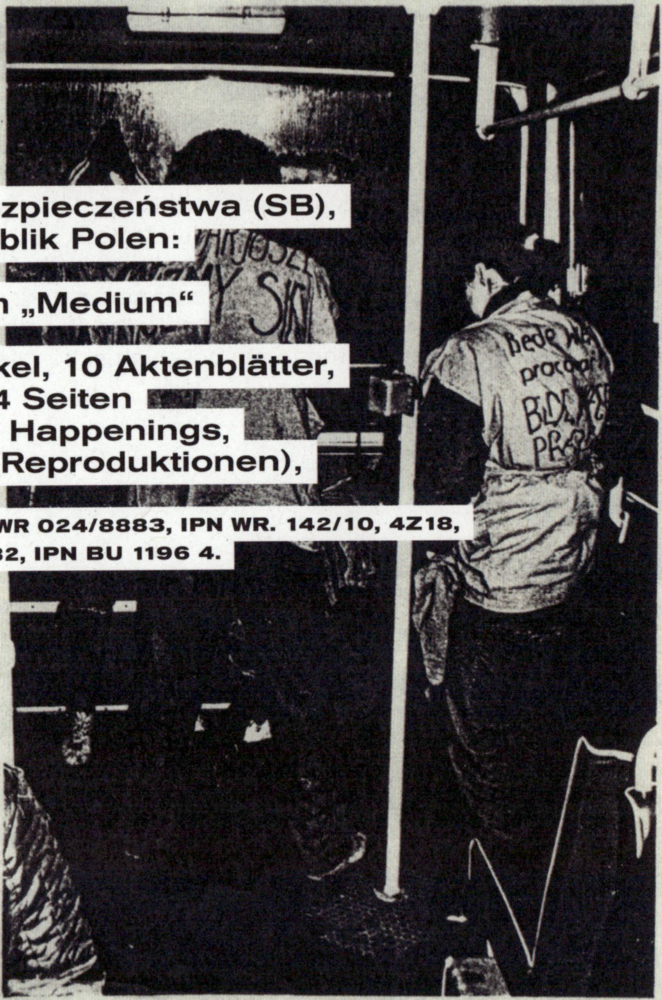

Służba Bezpieczeństwa (SB), Volksrepublik Polen:

Kryptonym „Medium“

Aktendeckel, 10 Aktenblätter, Heft mit 14 Seiten Fotos von Happenings, 24 Fotos (Reproduktionen), 3 Videos

QUELLE: IPN WR 024/8883, IPN WR. 142/10, 4Z18, IPN BU-3-16-32, IPN BU 1196 4.

Służba Bezpieczeństwa (SB), Polish People's Republic:

Cryptonym "Medium"

File cover, 10 file pages, 14 booklet pages with photos of happenings, 24 photographs (reproductions), 3 videos

SOURCE: IPN WR 024/8883, IPN WR. 142/10, 4Z18, IPN BU-3-16-32, IPN BU 1196 4.

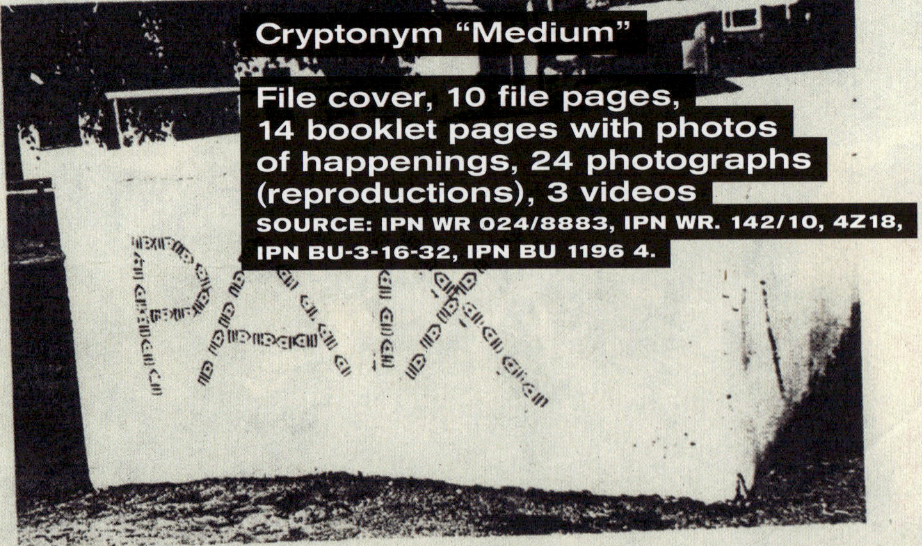

Als die Orange Alternative 1987 in Wrocław begann, Happenings durchzuführen und die Stadt mit Zwergengraffitis zu verschönern, war die Staatssicherheit in Polen alarmiert. Sie begann, einen operativen Vorgang unter dem Kryptonym „Medium“ anzulegen und die einzelnen Happenings zu überwachen. Sie schrieb Berichte und machte Videoaufnahmen und Fotos von den Happenings. Im Maßnahmenplan wird festgestellt, dass die „sogenannten Straßenhappenings“ eine „Gefahr für die öffentliche Ordnung und Sicherheit“ darstellten. Entsprechend sieht der Maßnahmenplan eine „Desintegration der Mitglieder“ vor, die „Neutralisation der Vermögenswerte der Gruppe“, eine „Prävention und final die Auflösung der feindlichen Aktivitäten“ sowie die „Dokumentation der illegalen Aktivitäten“. Letzteres führte dazu, dass im Archiv 36 Fotos der Happenings, vier Videos und viele Berichte der Aktionen lagern. Sie dokumentieren vor allem die Perspektive der Staatssicherheit auf die Orange Alternative, zeigen aber auch die hohen Teilnehmer*innenzahlen der Happenings, bei denen die Orange Alternative stets die Miliz, die Polizei und die Stasi als zusätzliche Akteurinnen einkalkulierte. Anlässlich der Happenings hat die Staatssicherheit auch einen ausführlichen Bericht über die Gattung Happening verfasst. (S)

Glossar
—> Archiv (IPN)
—> Operativer Vorgang (Kryptonym)
—> Zersetzung
—> Zersetzungsmassnahmen

When Orange Alternative began to put on happenings in Wroclaw in 1987, brightening up the city with dwarf graffiti, state security in Poland was alarmed. They began to design an operative case file with the name Cryptonym "Medium" and to observe the individual happenings. They wrote reports and took video recordings and photos of the happenings. In the measure plan, they determined that the "so-called street happenings" were a "danger for public order and security." The measure plan accordingly planned a "disintegration of the members," the "neutralization of the group's assets," the "prevention and ultimately the elimination of hostile activities," as well as the "documentation of illegal activities." The latter led to the storage of thirty-six photos of the happenings, as well as four videos and numerous reports on the actions. More than anything, they document state security's view of the Orange Alternative, while also showing the high participation numbers in the happenings, which the Orange Alternative always incorporated the militia, the police, and state security as additional actors. On the occasion of the happenings, state security also wrote an extensive report on the genre of the happening. (S)

Glossary
—> Archive (IPN)
—> Operative action (cryptonym)
—> Disruption
—> Disruption measures

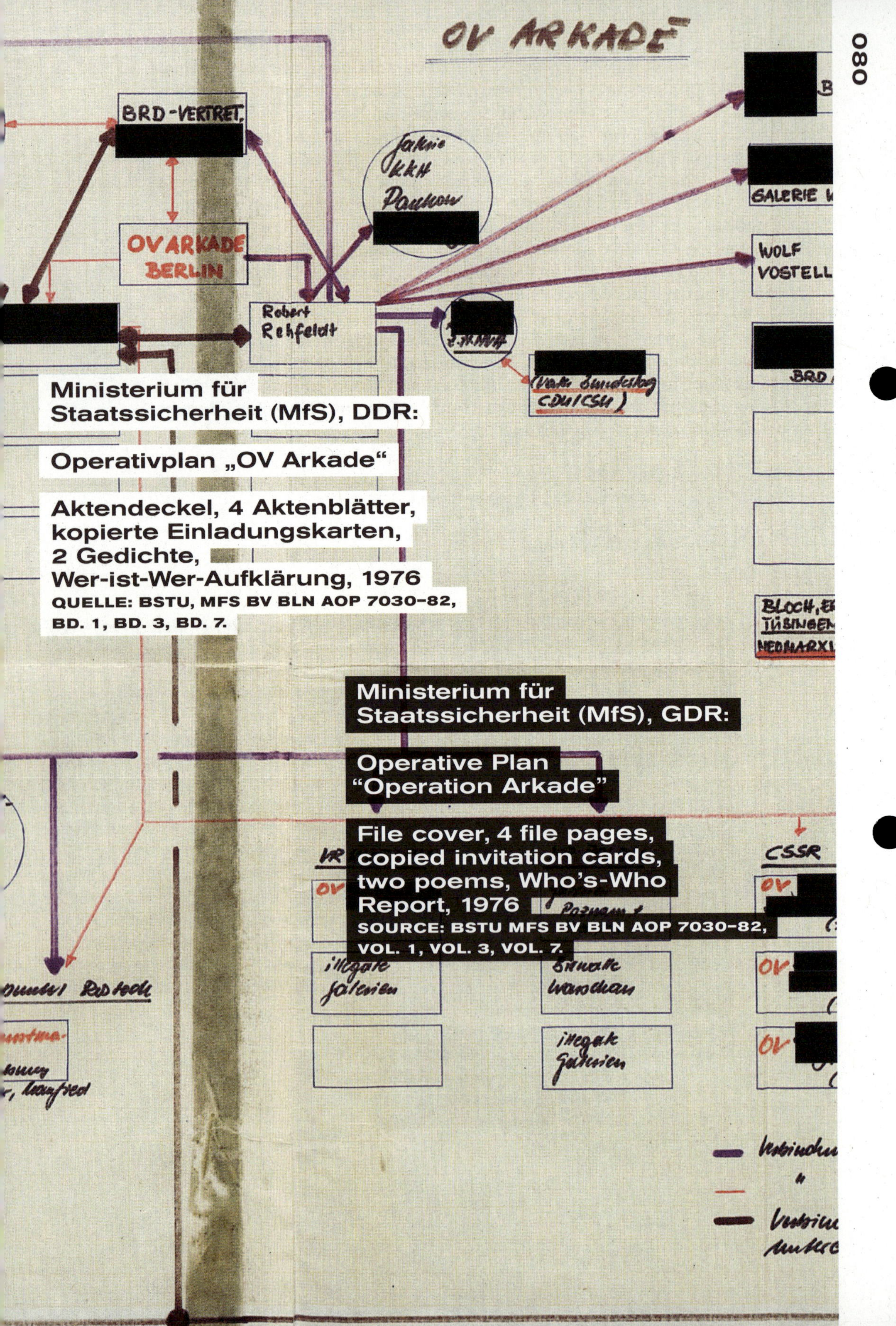

Ministerium für Staatssicherheit (MfS), DDR:

Operativplan „OV Arkade“

Aktendeckel, 4 Aktenblätter, kopierte Einladungskarten, 2 Gedichte, Wer-ist-Wer-Aufklärung, 1976

QUELLE: BSTU, MFS BV BLN AOP 7030-82, BD. 1, BD. 3, BD. 7.

Ministerium für Staatssicherheit (MfS), GDR:

Operative Plan “Operation Arkade”

File cover, 4 file pages, copied invitation cards, two poems, Who’s-Who Report, 1976

SOURCE: BSTU MFS BV BLN AOP 7030-82, VOL. 1, VOL. 3, VOL. 7.

1975 legte die Staatssicherheit den OV „Arkade“ an, um die Galerietätigkeit von Jürgen Schweinebraden in der Dunckerstraße in Berlin zu beobachten und zu „zersetzen“. Schweinebraden stellte dort Künstler*innen aus der DDR, Polen, ČSSR, Ungarn und der BRD aus, gerade auch Aktionskünstler*innen. Im Operativplan vom 5. April 1976 zur „Liquidierung“ der Galerie kann man nachlesen, wie die Staatssicherheit Einladungskarten zur Vernissage mit einem falschen Datum verschickte und „Verunreinigungen“ im Haus (Treppenaufgang, Treppenpodeste) vornahm, „mit dem Ziel, bei den älteren Mietern Abscheu über das Verhalten der Künstler zu erregen“. Man erfährt auch, wie geplant wurde, „Pornofotos und anderen Schmutz“ auf die Treppe zu legen und „Rowdys“ vorbeizuschicken, um die Hausbewohner*innen gegen die Galerie aufzubringen. Ferner wurde beschlossen, stasifeindliche Gedichte an Künstler*innen zu schicken. Es handelt sich also um Gedichte, die die Stasi selbst gegen die Stasi verfasst hatte. (S)

Glossar —> Fälschung/Fake
—> feindlich-negativ
—> Operativer Vorgang (OV)
—> Zersetzung
—> Zersetzungsmaßnahme

In 1975, the Stasi began Operation “Arkade” with the purpose of observing and “disrupting” the gallery activities of Jürgen Schweinebraden on Danckerstrasse in Berlin. In this gallery, Schweinebraden exhibited the work of artists from East Germany, Poland, Czechoslovakia, Hungary, and West Germany, particularly action artists. In the operative plan of April 5, 1976 on the “liquidation” of the gallery, we can read about how state security sent invitation cards to the vernissage with the wrong date and undertook a “dirtying up” in the building (staircase, landings) “with the goal of arousing disgust about the artists’ behavior among the older residents.” We also learn how they planned to lay “porno photos and other smut” on the stairs and to send “hooligans” to set the building residents against the gallery. It was also decided to send Stasi-hostile poems to artists. These were poems the Stasi itself had written against the Stasi. (S)

Glossary —> Forgery/Fake
—> Hostile-negative
—> Operative action (OV)
—> Disruption
—> Disruption measure

Ministerium für Staatssicherheit (MfS), DDR:

Konzeption zur Differenzierung und Zerschlagung des Schwerpunktes „Avantgardistischer Kreis“

Aktendeckel, 17 Aktenblätter, 1977
QUELLE: BSTU MFS BV KMST, AKG 3485, BD. 1, 018–034

Ministerium für Staatssicherheit (MfS), GDR:

Plan for the Differentiation and Elimination of Focus Area “Avant-Garde Circle”

File cover, 17 file pages, 1977
SOURCE: BSTU MFS BV KMST, AKG 3485, VOL. 1, 018–034

Ad k/597/77

MfS/KMSt
1 5. APR. 1977
Nr. 1078/-
Weiter an: Chef

rwaltung
r Gehlert

distischer Kreis"

ich Ihnen eine, vom Stellvertreter
berstleutnant Pierschel, bestätigte,
renzierung und Zerschlagung des
gardistischer Kreis" im Bereich der
Bezirkes Karl-Marx-Stadt.

rung dieser Konzeption eine Reihe
hmen erforderlich [...] te ich
che Sanktionierung [...]
Maßnahmen.

Leiter der Abteilung XX

Engelhardt
Major

BStU
00001

Im November 1977 legt die Staatssicherheit eine 15-seitige „Konzeption zur Differenzierung und Zerschlagung des personellen Schwerpunktes ‚Avantgardistischer Kreis'" an, um die Künstler*innengruppe Clara Mosch zu „zersetzen". Die „operativen Maßnahmen" sollten unter anderem die Ehe der Ranfts zerstören, Michael Morgner sollte durch verstärkte Auftragsvergabe und Ausstellungsbeteiligungen im westeuropäischen Ausland „gefördert" werden, über Gregor-Torsten Schade wurde das Gerücht in die Welt gesetzt, er arbeite „inoffiziell" mit der Stasi zusammen. Der wirkliche Spitzel war aber ein anderer, und zwar der Mosch-Freund Ralf-Rainer Wasse, der als IM „Frank Körner" zahlreiche Fotodokumentationen der Aktionen von Clara Mosch anfertigte, penibel über die künstlerische Tätigkeit berichtete und sich an Aktionen auch selbst beteiligte. Der Zerschlagungsplan zeigt auf besonders deutliche Weise, dass gerade in der DDR nicht einfach nur beobachtet wurde, sondern mit zersetzender Kreativität Künstler*innen und Künstler*innengruppen zerstört werden sollten. (S)

Glossar
—> Diskreditierung
—> feindlich-negativ
—> Förderung
—> Gerücht
—> Inoffizielle Mitarbeiter (IM)
—> Isolation
—> Zersetzung
—> Zersetzungsmaßnahme

In November 1977, the Stasi wrote a fifteen-page "Plan for the Differentiation and Elimination of Focus Area 'Avant-Garde Circle'" with the purpose of "disrupting" the artist group Clara Mosch. The goals of the "operative measures" included destroying the Ranfts' marriage, "promoting" Michael Morgner through more contracts awards and exhibition participation abroad in Western Europe, and planting the rumor that Gregor-Torsten Schade was "unofficially" collaborating with the Stasi. The informant, however, was someone else: the Mosch friend Ralf-Rainer Wasse, who, as Unofficial Collaborator "Frank Körner," composed numerous photo documentations of the actions of Clara Mosch and was meticulously reporting about their artistic activity, as well as himself taking part in actions. The elimination plan shows in a particularly explicit way that artists were not only placed under surveillance but, especially in the GDR, that the plan was to eliminate artists and artist groups with disruptive creativity. (S)

Glossary
—> Discrediting
—> Hostile-negative
—> Patronage
—> Rumor
—> Unofficial Collaborator (IM)
—> Isolation
—> Disruption
—> Disruption measure

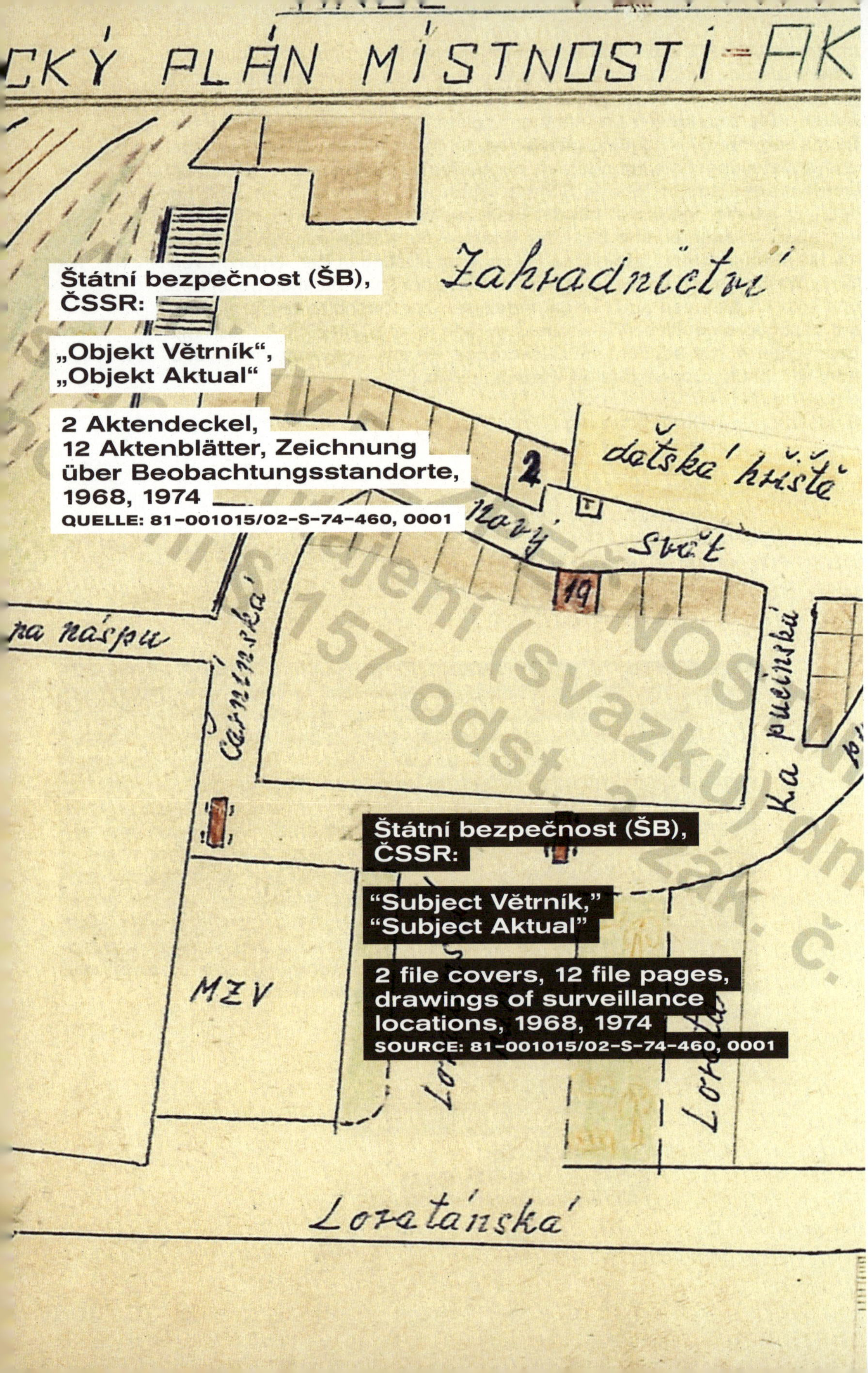

Štátní bezpečnost (ŠB), ČSSR:

„Objekt Větrník“, „Objekt Aktual“

2 Aktendeckel, 12 Aktenblätter, Zeichnung über Beobachtungsstandorte, 1968, 1974

QUELLE: 81-001015/02-S-74-460, 0001

Štátní bezpečnost (ŠB), ČSSR:

“Subject Větrník,” “Subject Aktual”

2 file covers, 12 file pages, drawings of surveillance locations, 1968, 1974

SOURCE: 81-001015/02-S-74-460, 0001

1968 legte die Staatssicherheit in der Tschechoslowakei einen operativen Vorgang zum „Objekt Větrník“ an, 1974 einen weiteren zum „Objekt Aktual“. Es geht in beiden Vorgängen um die Beobachtung von Milan Knížák, seit 1965 „Direktor von Fluxus-Ost“, und von Marie Saudková. Auch die Akte „Větrník“ richtet sich auf Knížák und sein Atelier. Die tschechoslowakische Stasi dokumentiert allerdings keine künstlerischen Aktionen, sondern banale Alltagshandlungen von Knížák und Saudková, zudem nimmt sie an, im Atelier von Knížák werde Sprengstoff hergestellt. Am detailliertesten dokumentieren sie aber sich selbst, ihre Namen, ihre Kleidung von den Schuhen bis zur Kopfbedeckung, die Autos, die sie bei der Beobachtung fahren, unter anderem Wolga und Simka, zu dieser Zeit eher auffällige Marken, die nur die Nomenklatura besaß, und die Technik, mit der sie die Beobachtung durchführten. Auch Zeichnungen wurden angefertigt, nicht aber über die Tätigkeiten von Knížák und Aktual, sondern über die Orte, an denen die Spitzel und deren Autos standen. (S)

Glossar —> Beobachter
—> Beobachtung, operative
—> Beobachtungsvorgang
—> Maskierung

In 1968, state security in Czechoslovakia opened an operative case file on “Subject Větrník” and in 1974 on “Subject Aktual.” Both operations concerned the surveillance of Milan Knížák, since 1965 “Director of Fluxus East,” and of Marie Saudková. The “Větrník” is also directed towards Knížák and his studio. The Czechoslovakian Stasi, however, does not document any art actions: only Knížák’s and Saudková’s banal, insignificant daily activities. Their most detailed documentation is reserved for themselves: their names, their clothing from their shoes to their hats, the cars they drive during observation, e.g. Volga and Simka (conspicuous brands at the time which only the nomenklatura owned), as well as the technology they used to carry out the surveillance. They also made drawings, not of the activities of Knížák and Aktual but instead of the locations where their spies and vehicles were standing. (S)

Glossary —> Observer
—> Observation, operative
—> Monitoring Process
—> Masking

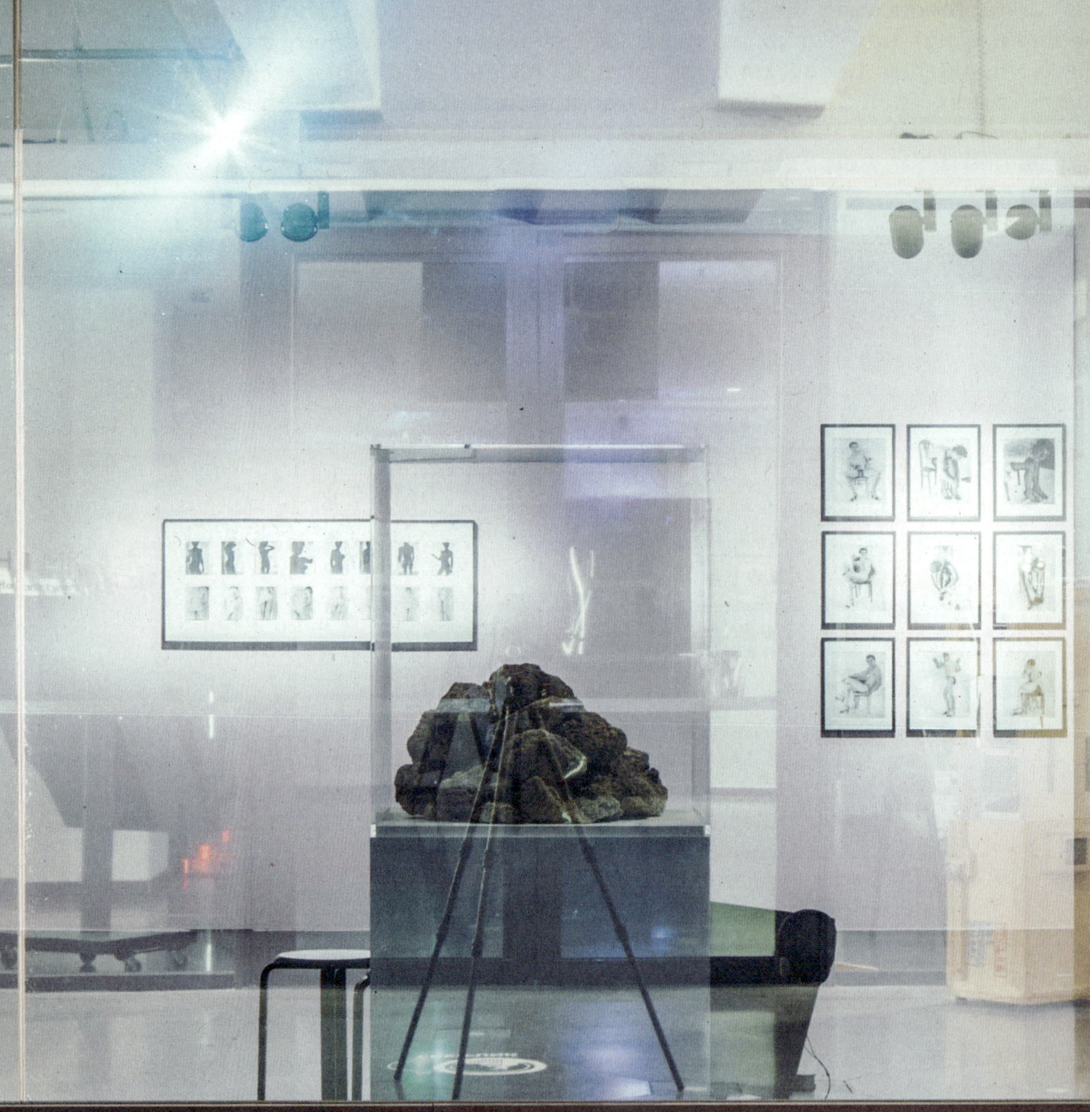

Ausstellungsansicht: Artists & Agents –
Performancekunst und Geheimdienste, HMKV 2019

Künstlerische Positionen / Artistic positions

László Algol / Informant „Pécsi Zoltán", Der Chemiker und der Bauleiter.
Die Personae der Dreifaltigkeit (Approximationsübung) (1973)

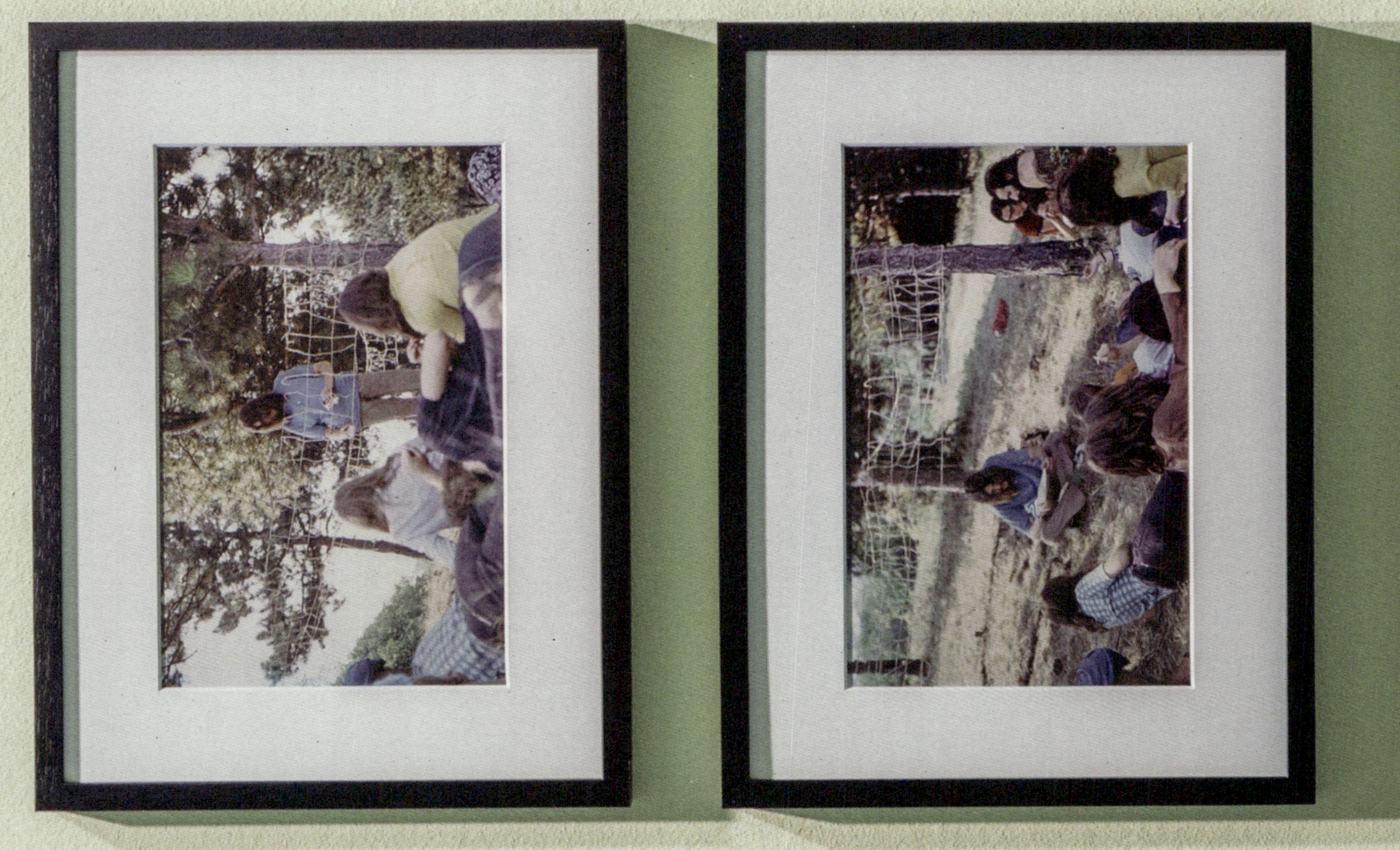

LÁSZLÓ ALGOL / INFORMANT, INFORMER „PÉCSI ZOLTÁN“

Der Chemiker und der Bauleiter. Die Personae der Dreifaltigkeit (Approximationsübung)

4 Farbfotos, (Fotodokumentation), 1973,
Fotograf: György Galántai
COURTESY: ARTPOOL ART RESEARCH CENTER / MUSEUM OF FINE ARTS, BUDAPEST

Der Mann mit langen Haaren und blauem Hemd hat sich in Künstler*innenkreisen um György Galántai als László Algol vorgestellt. Sein wahrer Name lautete jedoch Gusztáv M. Hábermann. Hábermann/Algol arbeitete unter dem Decknamen „Pécsi Zoltán“ für die ungarische Staatssicherheit, am Ende als hauptamtlicher Offizier. In seiner Performance Der Chemiker und der Bauleiter. Die Personae der Dreifaltigkeit (Approximationsübung) („A vegyészmérnök és az építésvezető. A hármság személyisége (approximációs gyakorlat“) setzte er sich in der Nacht vom 12.–13. August 1973 in Balatonboglár mit diesen drei Identitäten auseinander. Er sitzt wie ein Guru im Publikum, zieht einen Kreis, spannt ein Netz aus weißen Fäden und liest seinen Text über die Dreifachidentität vor. Mit dieser Dreifachidentität verfasste er 14 Jahre lang 101 Berichte über die Kunstszene. Keiner der Künstler*innen aus seinem engsten Freundeskreis hatte auch nur den leisesten Verdacht, dass der mit dem Verfassen von Gedichten und Psycholinguistik befasste Mann ein Informant war. Nach 2000 hat Galántai seine Akten frei zugänglich gemacht und Algol-Hábermann-Pécsi enttarnt. Eine Journalistin hat ihn in Neuseeland ausfindig gemacht, wo er bis heute Psycholinguistik an einer Universität unterrichtet. Er antwortete auf Englisch in einem pauschalen Entschuldigungsbrief an die von ihm überwachte Szene und erklärte, er sei ein Verbindungsglied zwischen Staat und den Künstler*innen gewesen. (K)

Gusztáv M. Hábermann, *1950, Ungarn,
lebt und arbeitet in Massey, Neuseeland

Glossar
—> Archiv (ÁBTL)
—> Informant/IM „Pécsi Zoltán“
—> Bearbeitung, operative

The Chemistry Engineer and the Construction Manager. The Person(ality) of the Three (An Approximation Exercise)

4 color photographs (photo documentation), 1973, photographer: György Galántai

COURTESY: ARTPOOL ART RESEARCH CENTER / MUSEUM OF FINE ARTS, BUDAPEST

The man with the long hair and blue shirt introduced himself as László Algol to the artists in György Galántai's circle. His real name, though, was Gusztáv Hábermann, and Hábermann/Algol worked for Hungarian state security under the codename "Pécsi Zoltán," ultimately as a full-time officer. In his performance The Chemistry Engineer and the Construction Manager. The Person(ality) of the Three (An Approximation Exercise) („A vegyészmérnök és az építésvezető. A háromság személyisége (approximációs gyakorlat") he dealt with these three identities in the night of August 12-13, 1973 in Balatonboglár. He sits like a guru in the audience, draws a circle, stretches a net of white threads and reads his text about the triple identity. With this triple identity, wrote, over the course of fourteen years, 101 reports about the art scene. None of the artists among his closest friends had even the slightest suspicion that this man, with his interest in cybernetics and psycholinguistics, was an informant. After 2000, Galántai opened his files to the public and unmasked Algol-Hábermann-Pécsi. A journalist found him in New Zealand, where he teaches psycholinguistics at a university to this day. He answered in English in a blanket letter of apology to the artists he reported on and claimed that he was acting as a bridge between the state and artists. (K)

Gusztáv M. Hábermann, b. 1950 in Hungary, lives and works in Massey, New Zealand

Glossary —> Archive (ÁBTL)
—> Informant/Unofficial collaborator "Pécsi Zoltán"
—> Handling, operative

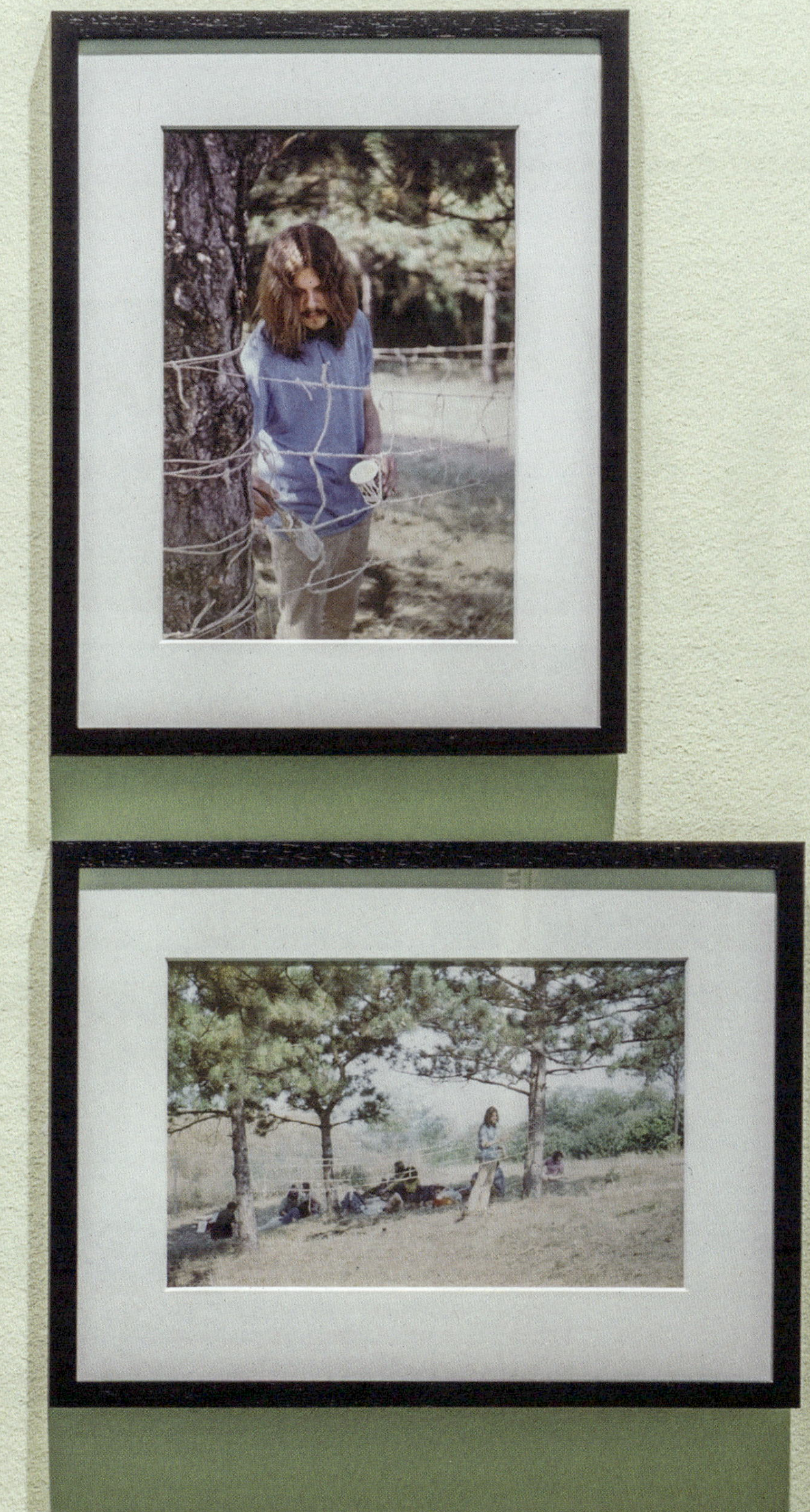

László Algol / Informant „Pécsi Zoltán", Der Chemiker und der Bauleiter. Die Personae der Dreifaltigkeit (Approximationsübung) (1973)

The Dream Has Not Died

Fotografien 1986,
Fotocollage 2013, 189,97 × 80,01 cm,
Fotograf: Radu Igaszag
COURTESY: RADU IGASZAG & ALEXANDRU ANTIK

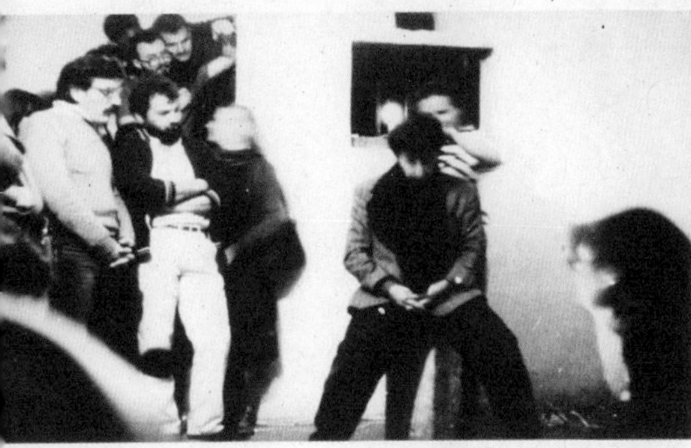
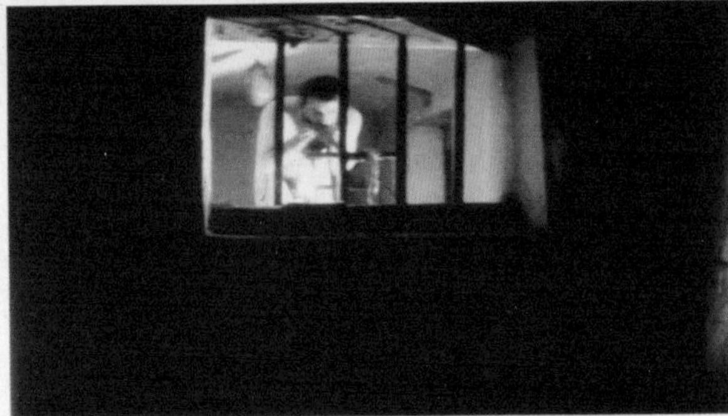
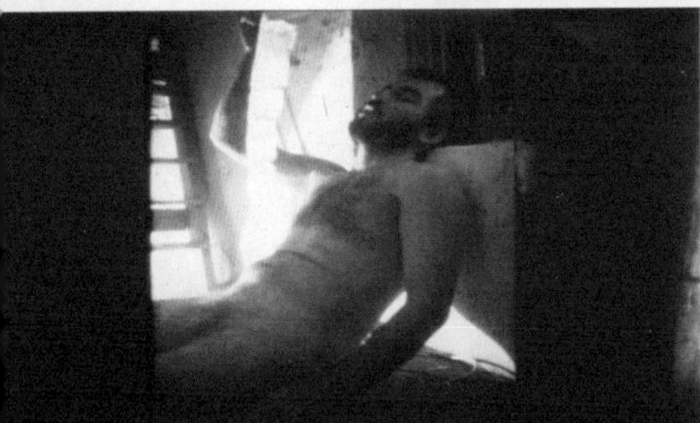
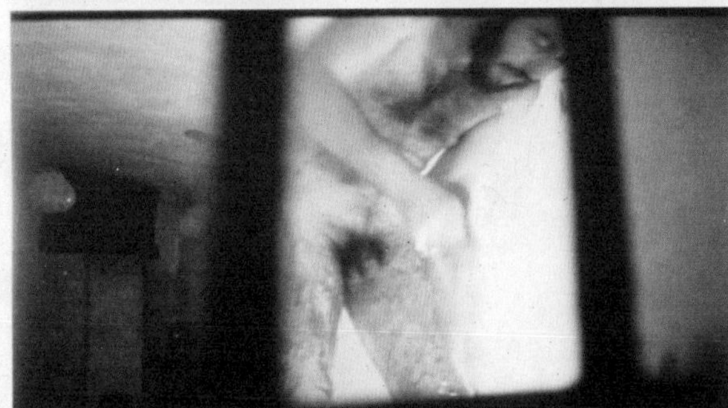
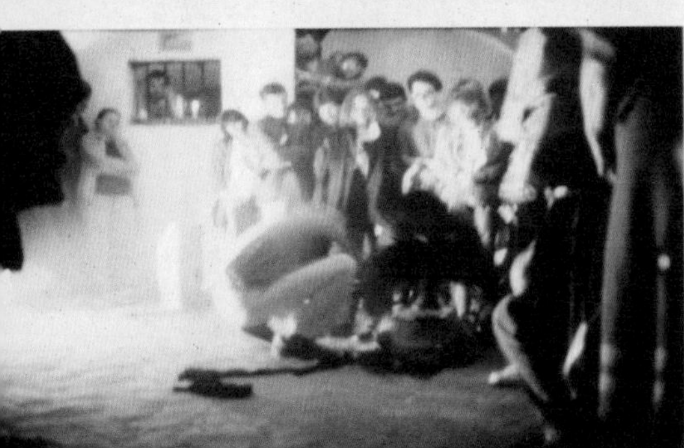
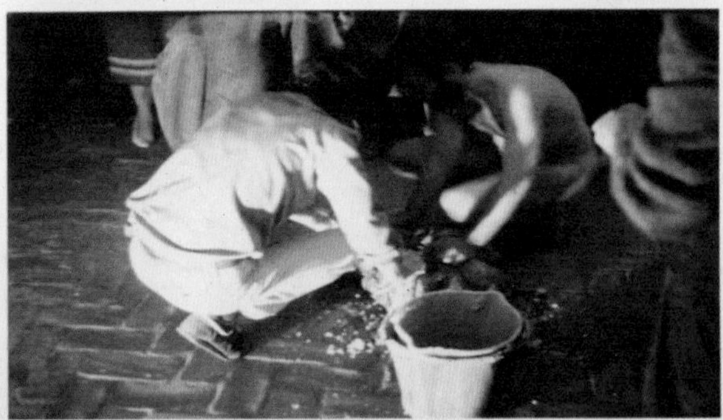

The Dream Has Not Died

Photographs 1986,
photo collage 2013, 189,97 × 80,01 cm,
photographer: Radu Igaszag
COURTESY: RADU IGASZAG & ALEXANDRU ANTIK

ALEXANDRU (SÁNDOR) ANTIK

Im Keller des Pharmazeutischen Museums in Sibiu fand 1986 eine 35-minütige Aktion von Antik statt, die auf nachfolgende Performancekünstler*innen eine ungeheure Wirkung hatte und bis heute „re-enacted" wird. Sie fand in zwei Räumen statt, im Inneren des ersten Raums war eine Ausstellung „pseudo-persönlicher Dinge". Man hörte Lieder von Katalin Karády, die von Textpassagen unterbrochen wurden, die das Happening ankündigten und dem Publikum mitteilten, dass sie Zeug*innen eines ungewöhnlichen Ereignisses sein würden. Antik las Texte, eine Frau rasierte seine Haare, dann zog er sich aus und stieg in einen käfigartigen Raum mit der Aufschrift „Raum der bisher unrealisierten Dinge". Immer wiederkehrende Musik wurde von Antik mit rhythmischen Bewegungen begleitet, er las bis zur totalen Erschöpfung. Dem Publikum wurden mit Gips gefüllte Rinderdärme gereicht, während er versuchte, mit einer Benzinlampe die Losung „The Dream Has Not Died" („Visul n-a pierit") an die Zellenwand zu schreiben. Antik über die Aktion: „Die Aktion konnte jedoch nicht abgeschlossen werden, da plötzlich ein Mann von offizieller Seite auftauchte und uns befahl, die Aktion sofort zu beenden und alle Spuren zu verwischen. Zum Beispiel mussten wir die blutigen Formen an den Stadtrand bringen." (K)

Alexandru (Sándor) Antik, *1950 Rhegin, Rumänien,
lebt und arbeitet Cluj-Napoca, Rumänien.

In the basement of the Pharmaceutical Museum in Sibiu in 1986, Antik staged a 35-minute performance which had an earth-shattering effect on subsequent performance artists and is "reenacted" to this day. It took place in two rooms. Inside the first room was an exhibition of "pseudo-personal things." One could hear songs by Katalin Karády which were interrupted by passages of text announcing the happening and informing the audience that they were about to be witnesses to an unusual event. Antik read texts, a woman shaved his hair, and then he undressed and climbed into a cage-like room with the inscription: "Room of Unrealized Things." The audience could only follow this all through the barred windows. Music droned in the background; Antik shaped bloody cow intestines with his breath (which he then gave to the audience) to the rhythm of a waltz with other text citations while he attempted to write the slogan "The Dream Has Not Died" on the cell wall with a gas lamp. Antik writes: "The action, however, could not be completed because a man in a suit suddenly showed up and ordered us to end the event and to remove all traces of it. We had to bring the bloody shapes to the city outskirts, for example." (K)

Alexandru (Sándor) Antik, b. 1950 in Rhegin,
Romania, lives and works in Cluj-Napoca, Romania.

Securitate, Sozialistische Republik Rumänien:

Bericht „Alexandra“

1 Aktenblatt

QUELLE: C.N.S.A.S., INFORMATIVER FONDS, DOSSIER NR. 234058, BL. 8
COURTESY: MĂDĂLINA BRAȘOVEANU

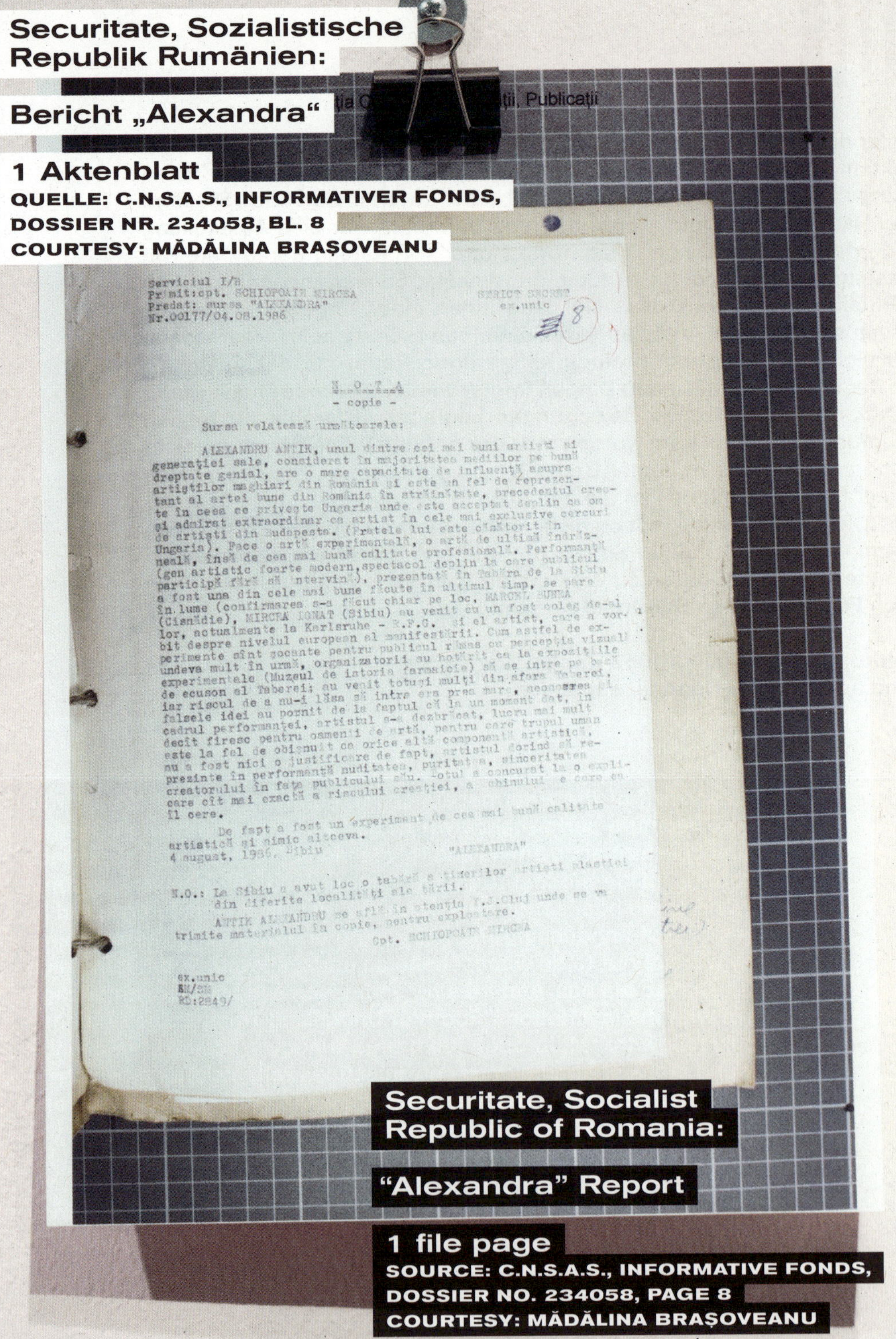

Serviciul I/B
Primit: cpt. SCHIOPOAIE MIRCEA
Predat: sursa "ALEXANDRA"
Nr.00177/04.08.1986

STRICT SECRET
ex.unic
8

N O T A
- copie -

Sursa relatează următoarele:

ALEXANDRU ANTIK, unul dintre cei mai buni artiști ai
generației sale, considerat în majoritatea mediilor pe bună
dreptate genial, are o mare capacitate de influență asupra
artiștilor maghiari din România și este un fel de reprezen-
tant al artei bune din România în străinătate, precedentul cres-
te în ceea ce privește Ungaria unde este acceptat deplin ca om
și admirat extraordinar ca artist în cele mai exclusive cercuri
de artiști din Budapesta. (Fratele lui este căsătorit în
Ungaria). Face o artă experimentală, o artă de ultimă îndrăz-
neală, însă de cea mai bună calitate profesională. Performanță
(gen artistic foarte modern, spectacol deplin la care publicul
participă fără să intervină), prezentată în Tabăra de la Sibiu
a fost una din cele mai bune făcute în ultimul timp, se pare
în lume (confirmarea s-a făcut chiar pe loc, MARCEL BUNEA
(Cisnădie), MIRCEA IONAT (Sibiu) au venit cu un fost coleg de-al
lor, actualmente la Karlsruhe - R.F.G. și el artist, care a vor-
bit despre nivelul european al manifestării. Cum astfel de ex-
perimente sînt șocante pentru publicul rămas cu percepția vizuală
undeva mult în urmă, organizatorii au hotărît ca la expozițiile
experimentale (Muzeul de istoria farmaciei) să se intre pe bază
de ecuson al Taberei; au venit totuși mulți din afara Taberei,
iar riscul de a nu-i lăsa să intre era prea mare, neconoașterea și
falsele idei au pornit de la faptul că la un moment dat, în
cadrul performanței, artistul s-a dezbrăcat, lucru mai mult
decît firesc pentru oamenii de artă, pentru care trupul uman
este la fel de obișnuit ca orice altă componentă artistică,
nu a fost nici o justificare de fapt, artistul dorind să re-
prezinte în performanță nuditatea, puritatea, sinceritatea
creatorului în fața publicului său. Totul a concurat la o expli-
care cît mai exactă a riscului creației, a chinului de care ea
îl cere.

De fapt a fost un experiment de cea mai bună calitate
artistică și nimic altceva.

4 august, 1986, Sibiu

"ALEXANDRA"

N.O.: La Sibiu a avut loc o tabără a tinerilor artiști plastici
din diferite localități ale țării.
ANTIK ALEXANDRU se află în atenția I.J. Cluj unde se va
trimite materialul în copie, pentru exploatare.

Cpt. SCHIOPOAIE MIRCEA

ex.unic
AM/SM
RD:2849/

Securitate, Socialist Republic of Romania:

“Alexandra” Report

1 file page

SOURCE: C.N.S.A.S., INFORMATIVE FONDS, DOSSIER NO. 234058, PAGE 8
COURTESY: MĂDĂLINA BRAȘOVEANU

Alexandru Antik geriet 1988 offiziell ins Visier der Securitate wegen des Verdachts der Verbreitung von ungarischem Nationalismus und wegen der negativen Beeinflussung junger Künstler*innen. Doch seine Performance „The Dream Has Not Died“ löste bereits 1986 eine der brutalsten Gegenaktionen der Securitate aus. „Alexandra“ – offenbar eine Kunstkennerin und Theoretikerin – berichtet 1986 über die Performance: In diesem Bericht geht sie explizit auf Performancekunst ein und kategorisiert diese als „sehr moderne künstlerische Gattung“. „Alexandra“ versucht in dieser Erklärung, auch den anscheinend im Raum stehenden Vorwurf der Obszönität zu entkräften.

Der plötzliche und brutale Eingriff der Securitate ist in der rumänischen Kunstgeschichte zum Musterbeispiel von performativer Zensur geworden. Aber in den Akten ist von einem Eingriff nirgends die Rede, er wurde nur mündlich überliefert. Die Securitate hat ihre eigene „Gegen-Aktion“ selbst nicht dokumentiert – womöglich ein Verfahren „innerer Konspiration“ oder die Verwischung von Spuren. Antik selbst schrieb, dass er „nichts in seinen Akten fand“, das erkläre, „warum das Happening dem System in die Quere kam“ und warum der wohlmeinende Bericht die Performance verzerrt wiedergibt. (K)

Glossar —> Archiv (C.N.S.A.S)
—> Securitate
—> operative Überwachung

The Securitate began officially keeping tabs on Alexandru Antik in 1988 on suspicion of spreading Hungarian nationalism and because of his negative influence on young artists. But his 1986 performance “The Dream Has Not Died” had already triggered one of the Securitate’s most brutal counter-actions. “Alexandra”—clearly an art expert and theorist—wrote a report about the performance in 1986 where she explicitly addresses performance art and categorizes it as a “very modern artistic genre.” In her explanation, “Alexandra” also attempts to temper the accusation of obscenity.

The Securitate’s brutal and abrupt intervention has become the classic example of censorship in Romanian art history. But the files do not at all speak of an intervention; it was only transmitted orally. The Securitate did not itself document its own “counteraction”—only of “inner conspiracy” or the covering up of tracks. Antik writes that he “found nothing in his files” which would explain “why the happening got in the way of the system” and why the well-meaning report portrays the performance in such a distorted manner. (K)

Glossary —> Archive (C.N.S.A.S.)
—> Securitate
—> Operative Surveillance

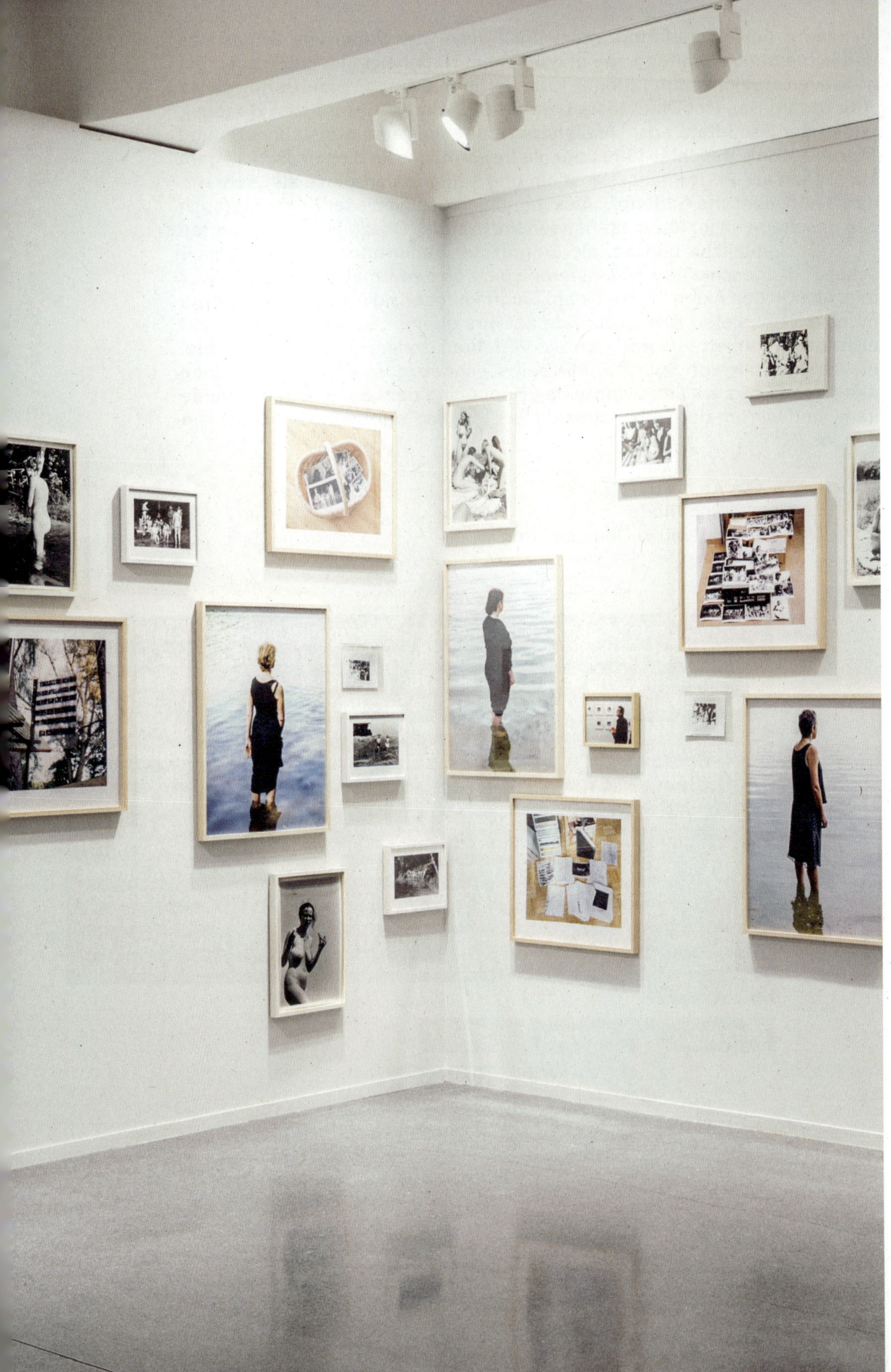

Tina Bara & Alba D'Urbano, Covergirl: Wespen-Akte (Story Tales) (2008/2009) © VG Bild-Kunst, Bonn 2019

TINA BARA & ALBA D'URBANO

Covergirl: Wespen-Akte (Story Tales)

65 Fotografien, verschiedene Techniken und Größen, Text, 2007–09, Video „Re-action", 60:00 Min., 2008–09

COURTESY: ALBA D'URBANO, TINA BARA

2007 entdeckte Alba D'Urbano in der Ausstellung der spanischen Künstlerin Dora Garcia in der Galerie für Zeitgenössische Kunst Leipzig ein 25 Jahre altes Foto ihrer Kollegin Tina Bara, wie sie Professorin an der Leipziger Hochschule für Grafik und Buchkunst (HGB). Das (anonyme) Schwarz-Weiß-Foto, das auch auf dem Cover des Ausstellungskataloges abgebildet ist, zeigt Tina Bara nackt mit einem schwarzen Balken über den Augen, zusammen mit der Textzeile „BStU-Kopie MfS HA XX/Fo/689 Bild 9". Das Foto ist Teil eines privaten Fotokonvoluts aus dem Jahr 1983, das die Stasi im Rahmen des Operativen Vorgangs „Wespen" beschlagnahmt hatte. Garcia verwendete dieses Material als Readymade, ohne jedoch die Herkunft der Bilder eingehend zu recherchieren. „Wespen-Akte" war der Deckname der Stasi für die „Frauen für den Frieden", die sich in der DDR der 1980er Jahre für Entmilitarisierung, Abrüstung und eine friedensgemäße Kindererziehung engagierten. Die Zirkulation des „Covergirls" ist bezeichnend: ursprünglich private Erinnerungsfotografie ambitionierter Amateurfotografinnen (Katja Havemann und Tina Bara), dann Dokument und Beweismaterial der Staatssicherheit, schließlich Kunstgegenstand (Dora Garcia). Diesen als gewaltsam erfahrenen Enteignungen begegnen die Künstlerinnen, indem sie sich das Bildmaterial – einschließlich seiner Geschichte – wieder aneignen. (A)

Tina Bara, *1962 in Kleinmachnow, DDR,
lebt und arbeitet in Berlin und Leipzig, Deutschland.

Alba D'Urbano, *1955 in Tivoli/Rom, Italien,
lebt und arbeitet in Berlin und Leipzig, Deutschland.

Cover Girl: Wasp File (Story Tales)

65 photographs, various techniques and sizes, text, 2007–09, video "Re-action", 60:00 min., 2008–09
COURTESY: ALBA D'URBANO, TINA BARA

In 2007, Alba D'Urbano discovered a 25-year-old photograph of her colleague Tina Bara, also a professor at the Academy of Fine Arts Leipzig (HGB), in an exhibition of the Spanish artist Dora Garcia in the Galerie für zeitgenössische Kunst (Contemporary Art Gallery) in Leipzig. The (anonymous) black-and-white photograph, which is also reproduced on the cover of the exhibition catalogue, shows Tina Bara naked with a black bar over her eyes, together with the line of text "BStU-Kopie MfS HA XX/Fo/689 Bild 9." The photo is part of a private black-and-white photo bundle from 1983 which the Stasi had confiscated in the context of Operation "Wasps." Dora Garcia uses this material as a ready-made, without however researching the origin of the images in detail. "Wasp Files" was the Stasi's codename for the "women for peace" who were engaged in the GDR in the 1980s for demilitarization, disarmament, and peace-oriented child education. The circulation of the "cover girl" is characteristic: originally private souvenir photographs by ambitious amateur photographers (Katja Havemann and Tina Bara), then a document and piece of evidence for state security, then an object of art (Dora Garcia). The artists confront these as violently experienced expropriations by reappropriating the image material—including its history. (A)

Tina Bara, b. 1962 in Kleinmachnow, GDR,
lives and works in Berlin and Leipzig, Germany.

Alba D'Urbano, b. 1955 in Tivoli/Rome, Italy,
lives and works in Berlin and Leipzig, Germany.

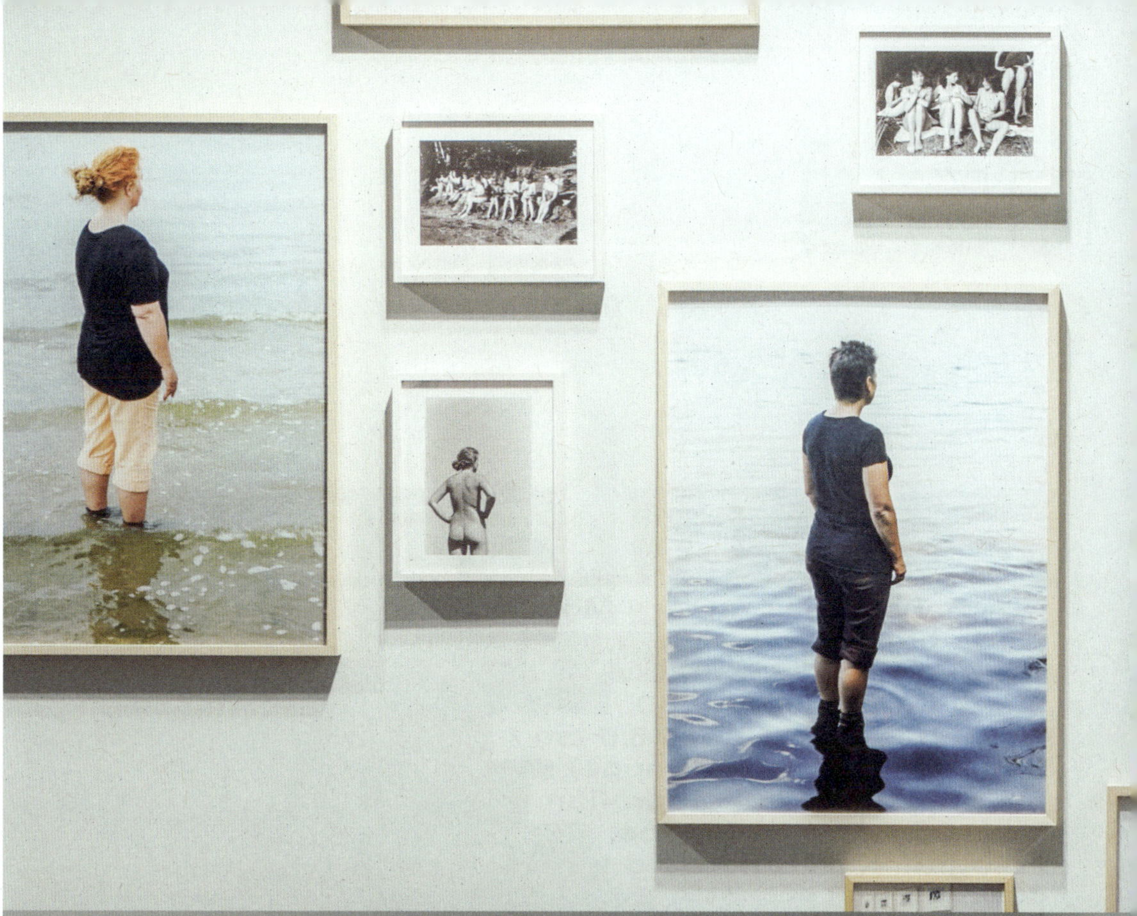

Tina Bara & Alba D'Urbano, Covergirl: Wespen-Akte (Story Tales) (2008/2009) © VG Bild-Kunst, Bonn 2019

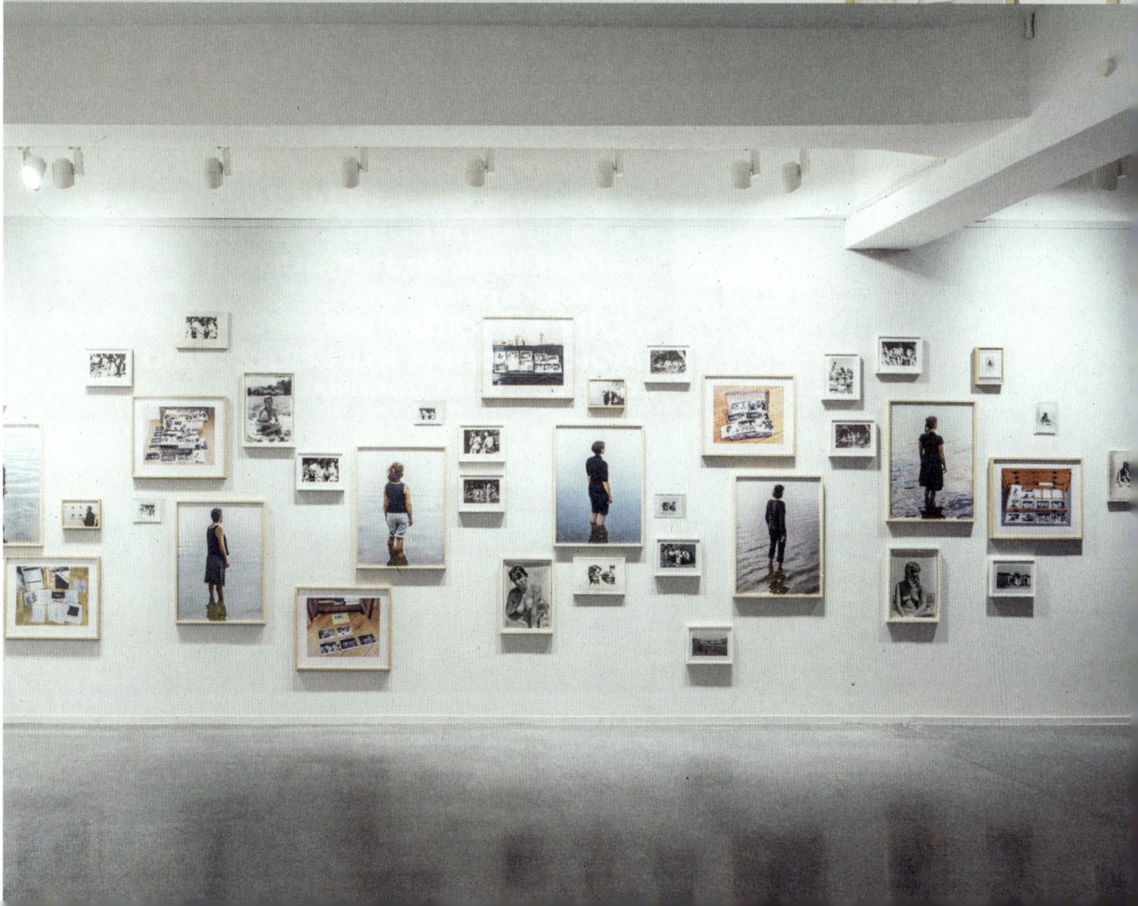

Tina Bara & Alba D'Urbano, Covergirl: Wespen-Akte (Story Tales) (2008/2009) © VG Bild-Kunst, Bonn 2019

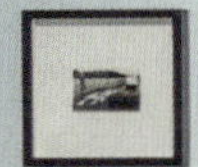
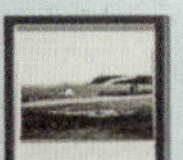
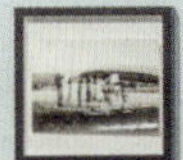
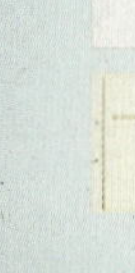
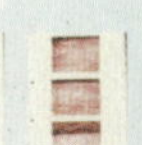
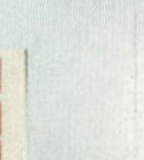
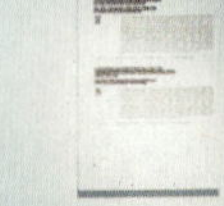
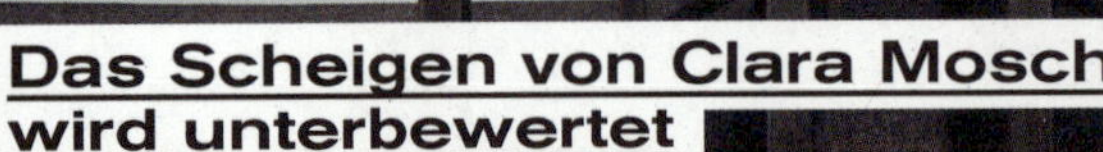

Das Scheigen von Clara Mosch wird unterbewertet

3 s/w-Fotografien, 1980, 19,5 × 26,5 cm / 19,5 × 26,5 cm / 9 × 14 cm, 12 Seiten (Pappe) mit aufgeklebten Fotografien aus einer DIN-A4-Mappe, Fotograf: Kurt Buchwald
COURTESY: KURT BUCHWALD

The Sience of Clara Mosch is Underrated

3 b/w-photographs, 1980, 19,5 × 26,5 cm / 19,5 × 26,5 cm / 9 × 14 cm, 12 pages (cardboard) with mounted photographs from a DIN-A4 folder photographer: Kurt Buchwald
COURTESY: KURT BUCHWALD

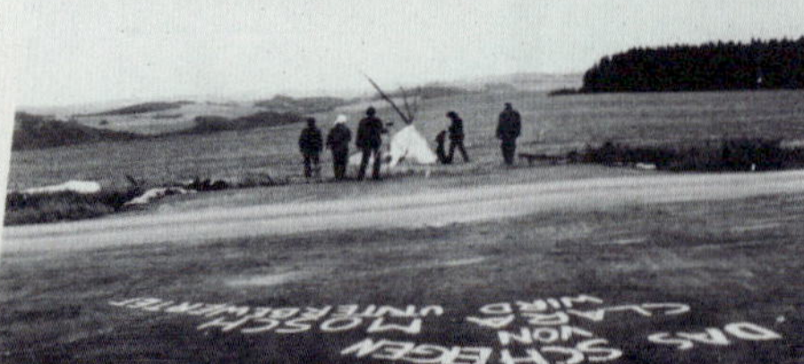
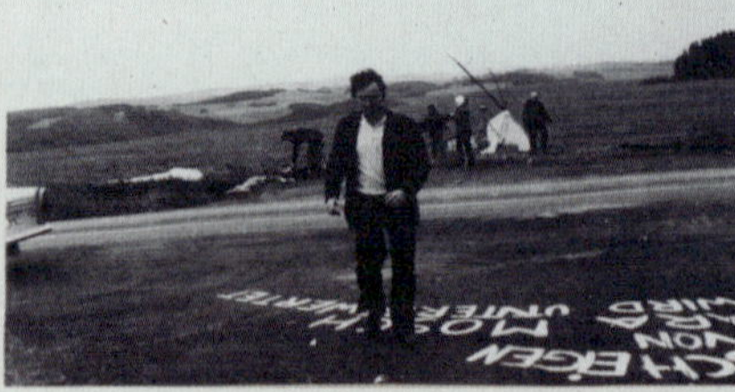

Kurt Buchwald, Das Scheigen von Clara Mosch wird unterbewertet (1980) © VG Bild-Kunst, Bonn 2019

KURT BUCHWALD

Als der Berliner Fotograf Kurt Buchwald in den 1990er Jahren seine Akte in der BStU anfordert, ist er verwundert: Es gibt keine Akte, nur Verweise auf ihn in den Akten anderer, u. a. in der von Ralf-Rainer Wasse. Wasse alias IM „Frank Körner", ein langjähriger Spitzel und Fotograf der Gruppe Clara Mosch, behauptet u. a. in einem Bericht vom 27. November 1984, Buchwald habe bei einem Happening die Losung „Das Scheigen von Clara Mosch wird unterbewertet" auf eine Landstraße zwischen Erdmannsdorf und Dittmannsdorf gemalt. Tatsächlich war es der IM „Frank Körner" selbst, der die Losung, die auf Joseph Beuys' Aktion „Das Schweigen von Marcel Duchamp wird überbewertet" von 1964 anspielt, bei Buchwalds Geburtstagshappening am 28. Juni 1980 auf die Straße brachte. Warum schob „Frank Körner" Buchwald die Aktion unter? Warum hat die Stasi die Aktion erst vier Jahre später pseudoforensisch dokumentiert? Auf einem der Fotos von Buchwald über diese von der Kunstgeschichte bis jetzt weitgehend unbeachtetete Aktion kann man Ralf-Rainer Wasse selbst mit Motorradhelm neben einem Trabant und dem Schriftzug sehen. (K)

Kurt Buchwald, *1953 in Lutherstadt/Wittenberg, DDR,
lebt und arbeitet in Berlin, Deutschland.

When the Berlin-based photographer Kurt Buchwald requested his file from the BStU in the 1990s, he was disappointed: he had no file, only references to him in the files of others, e.g. in Ralf-Rainer Wasse's. Wasse, alias "Frank Körner," a long-standing informant and photographer of the group Clara Mosch, claimed in a report on November 27, 1984 that Buchwald, during a happening, painted the slogan "The Sience of Clara Mosch is Underrated" (Das Scheigen von Clara Mosch wird unterbewertet) on a country road. But in fact it was informant "Frank Körner" himself who wrote the slogan—a reference to Joseph Beuys' 1964 action "The Silence of Marcel Duchamp is overrated"—on the road during Buchwald's birthday happening in July 1980. Why did "Frank Körner" falsely attribute the action? Why did the Stasi—a full four years later—document the action in pseudo-forensic detail? In one of Buchwald's photos of this action, so far largely unknown to art historians, you can see Ralf-Rainer Wasse himself standing with his motorcycle helmet next to a Trabant—and next to the written slogan. (K)

Kurt Buchwald, b. 1953 in Lutherstadt/Wittenberg, GDR,
lives and works in Berlin, Germany.

Ministerium für Staatssicherheit (MfS), DDR:

Bilddokumentation über Das Scheigen von Clara Mosch wird unterbewertet

6 Aktenblätter, Fotodokumentation, 1984

QUELLE: MFS BV KMST XIV 996/75, BD.8

Ministerium für Staatssicherheit (MfS), GDR:

Photo Documentation of The Sience of Clara Mosch is Underrated

6 file pages, photo documentation, 1984

SOURCE: MFS BV KMST XIV 996/75, VOL. 8

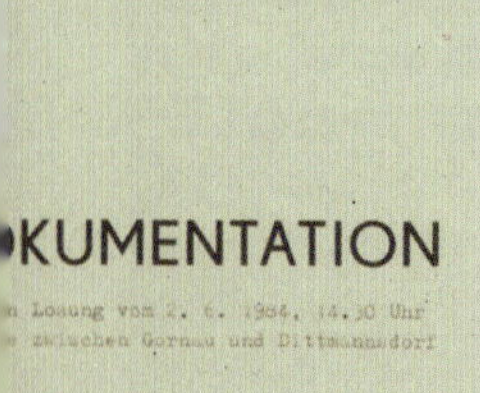
000020

KUMENTATION

n Losung vom 2. 6. 1984, 14.30 Uhr
zwischen Gornau und Dittmannsdorf

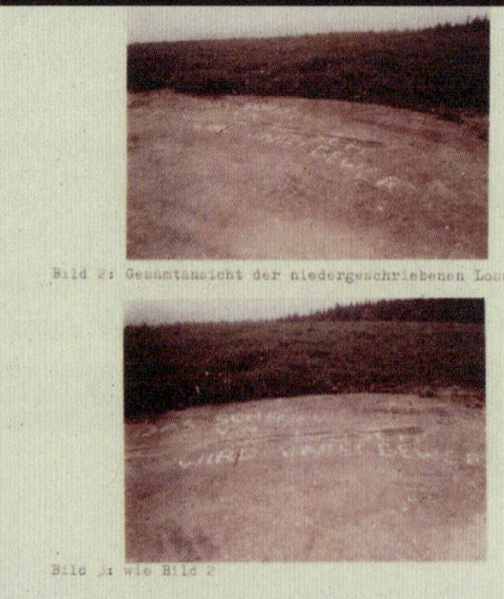
Bild 2: Gesamtansicht der niedergeschriebenen Losung

Bild 3: wie Bild 2

Am 6. Juni 1984 erstellt die Bezirksverwaltung für Staatssicherheit Karl-Marx-Stadt AKG/Kontrollgruppe eine pseudoforensische Dokumentation der Losung „Das Scheigen von Clara Mosch wird unterbewertet". „Inoffiziell wurde bekannt", so die gängige Formel der DDR-Staatssicherheit, wenn es um selbst in Auftrag gegebene Nachforschungen ging „dass auf der genannten Verbindungsstraße eine bereits seit längerer Zeit auf dem Straßenbelag vorhandene Schmiererei vorhanden ist. Durch die Abteilung VIII wurde diese Schmiererei dokumentiert." „Diese Schmiererei" wird von der Staatssicherheit in einem kurzen Informationsbericht und einer Fotoserie festgehalten. In der „Bilddokumentation zur festgestellten Losung" sieht man auf neun Bildern die noch gut lesbare Losung, die sogar mit einem Zollstock vermessen wird: „die einzelnen Buchstaben haben eine Größe von 30 cm bzw. 20 cm". Warum die Stasi erst nach vier Jahren auf die Losung aufmerksam wurde, geht aus den Akten nicht hervor. Auch die*der Informant*in wird nicht genannt. (K)

Glossar
—> Archiv
—> IMB „Frank Körner"
—> Desinformation
—> Innere Konspiration

On June 6, 1984, the monitoring group of the District Administration for State Security of Karl-Marx-Stadt produced pseudo-forensic documentation of the slogan "The Sience of Clara Mosch is Underrated." "It has unofficially come to our attention"—the usual Stasi formula for investigations which they themselves ordered—"that the named connecting road has for some time been bearing a scrawling on the surface of the road." "This scrawling" was preserved for posterity in a short information report and photo series. In the "Photo Documentation of the Specified Slogan," we see, in a collection of nine photos, the still easily readable slogan—even measured with a folding rule: "the individual letters are of a height of 30 cm or 20 cm." Why the Stasi only became aware of the slogan after four years cannot be determined from the files. The informant was also not named. (K)

Glossary
—> Archive
—> IMB "Frank Körner"
—> Disinformation
—> Inner conspiracy

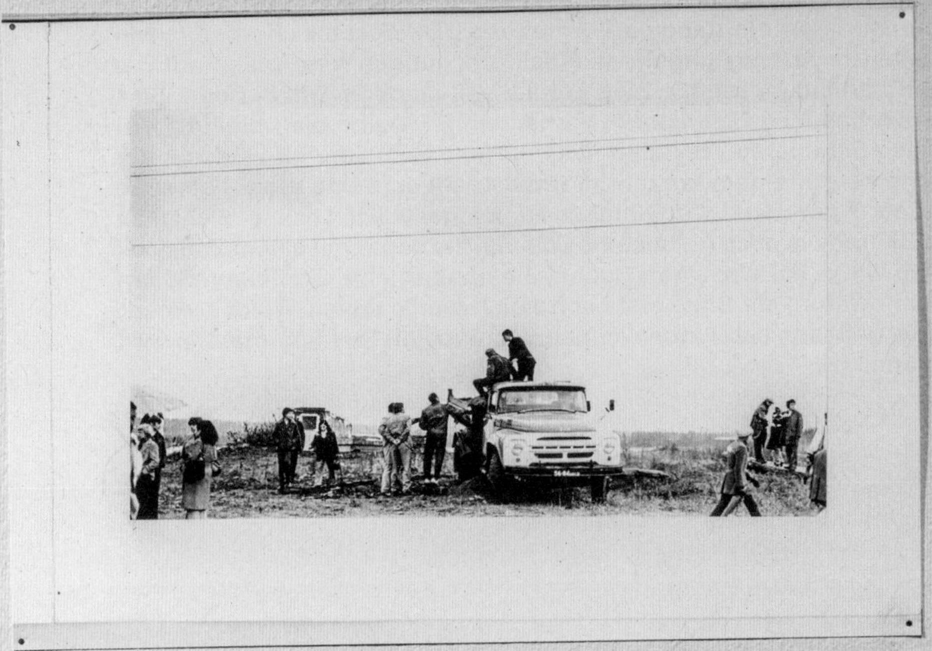

Заявление в Политбюро ЦК КПСС

Второго сентября группа художников направила письмо в Моссовет, в котором сообщила о своем намерении организовать первый просмотр картин на открытом воздухе вдали от трасс уличного движения. Авторы письма были приглашены в Моссовет, где с ними дважды беседовали ответственные работники Моссовета во главе с т. Сухиничем К.А.

Последняя встреча состоялась в пятницу, 13 сентября. Моссовет официально не запретил просмотр картин на открытом воздухе и не предупредил, что территория будет занята под воскресник. Поэтому художники из Москвы, Ленинграда, Владимира и Пскова (всего 24 чел.) в воскресенье 15 сентября направились с картинами к месту просмотра, в районе станции метро "Беляево".

Уже на выходе из метро милиция задержала художника Оскара Рабина и поэта, коллекционера картин Александра Глезера, обвинив их в ограблении. Через 20 минут, т.е. после предполагаемого начала показа картин, их выпустили. На месте предполагаемого просмотра события разворачивались следующим образом:

Около двенадцати часов место показа было оцеплено милицией и гражданами в штатском. У художников и зрителей вырывали картины, выламывали руки, избивали, на них наезжали бульдозерами и тракторами. Объяснение было одно - требование освободить территорию в виду проводимого здесь воскресника по озеленению. Оскорбления словом и действием продолжались в течение часа. Картины затаптывали в грязь, бросали в кузова грузовых автомобилей и увозили в неизвестном направлении.

Художники Рухин Евгений, Рабин Оскар, Рабин Саша, Эльская Надежда, Воробьев Валентин были задержаны милицией.

Мы выражаем решительный протест против беззакония и произвола, против нарушения наших прав и свобод, гарантированных Конституцией СССР и Декларацией прав человека и гражданина.

Мы требуем разбирательства этого позорного дела, возвращения работ и наказания виновников произвола.

Художники: Владимир Немухин, Лидия Мастеркова, Игорь Холин, Юрий Жарких, Борух Штейнберг, Александр Меламид, Виталий Комар, Екатерина Арнольд, Римма Заневская, Олег Трипольский, Валентин Воробьев

Также возражают против беззакония и арестов художников и ряда зрителей:

Николай Боков - философ
Александр Глезер - поэт
Михаил Одноралов - художник
Владимир Фукс - рабочий
Людмила Каминская - инженер
Маргарита Мастеркова - студентка
Ирина Бокова - студентка

15 сентября 1974

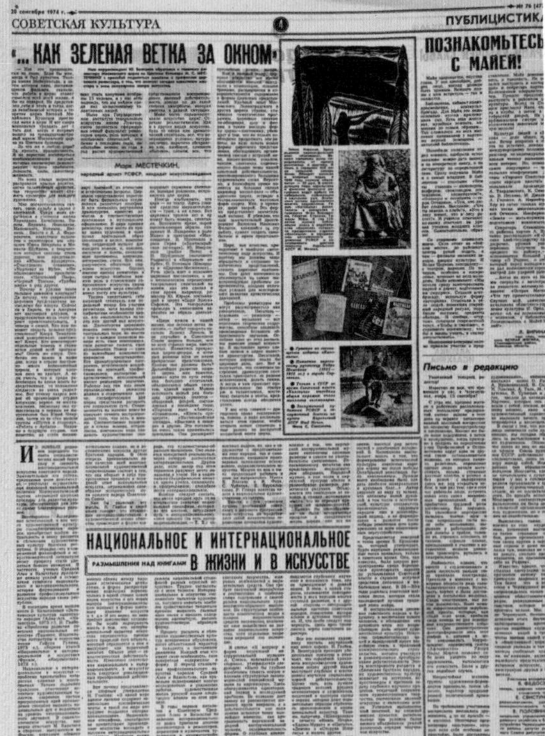

СОВЕТСКАЯ КУЛЬТУРА

ПУБЛИЦИСТИКА

«...КАК ЗЕЛЕНАЯ ВЕТКА ЗА ОКНОМ»

ПОЗНАКОМЬТЕСЬ С МАЙЕЙ!

Марк МЕСТЕЧКИН,

Письмо в редакцию

НАЦИОНАЛЬНОЕ И ИНТЕРНАЦИОНАЛЬНОЕ В ЖИЗНИ И В ИСКУССТВЕ

РАЗМЫШЛЕНИЯ НАД КНИГАМИ

BULLDOZERAUSSTELLUNG
THE BULLDOZER EXHIBITION

Rekonstruktion einer KGB-Performance

16 faksimilierte Heftseiten aus dem Archiv Michail Abrosimov (1974), 5 Fotografien aus der Sammlung Dov Bar-Gera

COURTESY: ZEITSCHRIFT ISKUSSTVO UND SAMMLUNG BAR-GERA

Die Bulldozerausstellung (Бульдозерная выставка) war eines der prägendsten Ereignisse der nonkonformistischen Kunstszene in der Sowjetunion. Sie steht für die performative und gewaltsame Zensur gegen eine öffentliche Ausstellung, die verschiedene Künstler*innen am Stadtrand von Moskau für den 15. September 1974 geplant hatten. Die Behörden und „Kunsthistoriker in Zivil“ (KGB-Mitarbeiter) beendeten diese Ausstellung mit einer aufwendigen Gegeninszenierung. Sie schickten Arbeiter*innen an den Ausstellungsort mit dem Auftrag, genau dort Bäume zu pflanzen, wo die Künstler*innen ihre Bilder zeigen wollten. Die „Arbeiter*innen“ hatten Setzlinge, Spaten und Harken in der Hand, mit denen sie den Künstler*innen die Bilder aus den Händen schlugen und auf Lastwagen schleuderten. Die ebenfalls angeheuerten Fahrer fuhren mit zwei Bulldozern über die Bilder. Wir haben fünf Fotos aus der Sammlung Bar-Gera ausgewählt, die aus der Sowjetunion herausgeschmuggelt worden sind, und 16 faksimilierte Heftseiten aus dem Archiv von Michail Abrosimov, einen ehemaligen KGB-Offizier, zuständig für den Moskauer künstlerischen Underground. Während die Künstler*innen die Aktionen des KGB aufnehmen, dokumentiert der KGB die Teilnehmer*innen. Der Brief stammt von den angeblichen Arbeitern und erschien ein paar Tage später in der Zeitung Sowjetskaja kul'tura. (S)

Glossar
—> Kunsthistoriker in Zivil
—> Legende, operative
—> Maskierung
—> Zersetzungsmaßnahme

Brief der Arbeiter*innen an die Zeitung Sowjetskaja kul'tura,
Quelle: Sowjetskaja kul'tura,
20. September 1974, 4

Brief der Künstler*innen an das Zentralkomitee der KPdSU,
Quelle: „Zajavlenie v Politbjuro CK KPSS“, Memorial Moskva, Fond 102, Op.1., D.24., L.8

Reconstruction of a KGB Performance

16 facsimile booklet pages from the archive of Mikhail Abrosimov (1974), 5 photographs from the collection of Dov Bar-Gera

COURTESY: COLLECTION BAR-GERA AND ISKUSSTVO MAGAZINE

The Bulldozer Exhibition (Бульдозерная выставка) was one of the most influential events of the nonconformist art scene in the Soviet Union. It was an act of performative and violent censorship against a public exhibition planned by various artists for the outskirts of Moscow on September 15, 1974. The authorities and "plainclothes art historians" (KGB agents) brought this exhibition to an end with an elaborate counter-performance. They sent workers to the exhibition location with the assignment of planting trees at exactly those locations where the artists wanted to exhibit their art. The "workers" had seedlings, spades, and rakes in their hands with which they knocked the artists' pictures from their hands and hurled them into trucks. The driver, also hired for the occasion, drove over the pictures with two bulldozers. We selected five photographs from the Bar-Gera Collection which were smuggled out of the Soviet Union, and 16 facsimile booklet pages from the archive of Mikhail Abrosimov, a former KGB officer responsible for the Moscow artistic underground. The letter originated with the alleged workers and appeared a couple of days later in the newspaper Sovetskaya Kultura. (S)

Glossary
—> Plainclothes art historians
—> Backstory, operative
—> Masking
—> Disruption measure

Workers' letter to the newspaper Sovetskaya Kultura, source: Sovetskaya Kultura, 20 September 1974, 4

Letter of the artists to the Central Committee of the CPSU, source: "Zajavlenie v Politbjuro CK KPSS", Memorial Moskva, Fond 102, Op.1., D.24., L.8

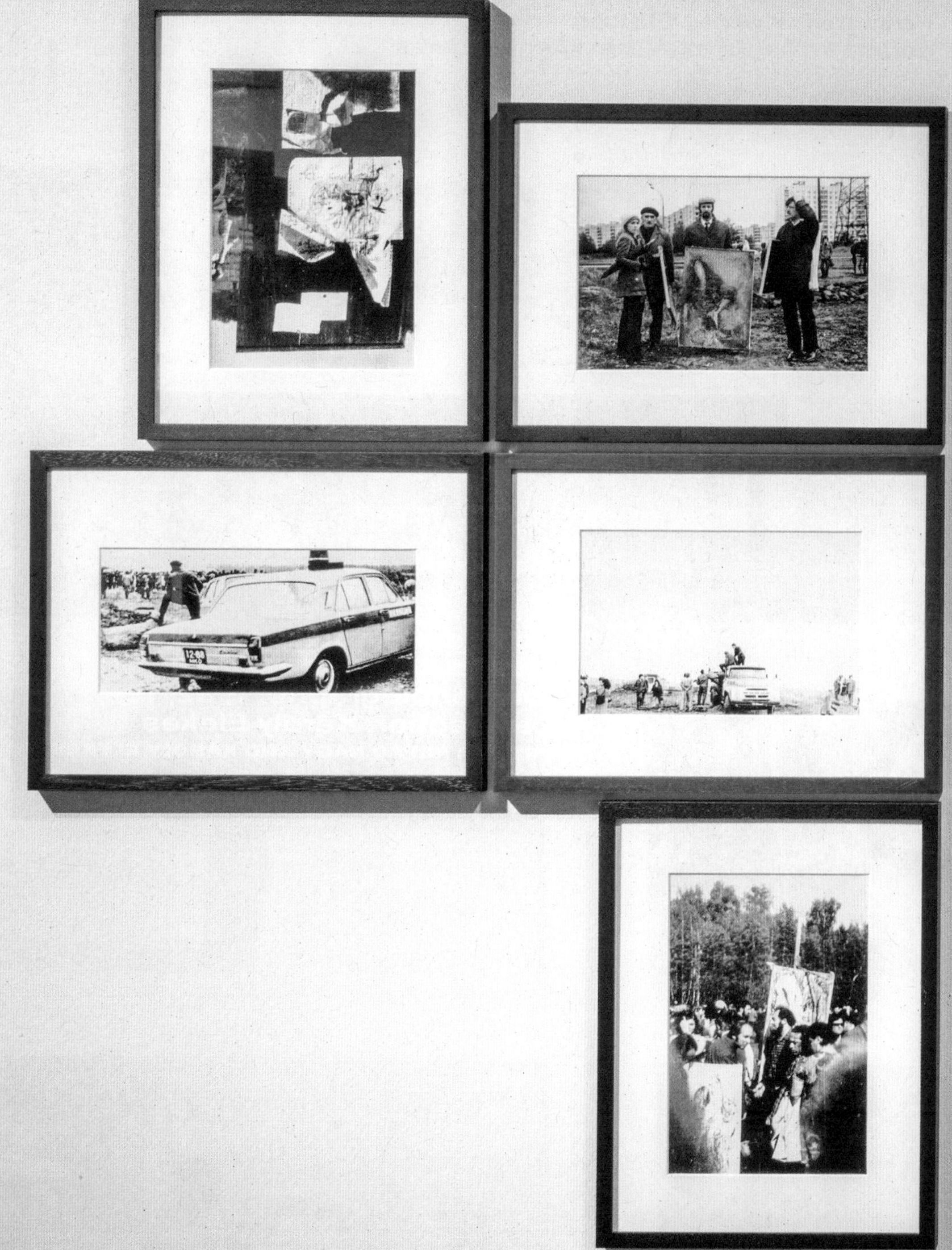

Bulldozerausstellung,
Rekonstruktion einer KGB-Performance (1974)

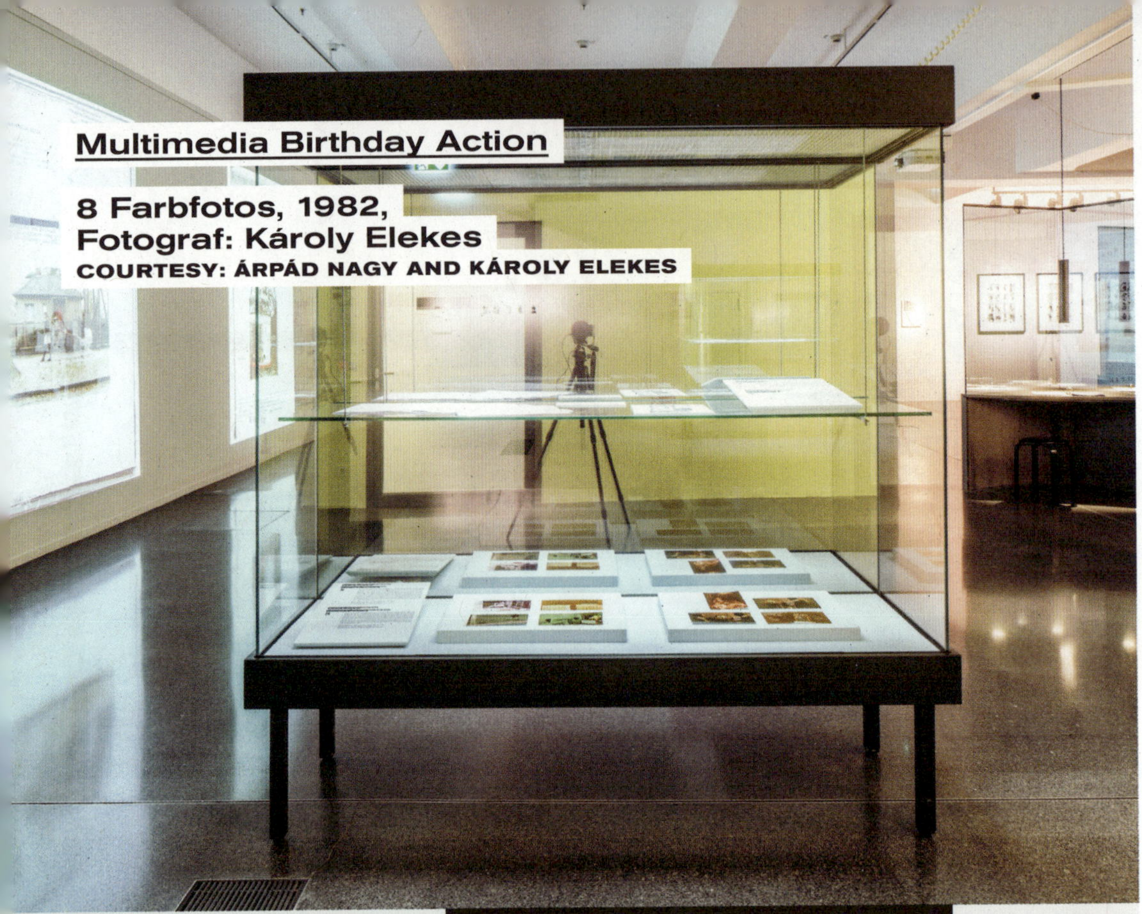

Multimedia Birthday Action

8 Farbfotos, 1982,
Fotograf: Károly Elekes

COURTESY: ÁRPÁD NAGY AND KÁROLY ELEKES

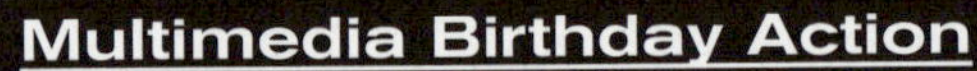

Multimedia Birthday Action

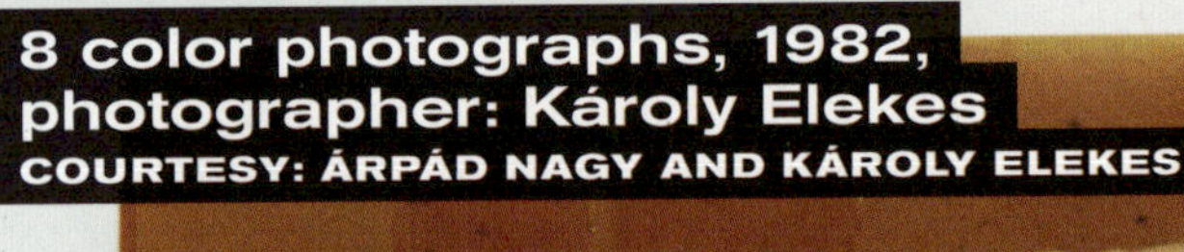

8 color photographs, 1982,
photographer: Károly Elekes

COURTESY: ÁRPÁD NAGY AND KÁROLY ELEKES

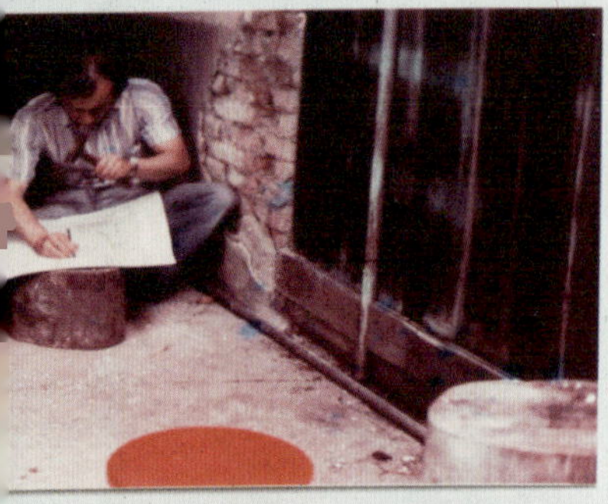

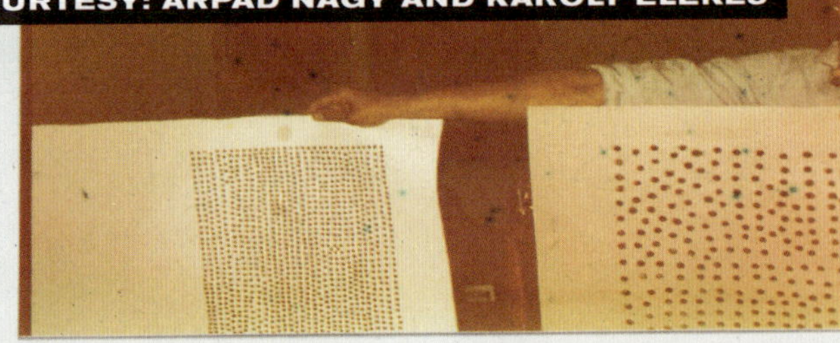

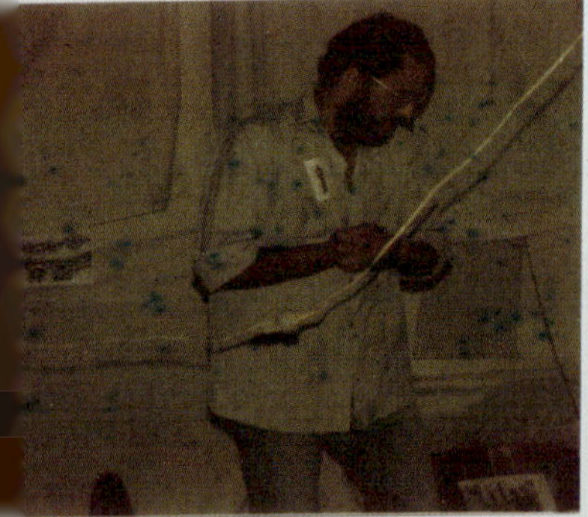

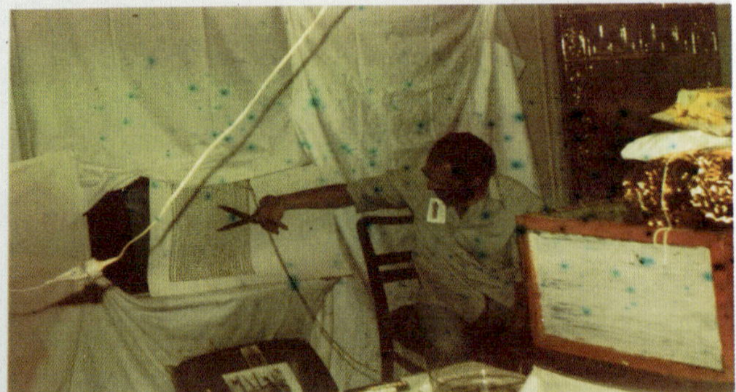

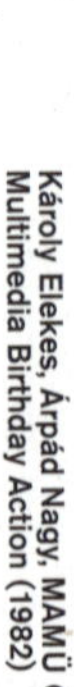

Károly Elekes, Árpád Nagy, MAMŰ Gruppe, Multimedia Birthday Action (1982)

KÁROLY ELEKES / ÁRPÁD NAGY / GRUPPE MAMŰ

Am 17. Juli 1982 haben zwei Mitglieder der Künstler*innengruppe MAMŰ, Károly Elekes und Árpád Nagy, in Târgu-Mureş ihren Geburtstag im Haus von Nagy gefeiert. Das Fest wurde zu einer kollektiven Performance mit dem Titel „Multimedia Birthday Action" („Acțiunea Multimedia Aniversară"). Zuvor wurden Einladungen sowohl an ungarische als auch an rumänische Künstler*innen verschickt, u.a. an Wanda Mihuleac, Mihai Drișcu, Zoltán Szilágyi, András Butak und Alexandru Antik. Während der Performance fertigte Nagy Live-Zeichnungen über die ökonomischen und sozialen Errungenschaften der Partei und über deren obersten Führer*innen an. Nach jeder fertigen Zeichnung wurde eine Fotografie mit Alltagsszenen aus einem Aquarium genommen und an die Wand des Aquariums geklebt, vom Band lief ein Murmelgeräusch und Schmirgelpapiersound, dazu Gelächter. Die 25-minütige Performance endete, als das Aquarium komplett mit Fotos bedeckt war und das Fernsehgerät, über dem ein weißer Vorhang lag, einen Blumenkranz bekam. Die Performance sollte einen „therapeutischen Effekt" haben, inmitten zunehmender kultureller Repression. (K)

Károly Elekes, *1951 in Cristuru Secuiesc, Rumänien,
lebt und arbeitet in Budapest, Ungarn.

Árpád Nagy, *1950 in Sângeru de Pădure, Rumänien,
lebt und arbeitet in Budapest, Ungarn.

On July 17, 1982, two members of the artist collective MAMŰ, Árpád Nagy and Károly Elekes, celebrated their birthday at Nagy's house in Târgu Mureș. The celebration became a collective performance. Invitations were sent in advance to both Hungarian and Romanian artists, including Wanda Mihuleac, Mihai Drișcu, Zoltán Szilágyi, András Butak, and Alexandru Antik. During the performance, Nagy created live drawings about the social and economic achievements of the Party and its top leaders. After completing each drawing, a photograph with everyday scenes from an aquarium was taken and stuck to the side of an aquarium while a recording of the sounds of murmuring and sandpaper played, as well as laughter. The 25-minute-long performance ended when the aquarium was completely covered with photos and the television, upon which lay a white curtain, received a wreath of flowers. The performance was intended to have a "therapeutic effect" in the midst of increasing cultural repression. (K)

Károly Elekes, b. 1951 in Cristuru Secuiesc, Romania,
lives and works in Budapest, Hungary.

Árpád Nagy, b. 1950 in Sângeru de Pădure, Romania,
lives and works in Budapest, Hungary.

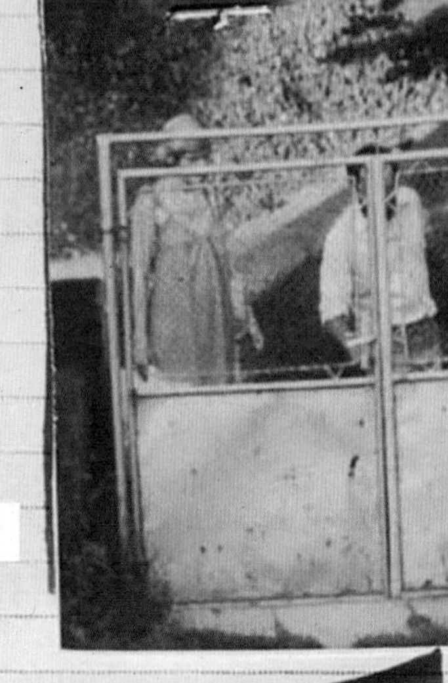

Securitate, Sozialistische Republik Rumänien:

Beobachtungsfotos

1 Seite Beobachtungsfotos aus der Akte von Károly Elekes, 1982
QUELLE: C.N.S.A.S. I 085302, 94
COURTESY: MĂDĂLINA BRAŞOVEANU

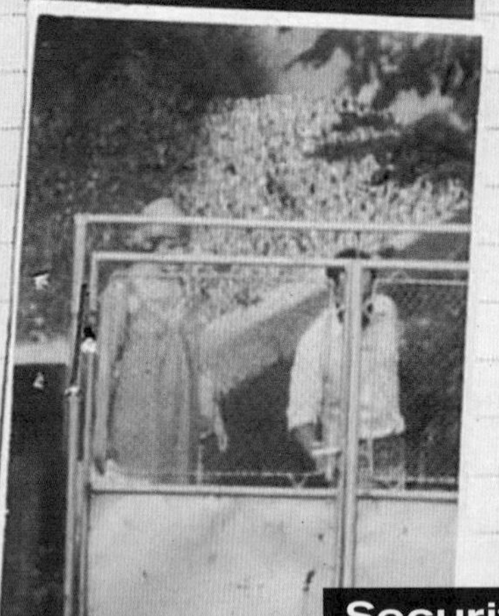

Securitate, Socialist Republic of Romania:

Surveillance Photos

One page of surveillance photos from the file of Károly Elekes, 1982
SOURCE: C.N.S.A.S. I 085302, 94
COURTESY: MĂDĂLINA BRAŞOVEANU

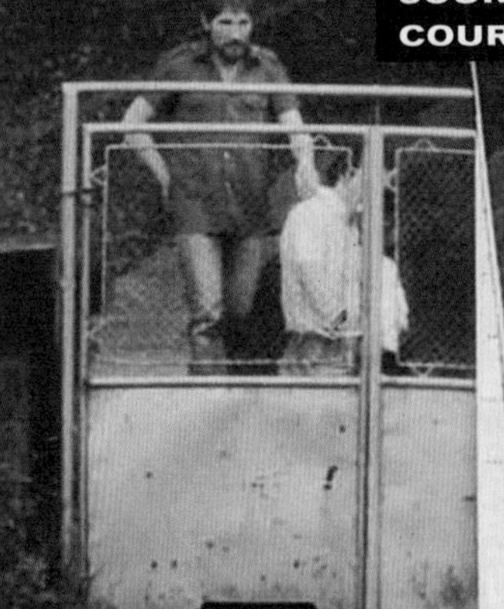

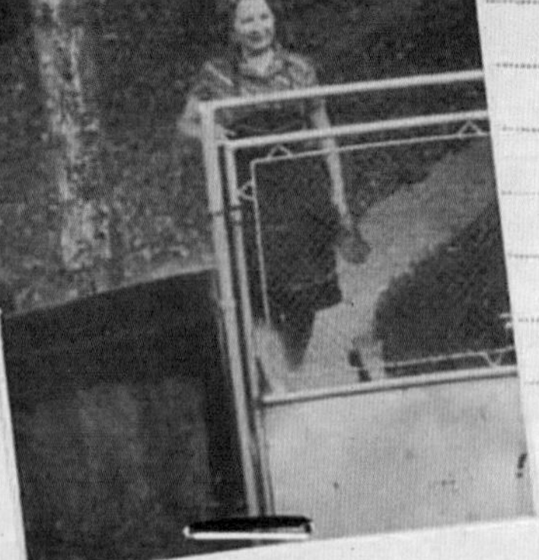

ORGAN D

Martor.

Die Akte des rumänischen Künstlers Károly Elekes, der ab 1978 überwacht wurde, enthält einen fotografischen Beobachtungsbericht über Personen, die das Haus (selbst das Haus hatte einen Decknamen: „Haus Orizont") von Árpád Nagy betraten und verließen. Alle Personen waren Künstler*innen und sie kamen zur „Multimedia Birthday Action". Die „Birthday Action" weckte großes Interesse bei der Securitate: Einerseits konnten sie durch eine Wer-ist-Wer-Aufklärung das „Netzwerk" der Künstler*innen aufdecken, andererseits konnte sie versuchen, relevante „Beweise" gegen die Teilnehmenden zu sammeln. In der Bilddokumentation ist akribisch vermerkt, wer wann gekommen und wieder gegangen ist, auch „Überwachungs- und Identifizierungsvermerke" aller Personen wurden notiert. Die Securitate suchte krampfhaft nach etwas Verborgenem, das gar nicht existierte. und übersah, dass es sich zwar um eine als Geburtstagsfeier getarnte, aber dennoch harmlose Aktion von Künstler*innen handelte, die wussten, dass sie überwacht werden – nur nicht, warum. (K)

Glossar
—> Archiv (C.N.S.A.S.)
—> Securitate
—> Operative Überwachung
—> Operative Dokumentation
—> Wer-ist-Wer-Aufklärung

The file of the Romanian artist Károly Elekes, who was placed under surveillance starting in 1978, contains a photographics surveillance report about persons entering and leaving the house of Árpád Nagy. (Even the house had a codename: "Orizont House.") All of these persons were artists and were coming to the "Multimedia Birthday Action." This "Birthday Action" aroused significant interest in the Securitate: they would be able to both uncover the "network" of the artists through a Who's-Who report and attempt to compile relevant "evidence" against the participants. The photo documentation meticulously records who came and went and when, and "surveillance and identification notes" were made on every person. The Securitate desperately sought after some hidden element which did not exist and thus overlooked the facts of the matter, namely that the event was a harmless art action disguised as a birthday party put on by artists who knew that they were being watched—but just not why. (K)

Glossary
—> Archive (C.N.S.A.S.)
—> Securitate
—> Operative Surveillance
—> Operative Documentation
—> Who's-Who Report

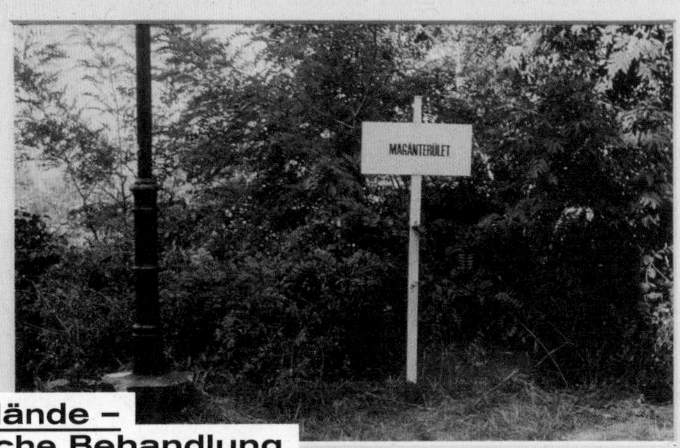

Privatgelände – Freundliche Behandlung

2 Farbfotografien, 1973, Fotograf: György Galántai
COURTESY: ARTPOOL ART RESEARCH CENTER / MUSEUM OF FINE ARTS, BUDAPEST

Private Property— Friendly Treatment

2 color photographs, 1973, photographer: György Galántai
COURTESY: ARTPOOL ART RESEARCH CENTER / MUSEUM OF FINE ARTS, BUDAPEST

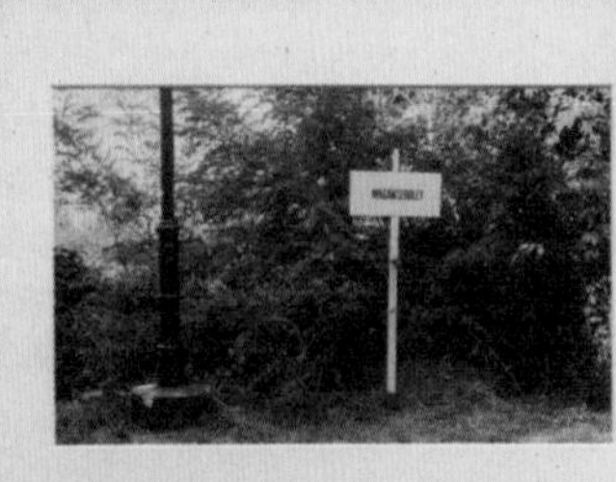

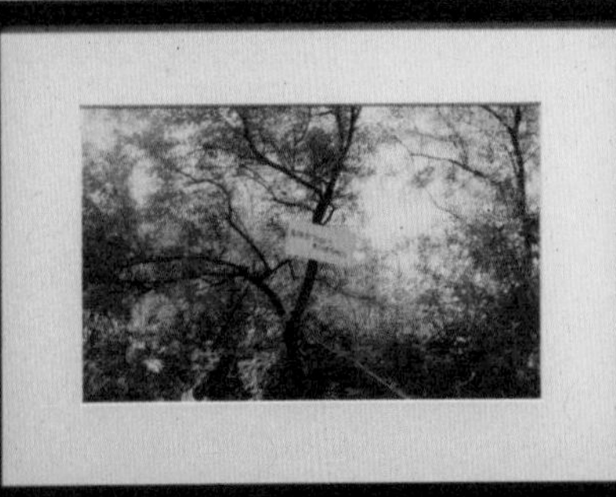

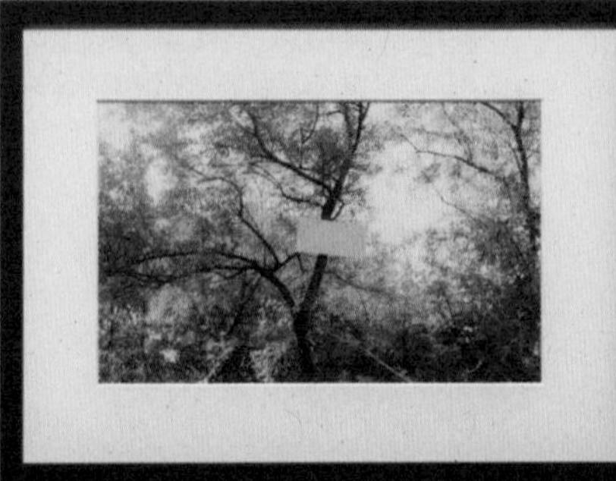

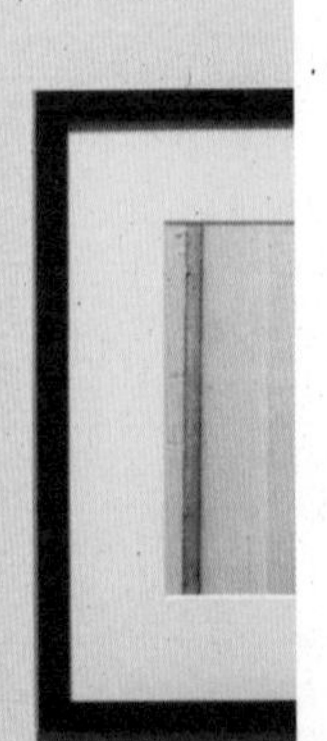

GYÖRGY GALÁNTAI

Zu der Zeit, als György Galántai zwischen 1970 und 1973 die legendären Ausstellungen in seinem Kapellen-Atelier in Balatonboglár organisierte, brachte er an die Kapellentür ein Kunstwerk an – ein „zweideutiges" Verkehrsschild, das auf eine Vorfahrtsstraße verwies. In der Mitte des gelben Quadrats stand „Privatgelände" („Magánterület"). Laut Galántai hat die visuelle und verbale Bedeutung wie eine doppelte Metapher funktioniert: „,Vorfahrtsstraße Privatgelände' (für sie), oder ,Privatgelände ist Vorfahrtsstraße' (für uns)". Galántai stellte weitere Schilder mit der Aufschrift „Privatgelände" auf dem Weg zur Kapelle auf – diese sollten die Polizist*innen darauf hinweisen, dass Galántai sich auf einem legal angemieteten Grundstück befand. Die Tafel „Freundliche Behandlung" (ung. Barátságos bánásmód) stammt aus einer Performance von László Najmányi, die er am in Balatonboglár machte. Bei der Aktion saß Najmányi hinter einem mit Seilen abgegrenzten Bereich auf einem Stuhl und hatte eine Tafel im Nacken befestigt, auf der stand: „Barátságos bánásmód". Galántai wurde zu dieser Zeit massiv überwacht und bei der ungarischen Stasi unter dem Decknamen „Festő" (Maler) geführt.

György Galántai, 1941* in Bikács, Ungarn,
lebt und arbeitet in Budapest, Ungarn.

In 1970–73, during the time he was organizing the legendary chapel-studio-exhibitions and art festivals in Balatonboglár, György Galántai put up a work of art on the chapel door—an "ambiguous" road sign pointing to a main traffic road. In the middle of the yellow square stood the words "private property" (Hungarian: Magánterület). According to Galántai, the visual and verbal meanings functioned simultaneously, like a metaphor: "'Main Road Private Property' (for them) or 'Private Property is the Main Road' (for us)." Galántai put up other signs stating "Private Property" on the way to the chapel—these were intended to inform the police that Galántai was on a legally rented piece of property. The panel "Friendly Treatment" (Barátságos bánásmód) comes from a performance by László Najmányi, which he made on 21 July 1973 in Balatonboglár. During the action, Najmányi sat on a chair behind an area delimited by ropes and had a plaque attached to his neck that read: "Barátságos bánásmód". Galántai was at this time under intense surveillance and referred to by the Hungarian Stasi under the codename "Festő" (painter).

György Galántai, b. 1941 in Bikács, Hungary,
lives and works in Budapest, Hungary.

Belügyminisztérium (BM), Ungarische Volksrepublik:

Gegenaktion zu Privatgelände – Freundliche Behandlung

3 Farbfotografien, Fotograf: György Galántai
COURTESY: ARTPOOL ART RESEARCH CENTER BUDAPEST / MUSEUM OF FINE ARTS, BUDAPEST

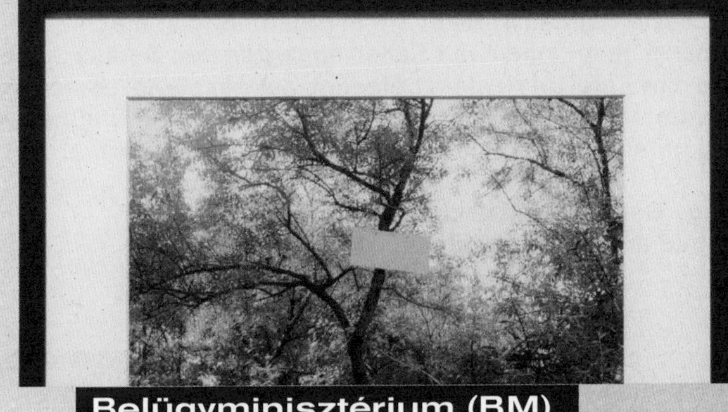

Belügyminisztérium (BM), Hungarian People's Republic:

Counteraction to Private Property— Friendly Treatment

3 color photographs, photographer: György Galántai
COURTESY: ARTPOOL ART RESEARCH CENTER BUDAPEST / MUSEUM OF FINE ARTS, BUDAPEST

Am 6. August 1973 haben „nachts um 4 Uhr zwei Polizisten mit einem Hund mehrfach !aut Herr Künstler! geschrien, und mit Gummiknüppeln vehement gegen die Tür geschlagen. Als niemand antwortete, versuchten sie, das Schloss aufbrechen, aber es klappte nicht. Sie haben etwas auf die Tür geschrieben – POLIZIST – in zwei Versionen, das eine Wort mit einem Schlüssel, das andere mit dem Gummiknüppel. Sie haben auch die Tafeln („PRIVATGELÄNDE" und „FREUNDLICHE BEHANDLUNG") (...) umgedreht. Wunderschöne Aktion!" – so beschreibt Galántai die Gegen-Aktion der Polizei in seinem Tagebuch. Galántai wertet diese als Aktion, das Hämmern mit den Gummiknüppeln als „Konzert" und „experimentelle Musik", als konzeptuelle Geste, die er anschließend als Gegen-Aktion vereinnahmt und in das „Programm" der Kapellen-Atelier-Ausstellungen integriert. „Dieses Gummiknüppel-Konzert zu sehen und zu hören, war wie ein Fiebertraum, so als würden sie mich schlagen. Ich wusste zu dem Zeitpunkt nicht, warum ich zittere, vor Lachen oder vor Angst" – erinnert sich Galántai. (K)

Glossar —> Archiv (ÁBTL)
—> Maßnahme operative
—> performative Zensur
—> Zersetzung
—> Zersetzungsmaßnahmen

On August 6, 1973, "at four o'clock at night, two police officers with a dog cried Mr. Artist! aloud multiple times, and furiously banged against the door with rubber clubs. When no one answered, they attempted to break open the lock, but it didn't work. They wrote something on the door—POLICE—in two versions, one word with a key, the other word with the rubber club. They also reversed the signs ("PRIVATE PROPERTY" and "FRIENDLY TREATMENT"). A beautiful action!" So goes Galántai's description of the police's counteraction in his diary. Galántai judges this to be an action, the hammering with rubber clubs a "concert" and "experimental music," as a conceptual gesture which he subsequently appropriates as a counteraction and integrated into the "program" of the chapel-atelier-exhibitions. "Hearing and seeing this rubber club concert was like a fever dream, as if they were hitting me. I did not know at the time why I was trembling, whether from laughter or fear," Galántai recalls. (K)

Glossary —> Archive (ÁBTL)
—> Measure, operative
—> Performative Censorship
—> Disruption
—> Disruption measures

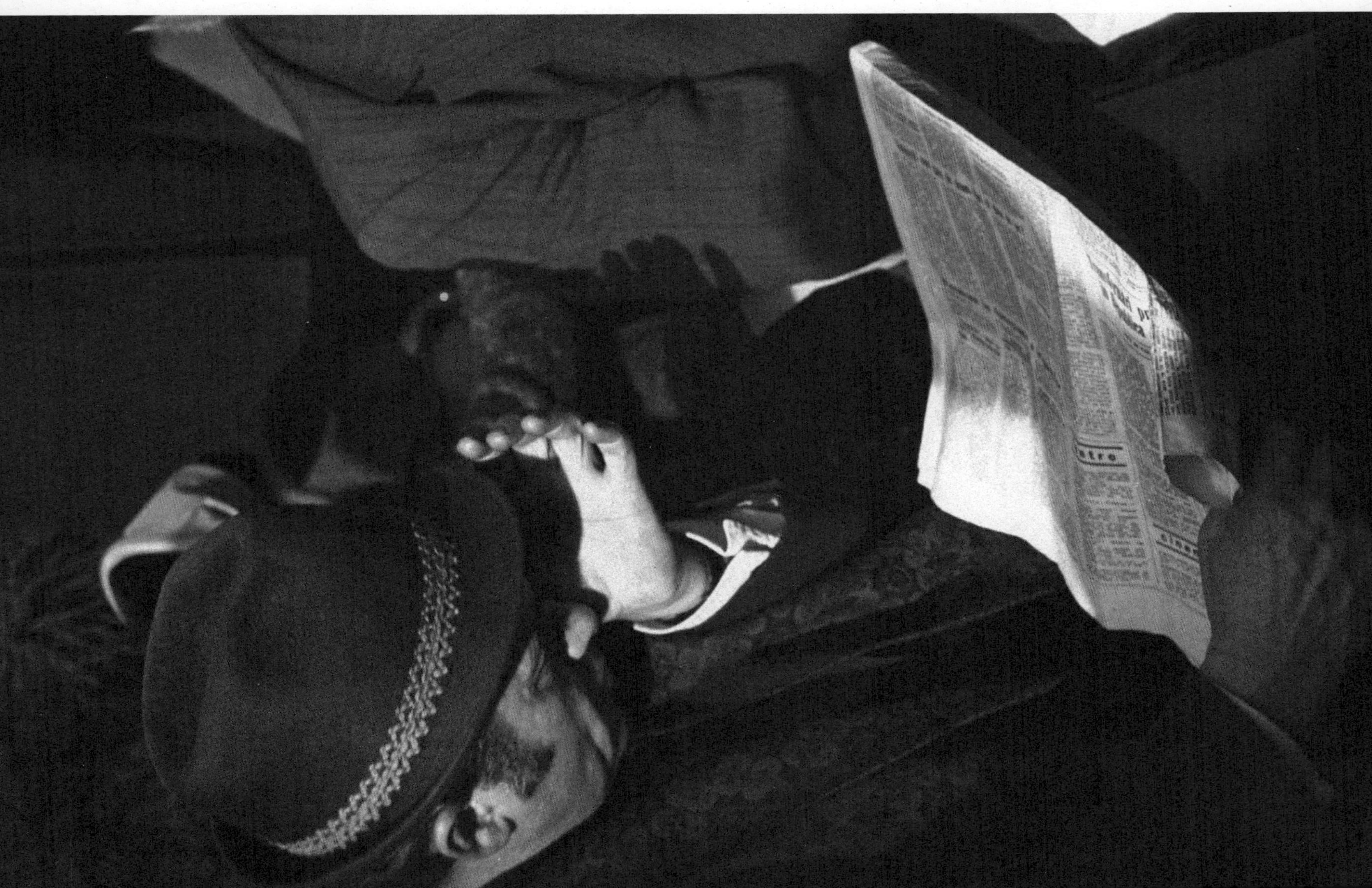

Ion Grigorescu, Electoral Meeting, All right boss, there are no problems. / OK Chef, es gibt keine Probleme. (1975)

ION GRIGORESCU

Electoral Meeting

14 s/w-Fotografien (von 28), 20 × 14 cm, 1975
COURTESY: ION GRIGORESCU

Im kommunistischen Rumänien waren staatlich organisierte Wahlveranstaltungen an der Tagesordnung. Unter der Aufsicht der gefürchteten Geheimpolizei Securitate mussten die Bürger*innen ihre Unterstützung für das Regime bezeugen. Ion Grigorescu fotografierte heimlich eines dieser Treffen, das am 6. März 1975 stattfand. Die Ergebnisse zeigen insbesondere den Mechanismus, der hinter diesen Demonstrationen steckt. Die Kombination aus der verwirrten, aber gefügigen Menge und den einzelnen, hier als Gewerkschaftsführer getarnten Mitgliedern der Geheimpolizei schuf ein absurdes Spektakel, dem jede Form von Spontaneität fehlte. Diese sinnlosen und mechanischen Aktionen hatten keinen anderen Zweck als eine Kulisse für Rollenspiele abzugeben, durch die ein System diskreter, aber rücksichtsloser Unterdrückung ausgeübt wurde. Grigorescu nimmt hier fotografisch die Perspektive der Staatssicherheit ein: Die mit einer auf Hüfthöhe versteckten Kamera aufgenommenen Szenen sind sonst eigentlich nur in Geheimdienstakten von überwachten Personen zu finden. (A)

Ion Grigorescu, *1945 in Bukarest, Rumänien,
lebt und arbeitet in Bukarest, Rumänien.

Electoral Meeting

14 b/w photographs (of 28), 20 × 14 cm, 1975
COURTESY: ION GRIGORESCU

In communist Romania, state-managed electoral meetings were the order of the day. Under the oversight of the feared secret police, citizens had to testify to their adherence to the regime. Ion Grigorescu secretly photographed one of these meetings, organized on March 6, 1975. The results are especially revealing of the mechanism behind these demonstrations. The combination of the crowd, bewildered but docile, and the individual members of the secret police, created an absurd spectacle, lacking every form of spontaneity. These senseless and mechanical actions had no other purpose than to be a setting for role-playing, imposed by a system of discrete but ruthless oppression. Here, Grigorescu photographically assumes the perspective of state security: the scenes captured with a camera hidden at hip level are otherwise only found in the secret service files of persons under surveillance. (A)

Ion Grigorescu, b. 1945 in Bucharest, Romania,
lives and works in Bucharest, Romania.

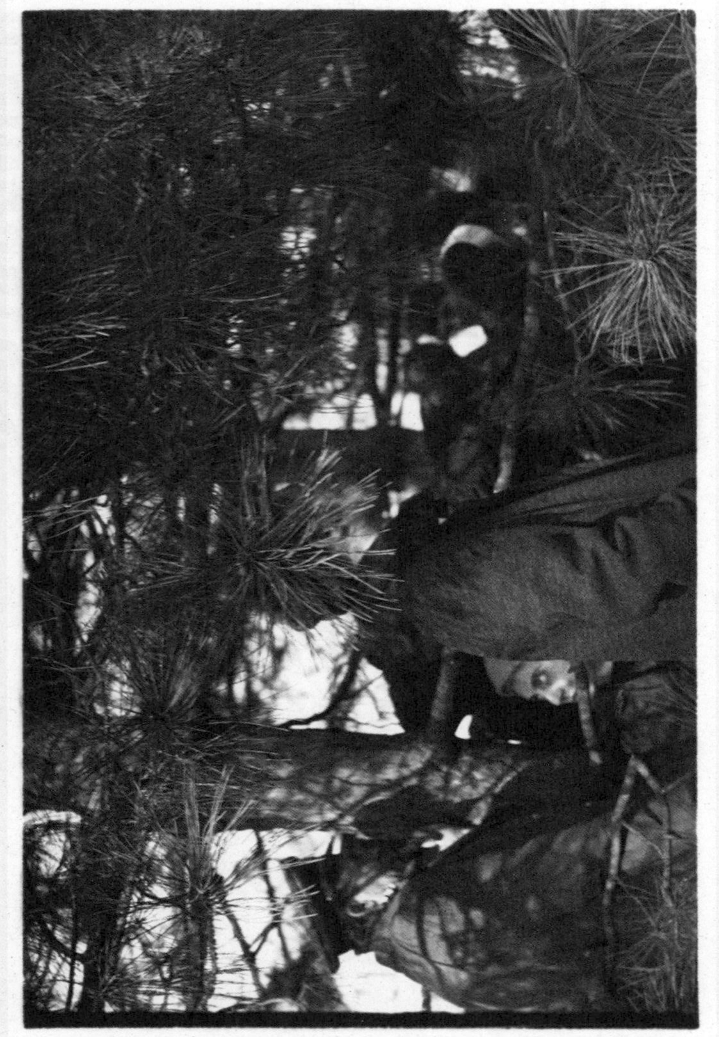

Ion Grigorescu, Electoral Meeting, Rare shadowed place /
Einer der seltenen Schattenplätze (1975)

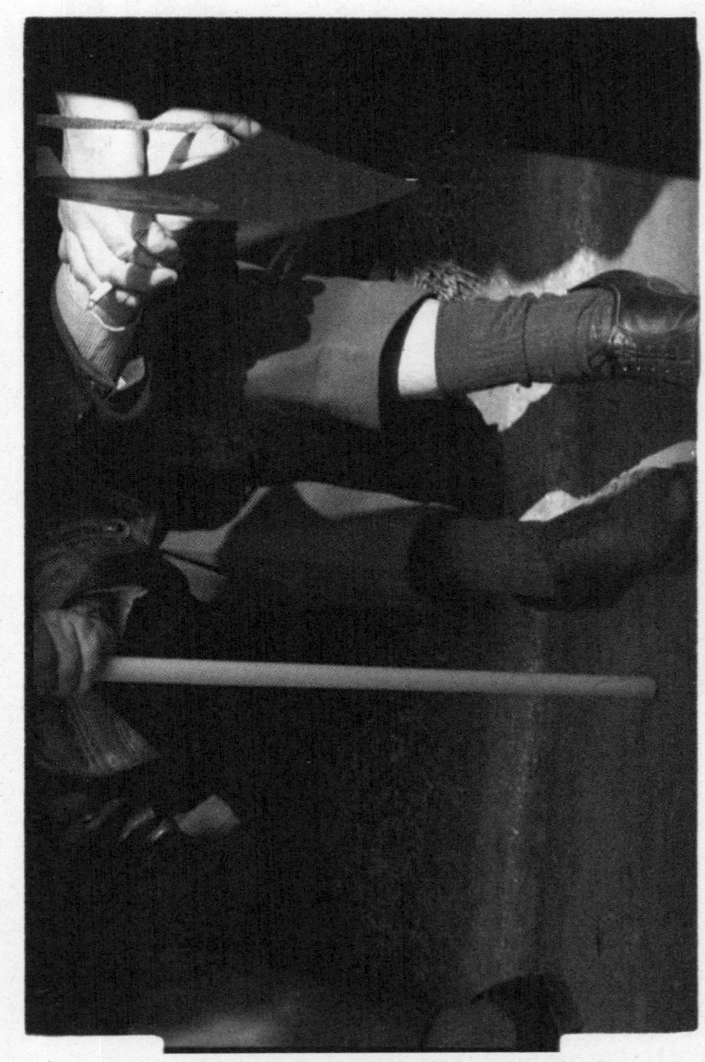

Ion Grigorescu, Electoral Meeting, Tired agents /
Müde Agenten (1975)

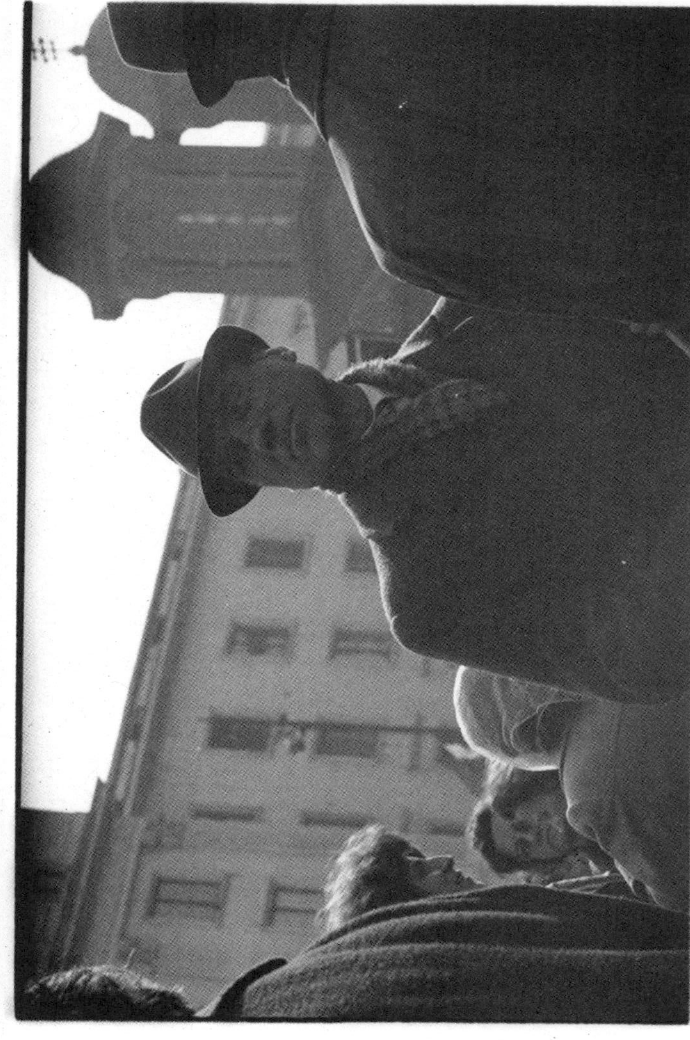

Ion Grigorescu, Electoral Meeting, The standard suit / Der Standard-Anzug (1975)

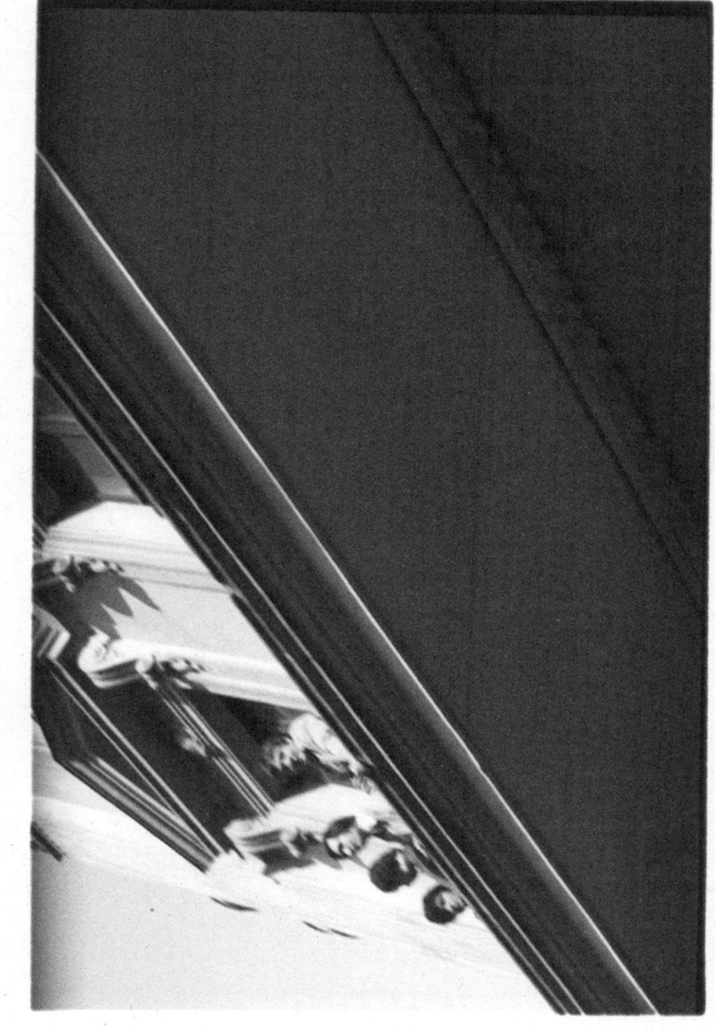

Ion Grigorescu, Electoral Meeting, Watching from the roof / Beobachtung vom Dach (1975)

Die Aktion findet an dem Tag statt, an dem Präsident Tito die Stadt besucht. Sie entsteht aus der Interkommunikation zwischen drei Personen:

1. Einer Person auf dem Dach eines Hochhauses gegenüber meiner Wohnung;
2. Mir selbst, ich auf meinem Balkon;
3. Einem Polizisten, der sich auf der Straße vor dem Haus befindet;

Wegen der Betonkonstruktion des Balkons kann mich nur die Person auf dem Dach sehen und der Aktion folgen. Meine Vermutung ist, dass diese Person ein Fernglas und ein Walkie-Talkie hat. Ich sehe, dass auch der Polizist auf der Straße ein Walkie-Talkie hat.

Die Aktion beginnt, indem ich den Balkon betrete und mich auf einen Stuhl setze. Ich nippe an einem Whisky, lese ein Buch und tue so, als würde ich masturbieren. Nach einer gewissen Zeit klingelt der Polizist an meiner Tür und fordert mich auf, „Personen und Objekte vom Balkon zu entfernen".

Savska 1, Zagreb, Kroatien
10. Mai 1979

SANJA IVEKOVIĆ

Triangle

Performance, Dauer: 18 Min., 1979, 4 s/w Fotografien, gerahmt, 51,5 × 61,5 cm, 1 gedruckter Text, gerahmt, 26 × 29 cm
COURTESY: SANJA IVEKOVIĆ

Das Polyptychon aus vier Fotos und einem Text dokumentiert die 18-minütige Aktion Triangle („Trokut"), die Sanja Iveković am 10.5.1979 in Zagreb auf ihren Balkon durchführte. Während unten auf der Straße die Autokolonne des jugoslawischen Präsidenten Josip Broz Tito vorbeifährt, sitzt die Künstlerin auf ihrem Balkon, liest ein Buch, trinkt Whiskey und tut so, als masturbiere sie. Gegenüber steht ein Scharfschütze auf dem Dach.

Konzipiert als Gegenaktion zur allgegenwärtigen Überwachung nimmt Iveković Überwachungsstrategien in ihre Performance auf und appropriiert so die Arbeitsweise von Geheimdiensten für ihre eigene künstlerische Arbeit. (A)

Sanja Iveković, *1949 in Zagreb, Jugoslawien,
lebt und arbeitet in Zagreb, Kroatien.

Triangle

Performance, duration: 18 min, 1979, 4 b/w photographs, framed, 51,5 × 61,5 cm, 1 printed text, framed, 26 × 29 cm
COURTESY: SANJA IVEKOVIĆ

The polyptych of four photos and a text documents the 18-minute action Triangle ("Trokut"), which Sanja Iveković carried out on her balcony on 10.5.1979 in Zagreb. While the motorcade of the Yugoslavian President Josip Broz Tito passes on the street below, the artist sits on her balcony, reads a book, drinks whiskey and acts as if she were masturbating. A sniper is on the roof across from her.

Conceived of as a counteraction to the omnipresent surveillance, Iveković includes surveillance strategies in her performance, thus appropriating the work methods of the secret services for her own artistic work. (A)

Sanja Iveković, *1949 in Zagreb, Yugoslavia,
lives and works in Zagreb, Croatia.

The action takes place on the day of President Tito's visit to the city, and it develops as intercommunication between three persons:

1. a person on the roof of a tall building across the street from my apartment;
2. myself, on the balcony;
3. a policeman in the street in front of the house.

Due to the cement construction of the balcony, only the person on the roof can actually see me and follow the action. My assumption is that this person has binoculars and a walkie-talkie apparatus. I notice that the policeman in the street also has a walkie-talkie.
The action begins when I walk out onto the balcony and sit on a chair, I sip whiskey, read a book, and make gestures as if I perform masturbation. After a period of time, the policeman rings my doorbell and orders that 'persons and objects are to be removed from the balcony.

Savska 1, Zagreb, Croatia
10 May 1979

Sanja Iveković, Triangle (1979)

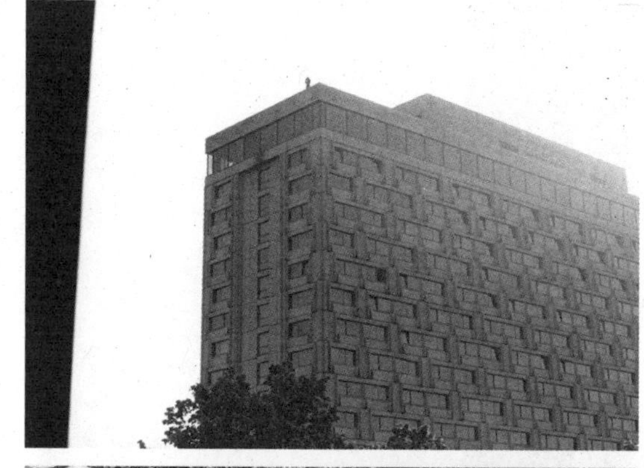

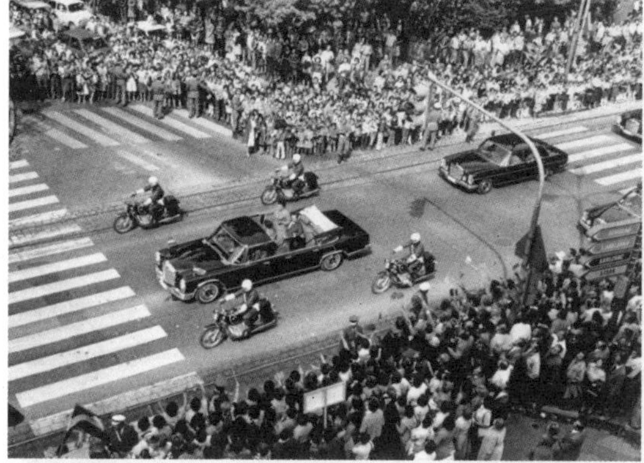

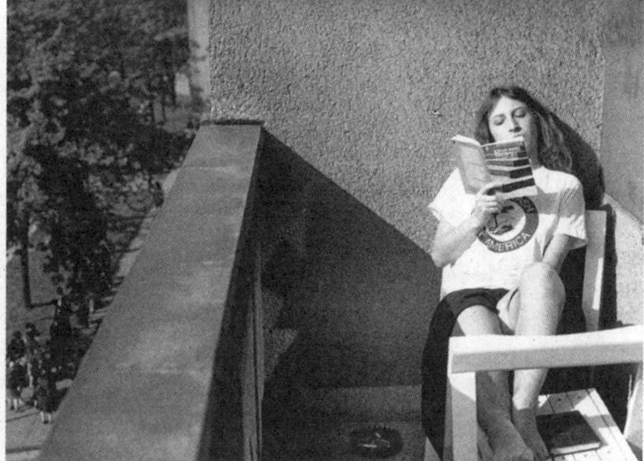

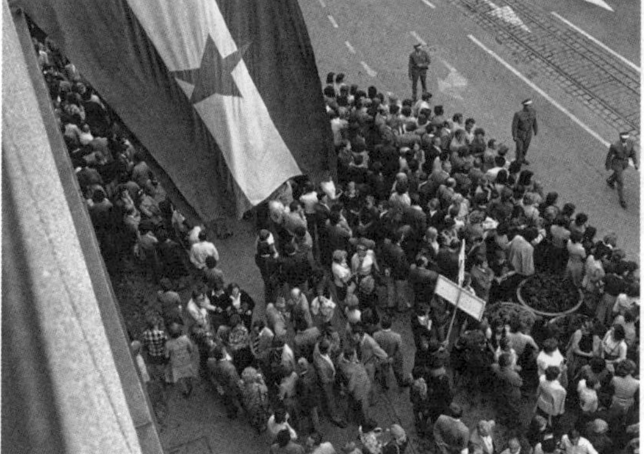

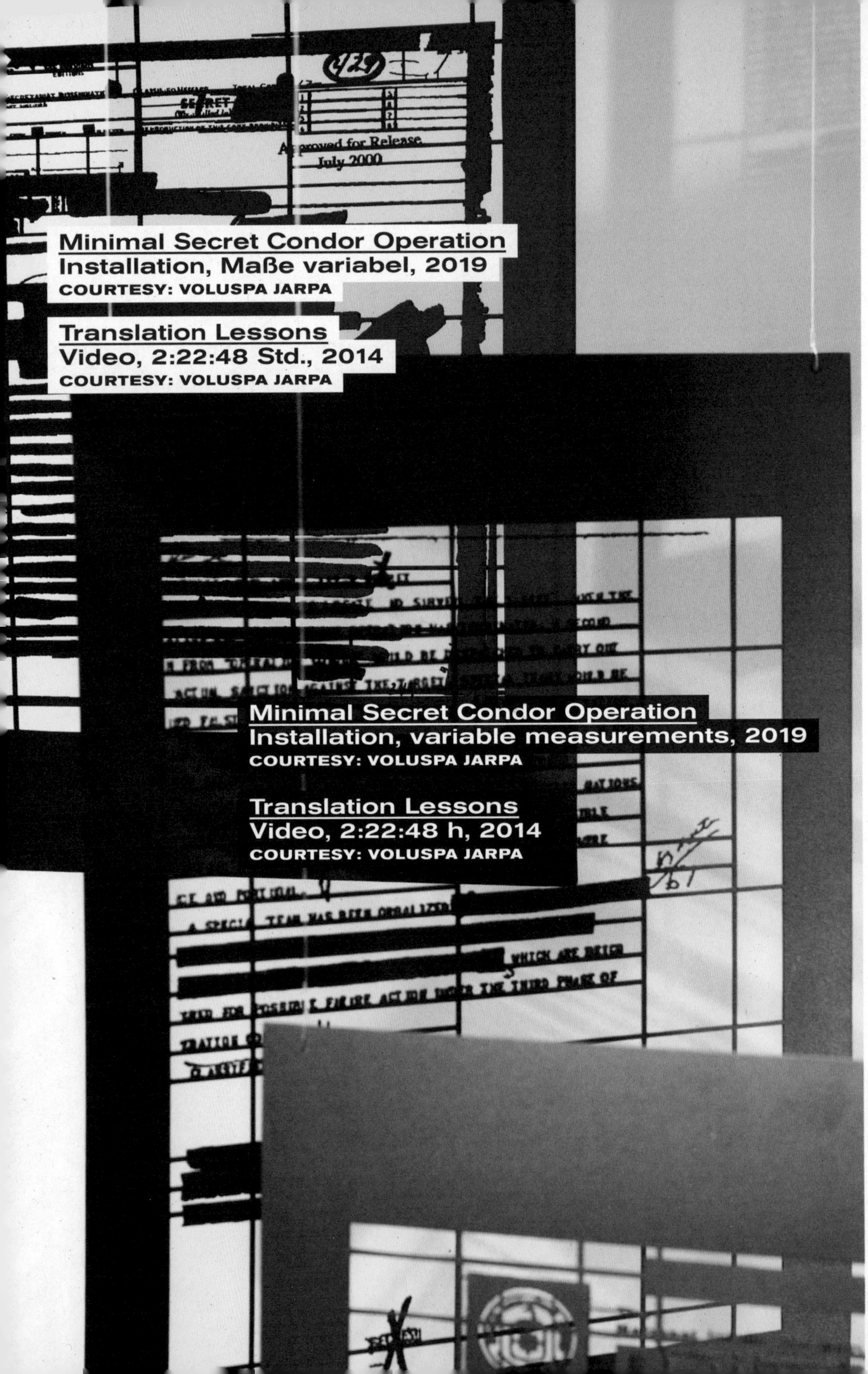

Minimal Secret Condor Operation
Installation, Maße variabel, 2019
COURTESY: VOLUSPA JARPA

Translation Lessons
Video, 2:22:48 Std., 2014
COURTESY: VOLUSPA JARPA

Minimal Secret Condor Operation
Installation, variable measurements, 2019
COURTESY: VOLUSPA JARPA

Translation Lessons
Video, 2:22:48 h, 2014
COURTESY: VOLUSPA JARPA

VOLUSPA JARPA

Mit Minimal Secret und Translation Lessons stellt Voluspa Jarpa die Frage, ob die künstlerische Verwendung von Archivmaterial Auswirkungen auf die Geschichte hat. Beide Arbeiten sind Ergebnis der jahrelangen Auseinandersetzung Jarpas mit freigegebenen CIA-Akten der Operation Condor in Chile zwischen 1948 und 1994. Unter diesem Codenamen arbeiteten Geheimdienste sechs lateinamerikanischer Länder mit den USA zusammen – mit dem Ziel, linke und oppositionelle Kräfte weltweit zu verfolgen und zu töten. Die Akten wurden 2009 im Rahmen des UNESCO Programms „Memory of the World" freigegeben. Das CIA-Material ist wegen der massiven Schwärzungen größtenteils unlesbar. Jarpas Arbeit präsentiert das Archiv selbst als Kunstwerk – und setzt sich mit Leerstellen, Unlesbarkeit und den instabilen Grenzen zwischen Fakten und Fiktion auseinander. In dem Video versucht Jarpa, anhand der CIA-Dokumente Englisch zu lernen. Die Aussichtslosigkeit des Unterfangens wir jedoch schnell klar, denn trotz des Kraftakts des Erlernens der hegemonialen Sprache bleiben die Dokumente unlesbar. „Das Unsichtbarmachen von Konflikten ist ein Bestandteil politischer Gewalt. Es begünstigt historische Amnesie und erzeugt Leerstellen in den Erinnerungen und Archiven" – wie Liliana Gómez schreibt. (S/K)

Voluspa Jarpa, *1971, in Rancagua, Chile,
lebt und arbeitet in Santiago, Chile.

In her works Minimal Secret and Translation Lessons, Voluspa Jarpa asks whether the artistic use of archival material has an effect on history. Both works are the result of Jarpa's years-long engagement with declassified CIA files from Operation Condor in Chile between 1948 and 1994. Under this codename, the secret services of six Latin American countries worked together with the United States—with the goal of pursuing and killing left-wing and dissident forces throughout the world. The files were declassified in 2009 in the context of the UNESCO program "Memory of the World." The CIA material is largely unreadable due to the massive amount of redaction. Jarpa's work presents the archive itself as an artwork—and grapples with gaps, illegibility, and the unstable borders between fact and diction. In the video, Jarpa attempts to learn English on the basis of the CIA documents. The hopelessness of this endeavor rapidly becomes clear, however, for despite the feat of learning the hegemonic language, the documents remain unreadable. "Making conflicts invisible is an element of political violence. It supports historical amnesia and creates gaps in memories and archives"—as Liliana Gómez writes. (S/K)

Voluspa Jarpa, b. 1971 in Rancagua, Chile,
lives and works in Santiago, Chile.

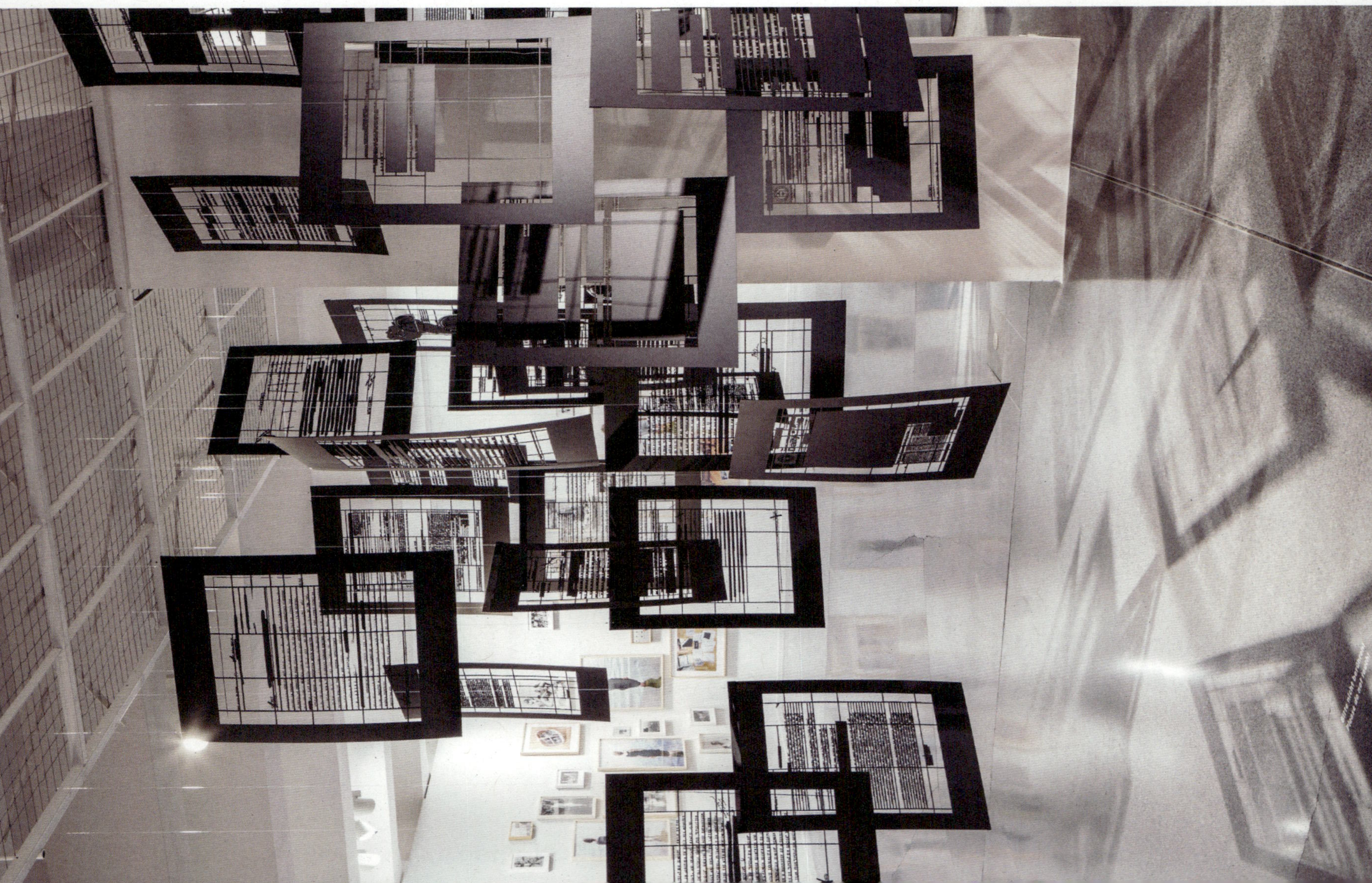

Voluspa Jarpa, Minimal Secret Condor Operation (2019)

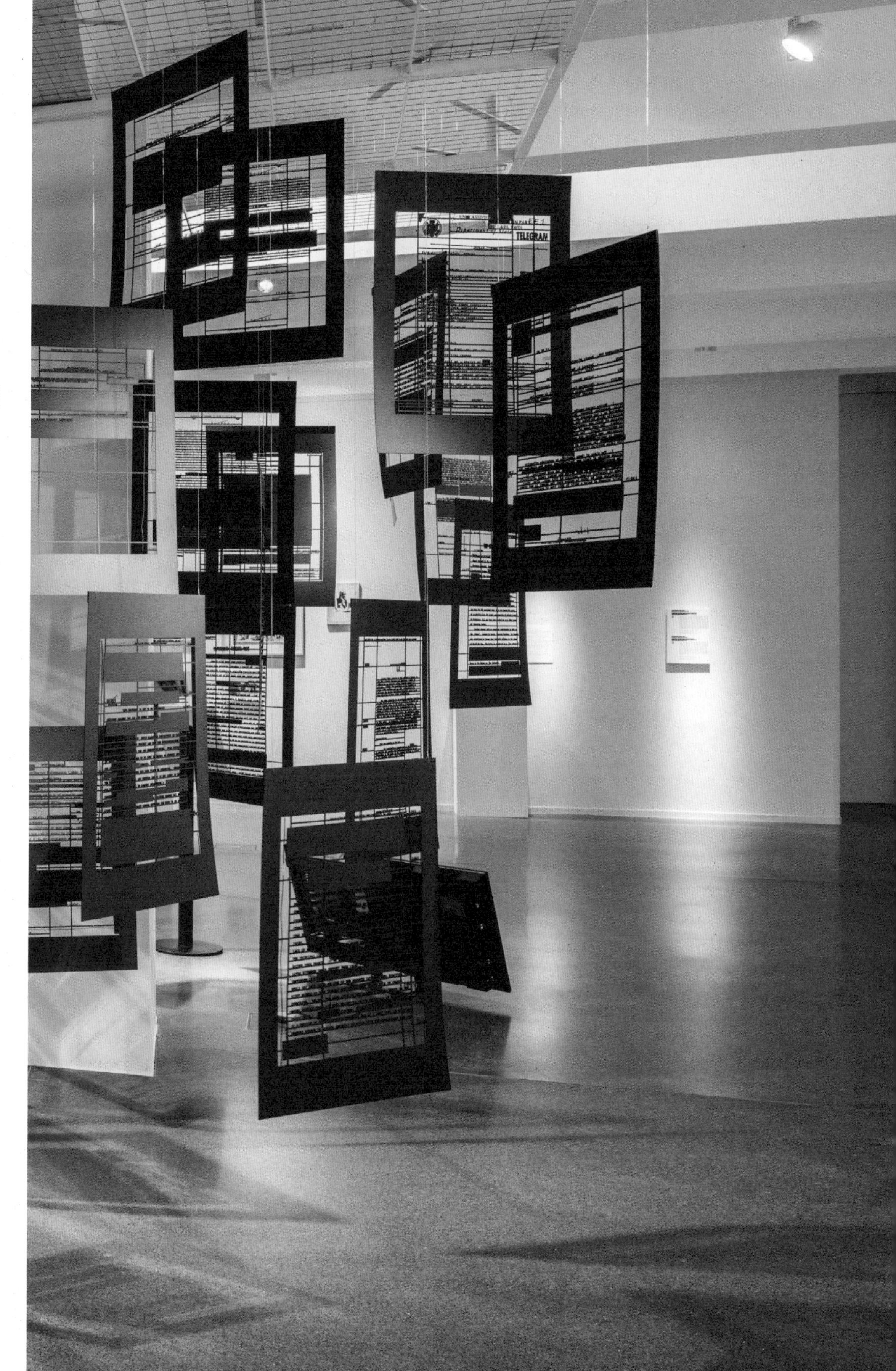
TELEGRAM

Ballons
20 Fotografien, gerahmt,
30 × 40 cm, 2013,
1 Postkarte (zum Mitnehmen)
COURTESY: JENS KLEIN

Ballons Protokolle
Audio, 9:43 Min,
Sprecher: Gian-Philip Andreas, 2017
COURTESY: JENS KLEIN

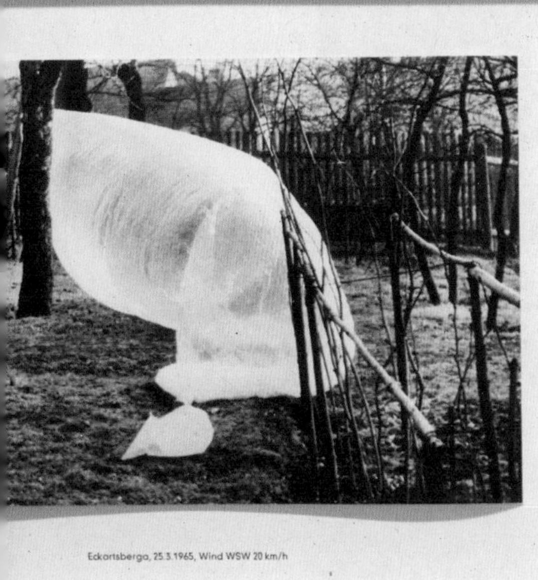

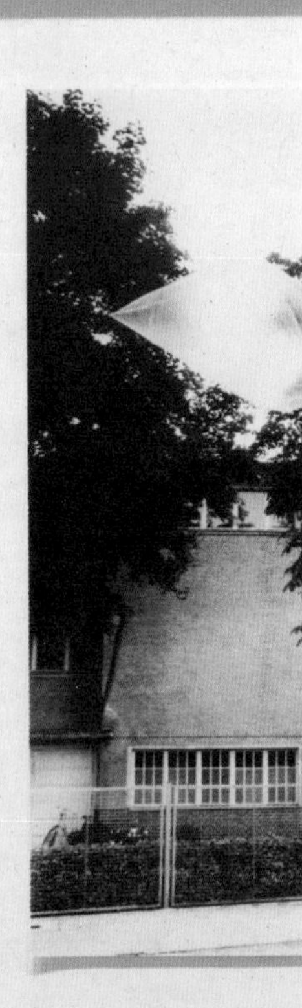

Balloons
20 photographs, framed,
30 × 40 cm, 2013,
1 postcard (to take away)
COURTESY: JENS KLEIN

Balloons Protocols
Audio, 9:43 min,
Speaker: Gian-Philip Andreas, 2017
COURTESY: JENS KLEIN

JENS KLEIN

Was auf den Fotografien aus dem Archiv der Stasi-Unterlagenbehörde wie Land Art aussieht, erweist sich als handfeste grenzüberschreitende Propaganda: Es handelt sich nämlich um (Wetter-)Ballons, die aus Westdeutschland über die innerdeutsche Grenze in die DDR geschwebt sind. Sie transportierten kleine Pakete mit politischen Flugblättern oder Zeitungen aus Westdeutschland. Die Stasi-Mitarbeiter*innen registrierten die Ankunft der Ballons und notierten sorgfältig sowohl die Windgeschwindigkeit als auch die Zeit und den Ort ihrer Landung (z. B. Zella-Mehlis 1963, Eckardtsberga 1965). Da viele der Ballons in Thüringen aufgefunden wurden, erscheint es wahrscheinlich, dass sie vom Ostbüro der SPD stammten. Jens Klein zeigt die Bilder aus dem BStU-Archiv bewusst unkommentiert. Damit setzt er auf einen künstlerischen Umgang mit Stasi-Material, der dieses von seinem ursprünglichen Kontext vollkommen loslöst. (A)

Jens Klein, *1970 in Apolda, DDR,
lebt und arbeitet in Leipzig, Deutschland.

What looks in the photographs of the Stasi archives like land art turns out to be substantial cross-border propaganda: namely weather balloons which floated from West Germany across the internal German border and into the GDR. They transported small packages with political flyers and newspapers from West Germany. Stasi agents registered the arrival of the balloons and meticulously noted both the wind speed and the time and place of their landing (e.g. Zella-Mehlis 1963, Eckardtsberga 1965). Because many of the balloons were found in Thüringen, it seems probable that they originated with the Eastern Office of the Social Democratic Party (SPD). Jens Klein intentionally displays the photographs from the BStU archive without commentary. In this way he aspires to an artistic engagement with Stasi material which is sundered from its original context. (A)

Jens Klein, b. 1970 in Apolda, GDR,
lives and works in Leipzig, Germany.

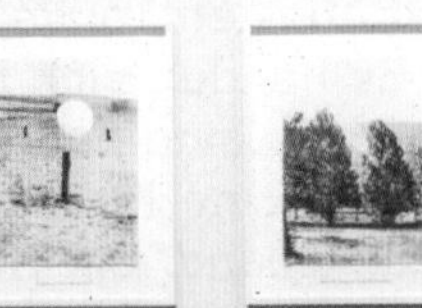

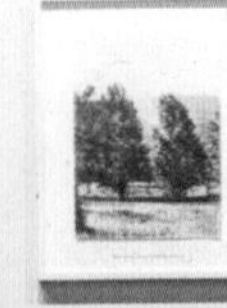

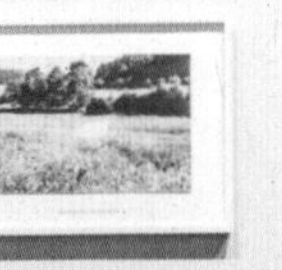

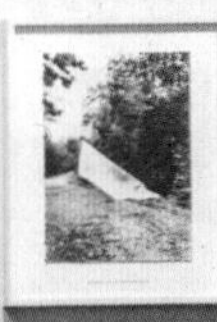

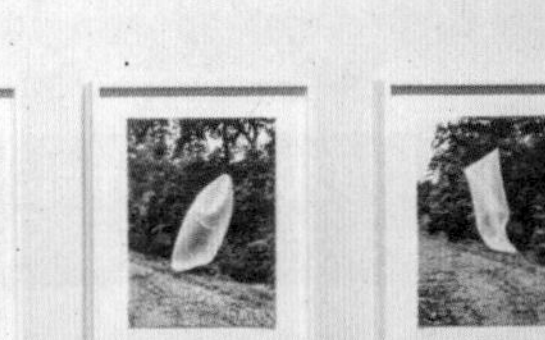

Jens Klein, Ballons (2013) © VG Bild-Kunst, Bonn 2019

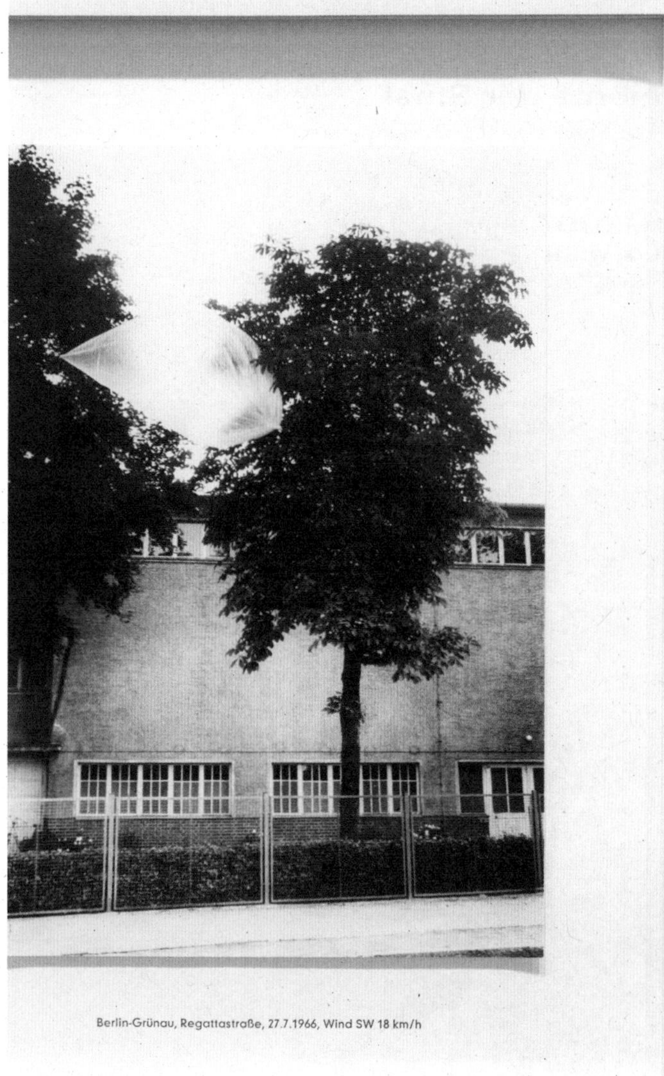
Berlin-Grünau, Regattastraße, 27.7.1966, Wind SW 18 km/h

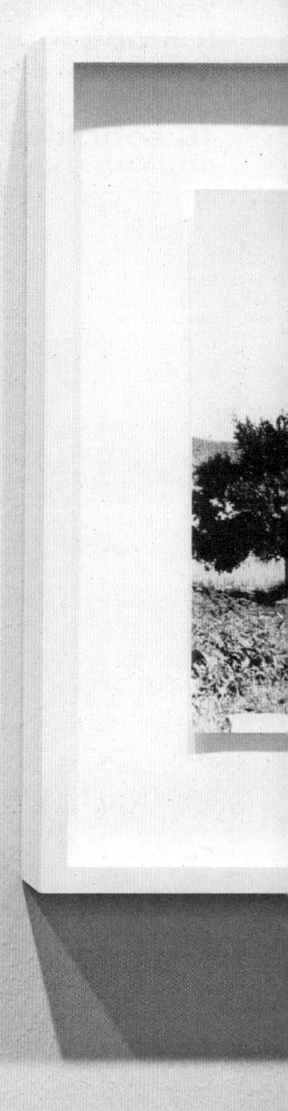

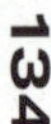

State of Mind

**Papier,
zerstörte Geheimdokumente der Stasi,
8 große Klumpen,
5 mittelgroße Klumpen,
6 kleine Klumpen,
18 sehr kleine Klumpen, 2007**
COURTESY: KONTAKT SAMMLUNG, WIEN

State of Mind

**Paper,
destroyed secret Stasi documents,
8 big hunks,
5 medium-sized hunks,
6 small hunks,
18 very small hunks, 2007**
COURTESY: KONTAKT SAMMLUNG, VIENNA

DANIEL KNORR

Vor uns liegen einfache Zellulose-Klumpen, aufgehäuft auf einem weißen Sockel unter einer Haube aus durchsichtigem Plexiglas. Was so unscheinbar aussieht, hat es doch in sich: Es handelt sich nämlich um Stasi-Unterlagen, die in den letzten Wochen vor der Wiedervereinigung der DDR mit der Bundesrepublik Deutschland durch umgebaute Landwirtschaftsmaschinen von Stasi-Mitarbeiter*innen bis zur Unkenntlichkeit zerschreddert, zermahlen und mit Wasser und Öl vermengt wurden. Aus Geheimpapieren und Mikrofilmen entstanden durch diesen Prozess Zellulose-Klumpen, in deren grau-hellblau-rosa Masse nur noch einzelne wenige Buchstaben zu erkennen sind (die Farben entsprechen denen der verwendeten Aktenordner). Daniel Knorr hält uns nicht nur die heimliche Aktenvernichtung vor Augen, sondern auch und vor allem die Versuche der politischen Geheimpolizei der früheren DDR, sich der Verantwortung für und der Aufarbeitung ihrer Vergangenheit zu entziehen. Der Künstler erhielt die „Stasi-Steine“ vom Leipziger Stasi-Museum in der Runden Ecke, im Austausch gegen eine seiner Arbeiten. (A)

Daniel Knorr, *1968 in Bukarest, Rumänien,
lebt und arbeitet in Berlin, Deutschland.

In front of us are lying simple cellulose paper clumps, piled up on a white base under a hood of transparent plexiglass. What seems so inconspicuous has something to it: these are Stasi documents which were shredded, ground up, and mixed with water and oil with agricultural machines in the last weeks before the reunification of East and West Germany, to the point of unrecognizability. This process turned secret documents and microfilms into clumps of cellulose where only a few letters can be recognized in the light blue-gray-pink mass (colors corresponding to the file folders). Daniel Knorr presents us with not only the secret destruction of files but also, and above all, the attempts of the political secret police in the former GDR to escape responsibility for and judgment of their past. The artist obtained these “Stasi stones” from the Leipzig Stasi museum, “Runde Ecke” in exchange for one of his works. (A)

Daniel Knorr, b. 1968 in Bucharest, Romania,
lives and works in Berlin, Germany.

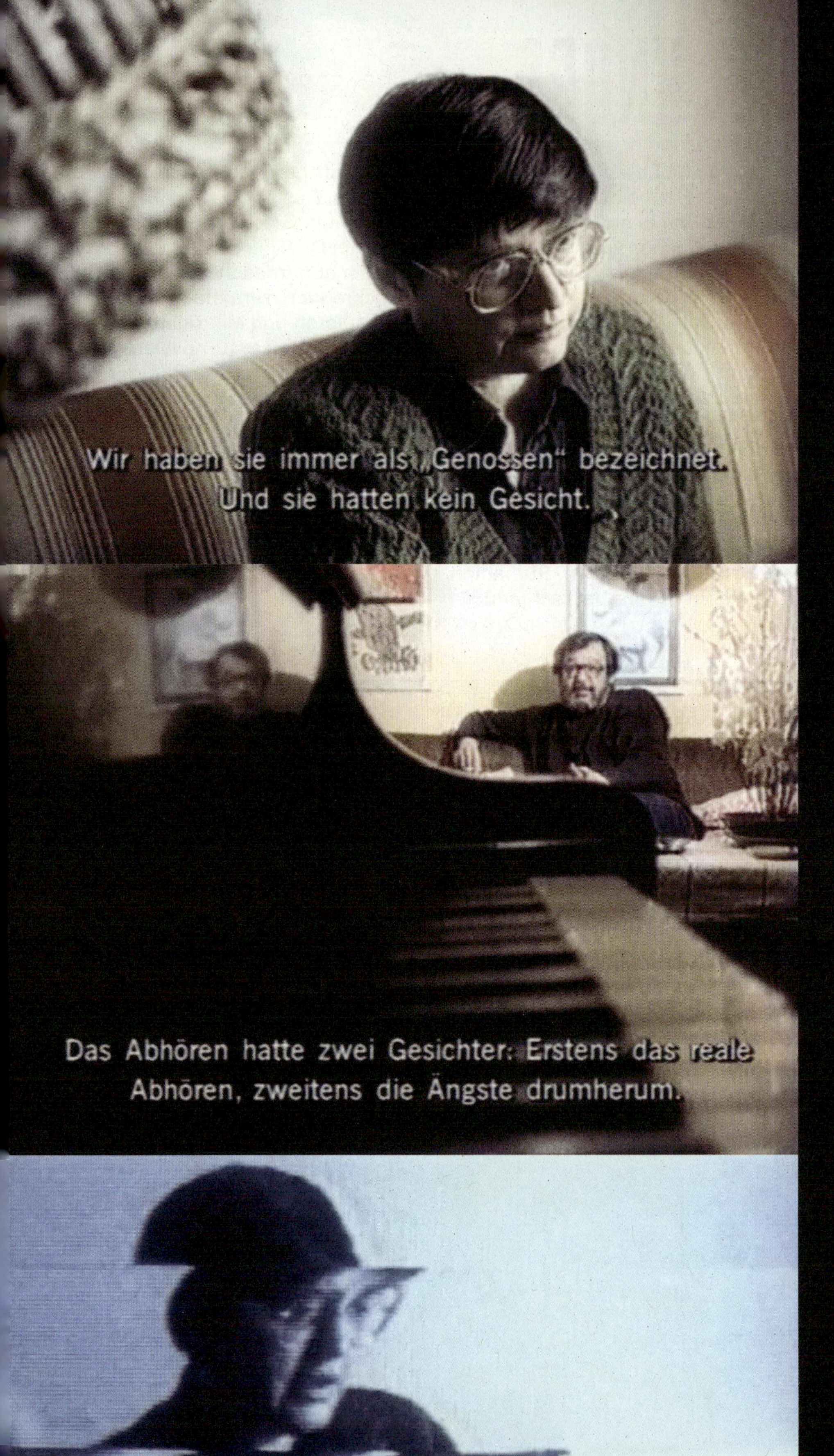

Csilla Könczei, An Abstract Knowledge
(Ein abstraktes Wissen / Egy elvont ismeret) (1993)

CSILLA KÖNCZEI

An Abstract Knowledge (Egy elvont ismeret)

Video, Super VHS, geschnitten auf Betacam SP (digitalisiert), Farbe, Mono, 1993, 11:04 Min. Tibor Schneider (Kamera, Schnitt), Thomas Stanko (Musik), József Bíró (Schauspieler), Géza Szőcs, Gyimesi Éva, Marius Tabacu, Enikő Koós (Interviewpartner*innen)

COURTESY: CSILLA KÖNCZEI UND ZKM | ZENTRUM FÜR KUNST UND MEDIEN KARLSRUHE, SAMMLUNG UND ARCHIVE

Die Künstlerin Csilla Könczei interviewt 1993 verschiedene Menschen, die über ihre Erfahrungen mit der Überwachung durch den rumänischen Geheimdienst Securitate Auskunft geben. Sie fragen sich nach der Wende, wie sie mit diesem unbekannten feindlichen Dritten zusammenleben konnten, der sie im Auge behielt und ihr Leben aufzeichnete. „Wir haben sie immer als ‚Genossen' bezeichnet, und sie hatten kein Gesicht." Sie hatten auch keinen Körper, man flüsterte … und schrieb, statt zu sprechen. Der erste Interviewpartner im Video ist der ungarische Dichter und Schriftsteller Géza Szőcs, der von der Securitate mehrfach verhaftet wurde. 2012 kam heraus, dass sein eigener Vater Securitate-Agent war. Szőcs selbst war von 2010 bis 2012 ungarischer Staatssekretär für Kultur in der zweiten Regierung von Viktor Orbán. 2016 hat er – nach der von der Regierung initiierten Zerschlagung der größten linksliberalen Tageszeitung Népszabadság – insbesondere gegen die Schließung des Online-Archivs dieser Zeitung protestiert und sich von Orbáns Linie distanziert. Er bezeichnet die Interaktion mit der Securitate im Video als „Performance-Testserie" – eine Serie, die heute erneut an Bedeutung gewinnt. (A)

Csilla Könczei, *1963 in Cluj-Napoca, Rumänien,
lebt und arbeitet in Cluj-Napoca, Rumänien.

An Abstract Knowledge (Egy elvont ismeret)

Video, Super VHS, edited on Betacam SP (digitized), color, mono, 1993, 11:04 min. Tibor Schneider (camera, editing), Thomas Stanko (music), József Bíró (actor), Géza Szőcs, Gyimesi Éva, Marius Tabacu, Enikő Koós (interviewees)

COURTESY: CSILLA KÖNCZEI AND ZKM | ZENTRUM FÜR KUNST UND MEDIEN KARLSRUHE, SAMMLUNG UND ARCHIVE

In 1993, the artist Csilla Könczei interviewed various people who provided information about their experiences with surveillance by the Romanian secret service, Securitate. After the fall of communism, they wonder how they can live together with this unknown hostile third party who watched them and took notes on their lives. "We always referred to them as 'comrades' and they had no face." They also had no bodies, people whispered … and wrote instead of speaking. The first interview partner in the video is the Hungarian poet and writer Géza Szőcs, who was arrested multiple times by the Securitate. In 2012, it was revealed that his own father was a Securitate agent. Szőcs himself was the Hungarian State Secretary for Culture in Viktor Orbán's second government from 2010–2012. In 2016, after the government-initiated suppression of the major left-liberal daily newspaper Népszabadság, Szőcs protested against the closing of the online archive of this newspaper in particular and distanced himself from Orbán's politics. He refers to interaction with the Securitate as a "performance test series"—a series again gaining in significance today. (A)

Csilla Könczei, b. 1963 in Cluj-Napoca, Romania, lives and works in Cluj-Napoca, Romania.

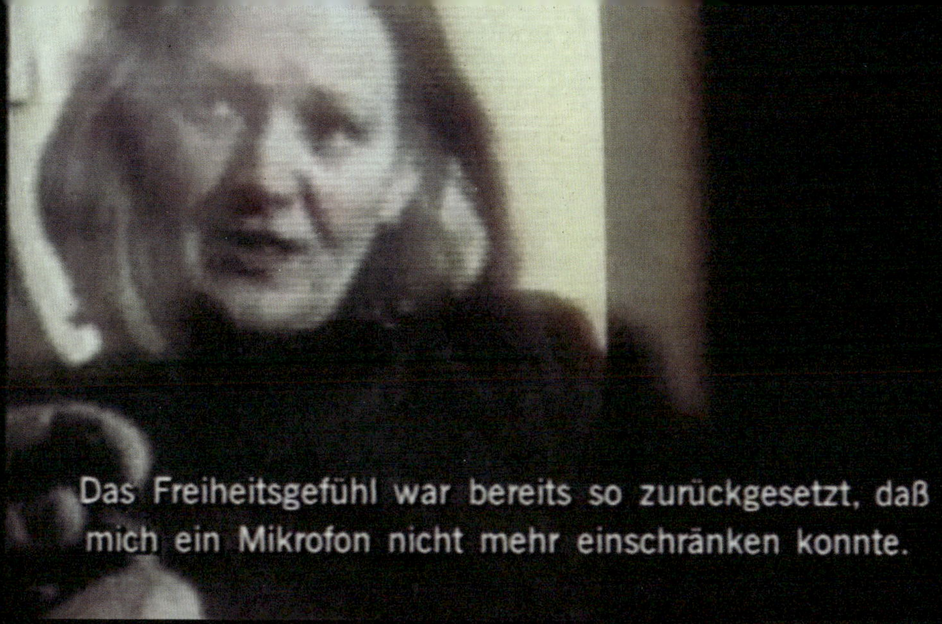

Das Freiheitsgefühl war bereits so zurückgesetzt, daß mich ein Mikrofon nicht mehr einschränken konnte.

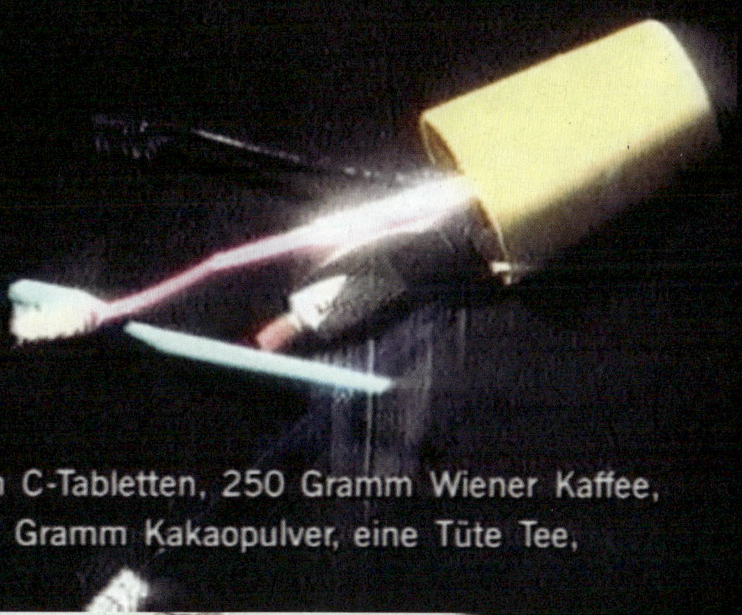

2 Vitamin C-Tabletten, 250 Gramm Wiener Kaffee, 250 Gramm Kakaopulver, eine Tüte Tee,

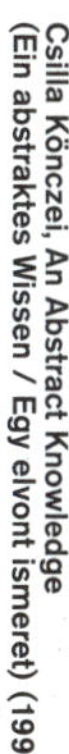
Csilla Könczei, An Abstract Knowledge (Ein abstraktes Wissen / Egy elvont ismeret) (1993)

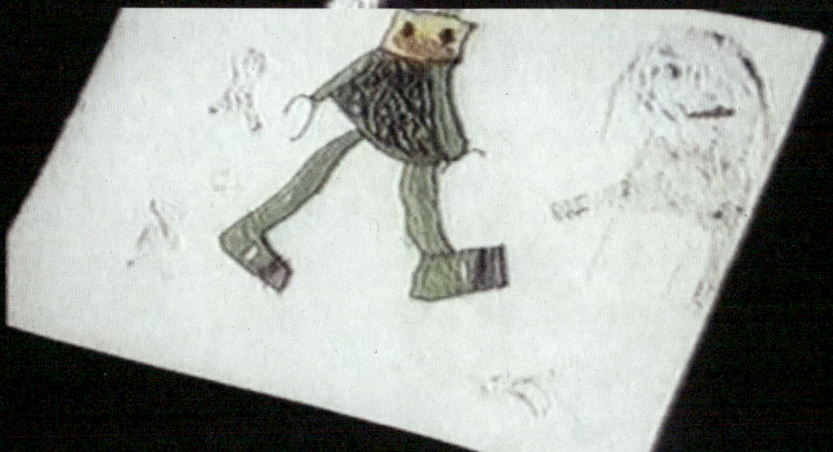

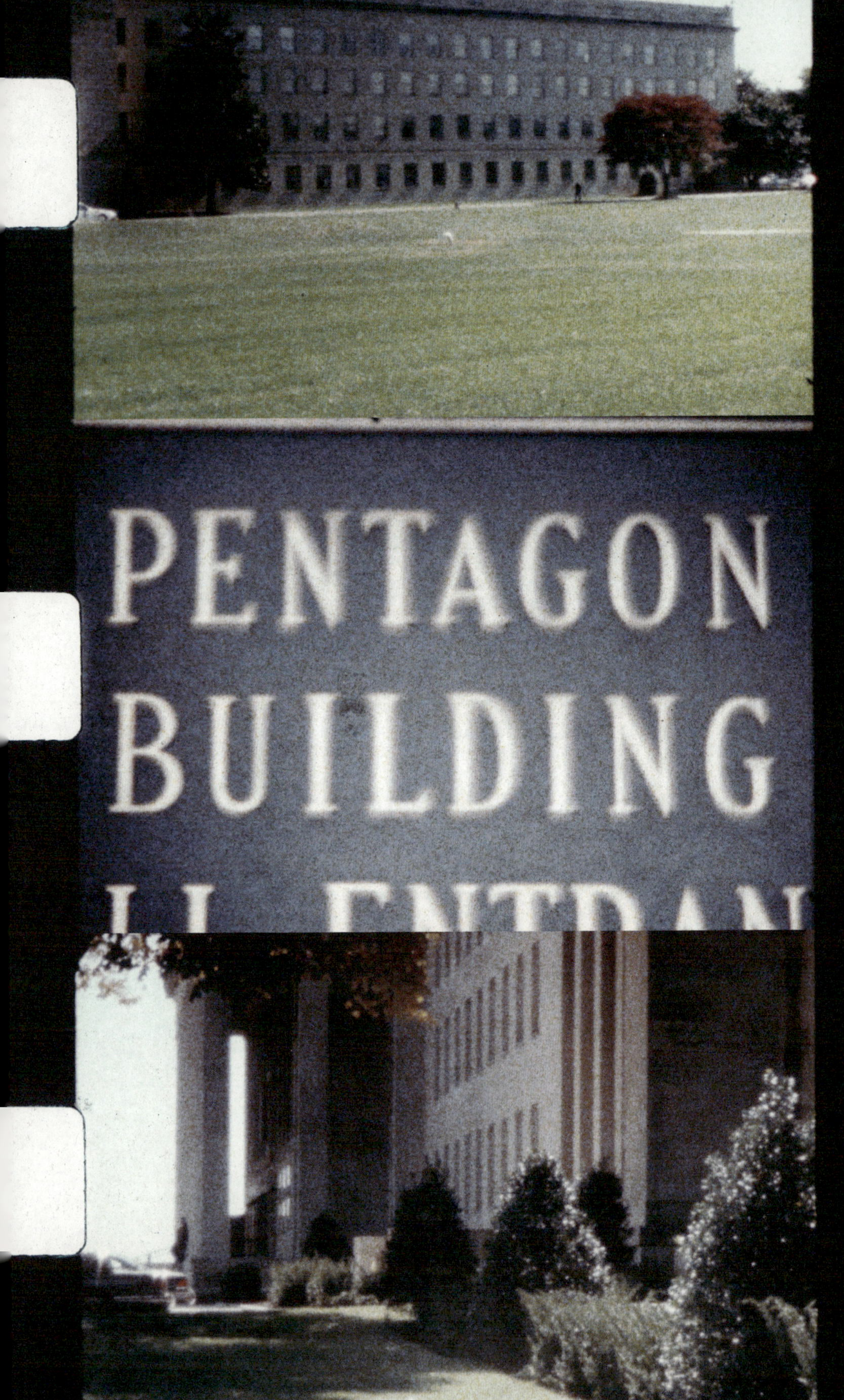
PENTAGON
BUILDING

KORPYS/LÖFFLER

Amerika-Filme

World Trade Center
1996/2018, Super-8 auf DV, 7:50 Min.

United Nations
1996/2018, Super-8 auf DV, 5:00 Min.

Pentagon
1996/2018, Super-8 auf DV, 3:30 Min.

COURTESY: GALERIE MEYER RIEGGER

Auf der Amerikareise, die Korpys/Löffler 1996 unternahmen, interessierte sie vor allem der Abgleich ihres von Jugend an durch Hollywood-Filme geprägten Amerikabildes mit den tatsächlichen Orten – quasi ein Reality-Check. Im Zentrum der Kurzfilmtrilogie stehen Schaltstellen internationaler politischer, ökonomischer und militärischer Macht: die Vereinten Nationen, das World Trade Center (beide New York) und das Pentagon in Washington.

Die Aufnahmen erinnern an die von Amateurfotograf*innen oder an die protokollarischen Aufnahmen von investigativen Journalist*innen oder Agent*innen. Gesamtaufnahmen wechseln mit Seitenschauplätzen wie Notausgängen, Tunneleinfahrten, leeren Fluren und Sicherheitsschranken. Erfasst werden Requisiten ebenso wie Gullideckel und Lüftungsschächte – mögliche Schwachstellen einer Sicherheitsarchitektur. Vor allem das tägliche Kommen und Gehen der Angestellten, die in den Gebäuden beschäftigten Sicherheitsleute, die Bodyguards und Chauffeure in den Autos rücken wiederholt ins Visier ihrer Kamera. Immer wieder zoomt die Kamera auf einzelne Menschen, scheinbar unbeteiligte Passant*innen, die den Eindruck machen, als wären sie mögliche Statist*innen einer verdeckten Operation. So erinnern die Filme an Überwachungs-Inszenierungen, in denen Künstler*innen mit dem Blick der Stasi operierten. (A)

Andree Korpys, *1966 in Bremen, Deutschland,
Markus Löffler, *1963 in Bremen, Deutschland,
leben und arbeiten in Berlin und Bremen, Deutschland.

America Films

World Trade Center
1996/2018, Super-8 on DV, 7:50 min.

United Nations
1996/2018, Super-8 on DV, 5:00 min.

Pentagon
1996/2018, Super-8 on DV, 3:30 min.

COURTESY: GALERIE MEYER RIEGGER

On the tour of America that Korpys/Löffler took in 1996, they were interested above all on comparing their image of America as shaped by Hollywood movies with the actual locations—a kind of reality check. At the center of the short film trilogy are hubs of international political, economic, and military power: the United Nations and the World Trade Center in New York and the Pentagon in Washington.

The images remind one of those taken by amateur photographers, or the documentary recordings of investigative journalists or agents. Total intakes alternate with side scenes like emergency exits, tunnel entrances, empty corridors, and safes. Requisites, manhole covers, and ventilation shafts alike are filmed—potential weak points in security architecture. It is above all the daily coming and going of the staff that comes into view of the camera, the security guards, bodyguards, and chauffeurs in their cars. The camera repeatedly zooms in on individual people, apparently uninvolved passers-by who gives the impression of being potential state agents in a secret operation. The films thus remind one of surveillance scenes in which artists played with the gaze of the Stasi. (A)

Andree Korpys, *1966 in Bremen, Germany,
Markus Löffler, *1963 in Bremen, Germany,
live und work in Berlin and Bremen, Germany.

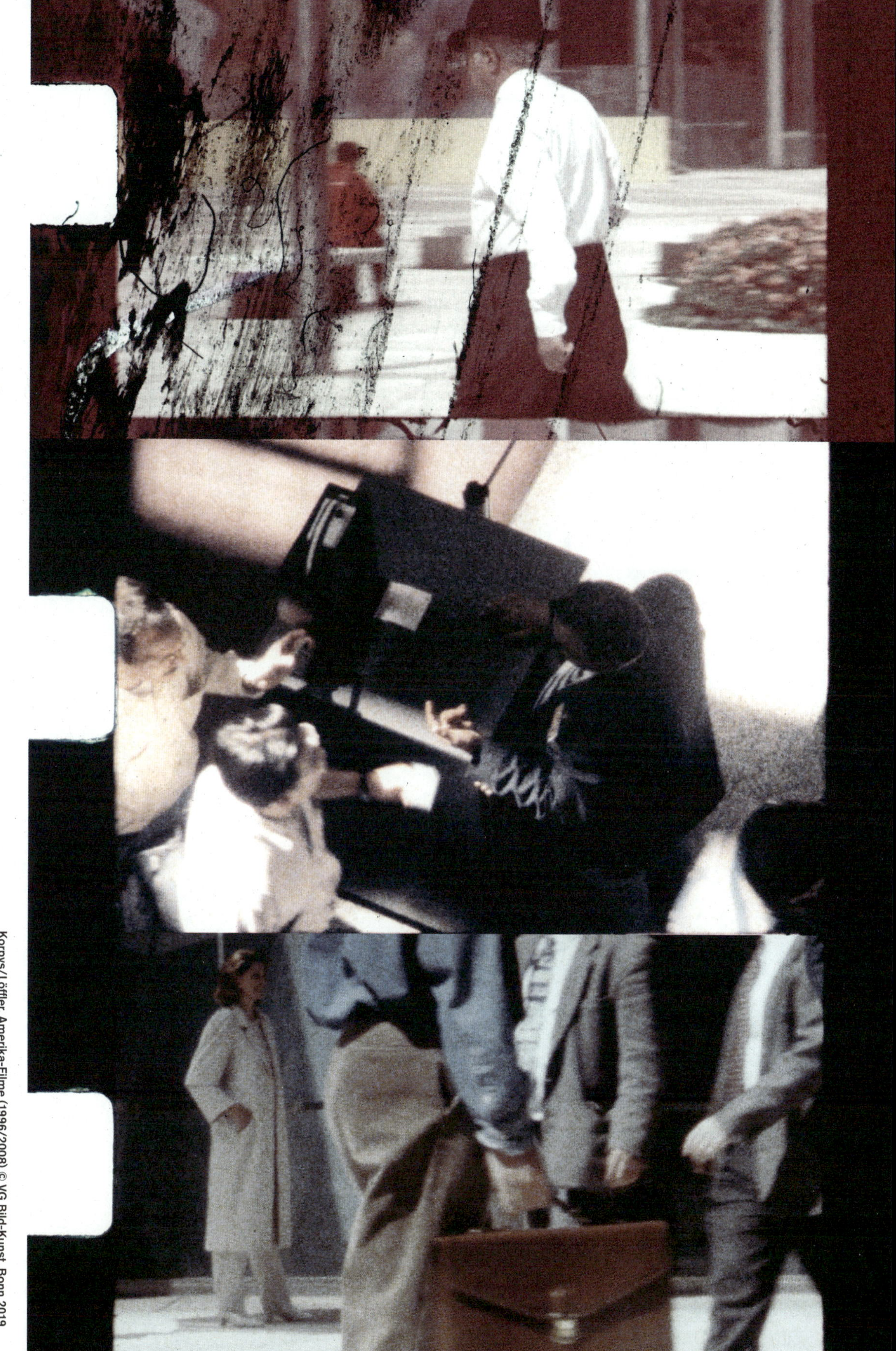

Korpys/Löffler, Amerika-Filme (1996/2008) © VG Bild-Kunst, Bonn 2019

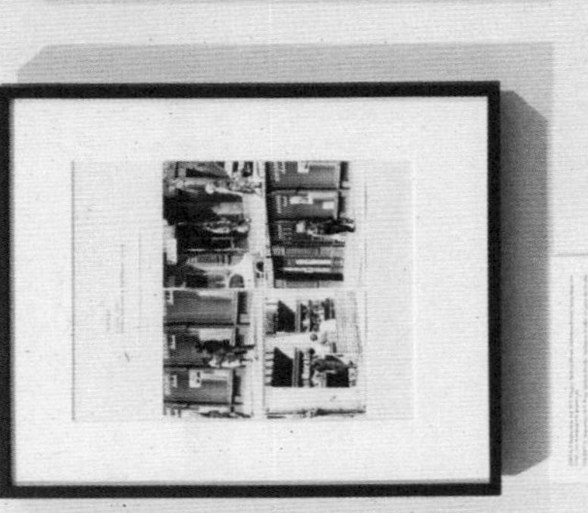

Jiří Kovanda, KONTAKT, 3. September 1977, Prag, Spálená Straße, Vodickova Straße, Ich gehe die Straße hinunter und stoße mit Passanten zusammen 1977

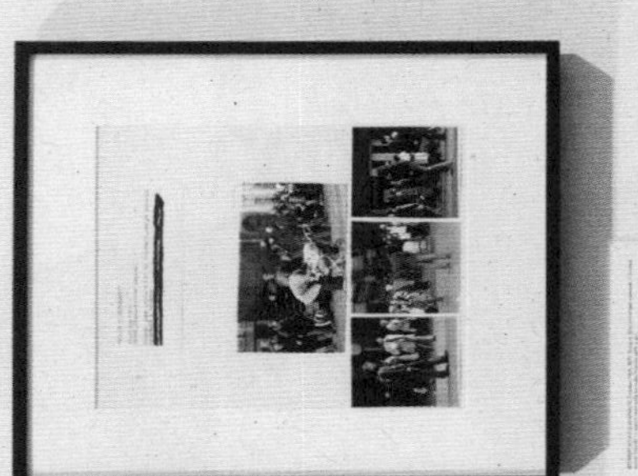

Jiří Kovanda,THEATER, November 1976, Wenzelsplatz, Prag, Ich befolge minutiös ein zuvor geschriebenes Skript. Gesten und Bewegungen wurden so gewählt, dass die Passanten nicht ahnen, dass sie eine "Performance" sehen

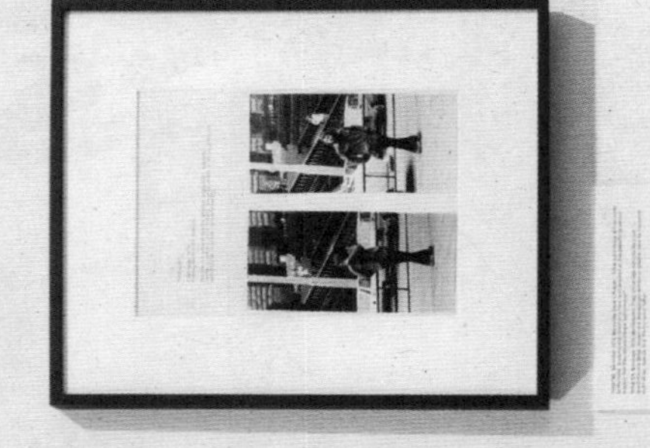

Jiří Kovanda, VERSUCHTE BEKANNTSCHAFT, 19. Oktober 1977, Prag, Staromestské námestí, Ich habe ein paar Freunde eingeladen, mir dabei zuzuschauen, wie ich ein Mädchen anzusprechen versuche.

JIŘÍ KOVANDA

Kontakt: 3. September 1977, Prag, Spálená Straße, Vodickova Straße, Ich gehe die Straße hinunter und stoße mit Passanten zusammen
Kontakt: 3. zárí 1977, Praha Spálená a Vodickova ulice, Jdu po ulici a lehce narážím do protijdoucích
4 s/w Fotografien, maschinengeschriebener Text auf Papier, gerahmt, 45,5 × 36,5 cm, 1977

Theater: November 1976, Wenzelsplatz, Prag, Ich befolge minutiös ein zuvor geschriebenes Skript. Gesten und Bewegungen wurden so gewählt, dass die Passanten nicht ahnen, dass sie eine "Performance" sehen
Divadlo: listopadu 1976, Praha, Václavské námestí, Chovám se presne podle predem napsaného scénáre. Gesta a pohyby jsou voleny tak, aby nikdo z kolemjdoucích netušil, že sleduje „predstavení“
2 s/w Fotografien, maschinengeschriebener Text auf Papier, gerahmt, 45,5 × 36,5 cm, 1976

Versuchte Bekanntschaft: 19. Oktober 1977, Prag, Staromestské námestí, Ich habe ein paar Freunde eingeladen, mir dabei zuzuschauen, wie ich ein Mädchen anzusprechen versuche.
Pokus o Seznámení: 19. rijna 1977, Praha, Staromestské námestí, Pozval jsem prátele, aby se podívali, jak se pokusím seznámit s holkou.
4 s/w Fotografien, maschinengeschriebener Text auf Papier, gerahmt, 45,5 × 36,5 cm, 1977
COURTESY (ALLE): KONTAKT SAMMLUNG, WIEN

Der tschechische Künstler Jiří Kovanda hat sich bei seinen Aktionen – u.a. Kontakt (Kontakt, 1977), Theater (Divadlo, 1976) und Versuchte Bekanntschaft (Pokus o seznámení, 1977) – von seinem Freund Pavel Tuč fotografieren lassen. Kovandas wichtigste Bedingung war, dass sein fotografierender Freund ihn nicht bei seinen Aktionen unterbricht. Nur der Künstler und der Fotograf wussten von der Aktion. Später heftete Kovanda die fotografische Dokumentation der Arbeit auf ein Blatt Papier, notierte den Titel der Performance, die Zeit und den Ort der Aufführung, und fügte das Drehbuch bei – als würde er einen Bericht über seine eigenen Aktivitäten anfertigen. In einem Bericht nahm er sogar Schwärzungen vor. Die Kamera verfolgt Kovanda, fängt ein, was er tut. Kovanda versetzt den beobachteten Fotografen in genau jene Situation, die er auch für die Passanten auf der Straße vorgesehen hat: „Gesten und Bewegungen sind so ausgewählt, dass Passanten nicht ahnen, dass sie eine ‚Performance' beobachten.“ Die Fotografien sehen aus, als wären sie aus der Perspektive der Staatssicherheit aufgenommen, zumindest könnte man das aus heutiger Perspektive so lesen. (S)

Jiří Kovanda, *1953 in Prag, Tschechoslowakei, lebt und arbeitet in Prag, Tschechische Republik.

Contact: September 3rd, 1977, Prague, Spálená Street, Vodickova Street, Going down the street I am bumping into passers-by
Kontakt: 3. zárí 1977, Praha Spálená a Vodickova ulice, Jdu po ulici a lehce narážím do protijdoucích
4 b/w photographs, typescript on paper, framed, 45,5 × 36,5 cm, 1977

Theatre: November 1976, Wenceslas Square, Prague, I follow a previously written script to the letter. Gestures and movements have been selected so that passers-by will not suspect that they are watching a "performance"
Divadlo: listopadu 1976, Praha, Václavské námestí, Chovám se presne podle predem napsaného scénáre. Gesta a pohyby jsou voleny tak, aby nikdo z kolemjdoucích netušil, že sleduje „predstavení"
2 b/w photographs, typescript on paper, framed, 45,5 × 36,5 cm, 1976

Attempted Acqaintance: October 19th, 1977, Prague, Staromestské námestí, I invited some friends to watch me trying to make friends with a girl.
Pokus o Seznámení: 19. rijna 1977, Praha, Staromestské námestí, Pozval jsem prátele, aby se podívali, jak se pokusím seznámit s holkou.
4 b/w photographs, typescript on paper, framed, 45,5 x 36,5 cm, 1977
COURTESY (ALL): KONTAKT SAMMLUNG, VIENNA

In his art actions, the Czech artist Jiří Kovanda had himself photographed by his friend Pavel Tuč in works like Contact (Kontakt, 1977), Theater (Divadlo, 1976), and Attempted Acquaintance (Pokus o seznámení, 1977). Kovanda's most important stipulation was that his friend doing the photographing not interrupt him. Only the artist and the photographer knew about the action. Later, Kovanda affixed the photographic documentation of the work to a sheet of paper, noted the name of the performance, its time and location, and attached the script—as if filing a report on his own activities. In one report, he even blacked text out. The camera pursues Kovanda, captures what he is doing. Kovanda puts the observed photographer into exactly that position which he intended for passers-by on the street: "Gestures and movements have been selected so that passers-by have no idea that they are watching a 'performance.'" The photographs look like they were taken from the perspective of state security; or at least that is how we could interpret it today. (S)

Jiří Kovanda, b. 1953 in Prague, Czechoslovakia, lives and works in Prague, Czech Republic.

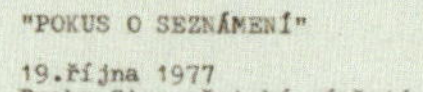

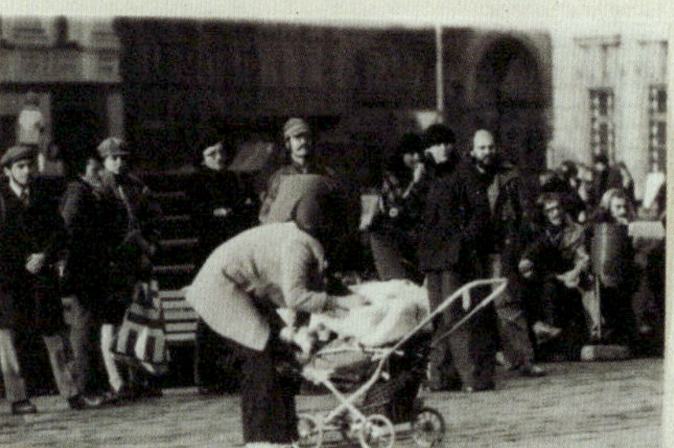

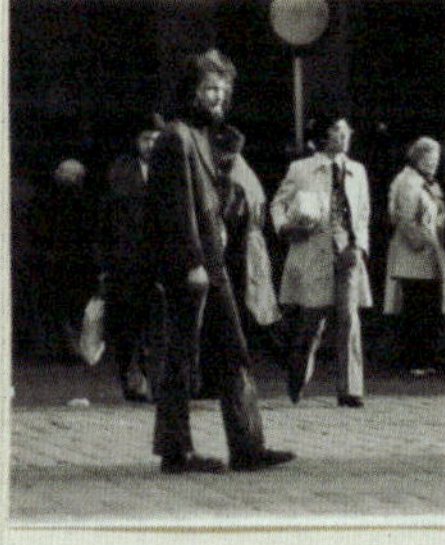

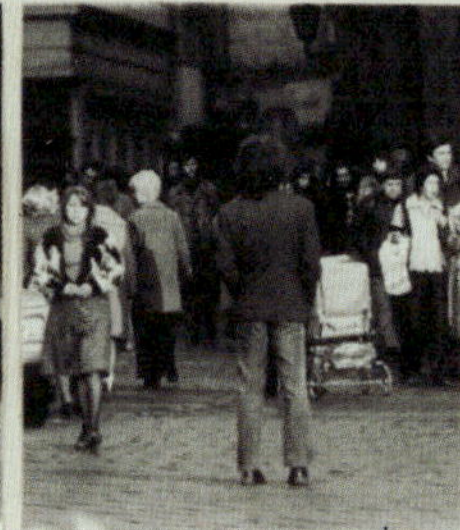

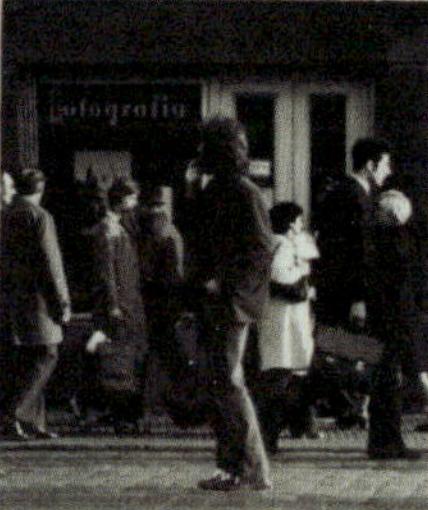

ATTEMPTED ACQUAINTANCE, October 19th, 1977, Prague, Staromestské námestí, I invited some friends to watch me trying to make friends with a girl.

VERSUCHTE BEKANNTSCHAFT, 19. Oktober 1977, Prag, Staromestské námestí, Ich habe ein paar Freunde eingeladen, mir dabei zuzuschauen, wie ich ein Mädchen anzusprechen versuche.

Jiří Kovanda, VERSUCHTE BEKANNTSCHAFT, 19. Oktober 1977, Prag, Staromestské námestí, Ich habe ein paar Freunde eingeladen, mir dabei zuzuschauen, wie ich ein Mädchen anzusprechen versuche.

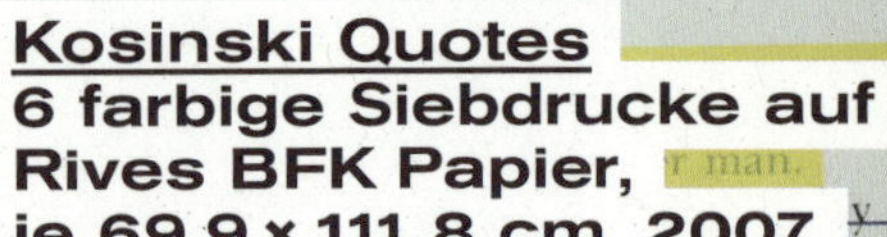

Kosinski Quotes
6 farbige Siebdrucke auf Rives BFK Papier,
je 69,9 × 111,8 cm, 2007
COURTESY: PRIVATSAMMLUNG, SCHWEIZ & BEAT RAEBER, GALERIE

The Shepherds
Skulptur, Bronze,
22,9 × 30,5 × 25,4 cm, 2007
COURTESY: JILL MAGID UND LABOR MEXICO CITY

Vetting Box
Digitale Fotografie, C-Print,
61 × 90,2 cm, 2008
COURTESY: JILL MAGID UND LABOR MEXICO CITY

Kosinski Quotes
6 coloured screen prints on Rives BFK paper,
each 69,9 × 111,8 cm, 2007
COURTESY: PRIVATE COLLECTION, SWITZERLAND & BEAT RAEBER, GALERIE

The Shepherds
Sculpture, bronze,
22,9 × 30,5 × 25,4 cm, 2007
COURTESY: JILL MAGID AND LABOR MEXICO CITY

Vetting Box
Digital photography, C-Print,
61 × 90,2 cm, 2008
COURTESY: JILL MAGID AND LABOR MEXICO CITY

JILL MAGID

2005 wurde Jill Magid vom niederländischen Geheimdienst (AIVD) beauftragt, für dessen neues Hauptquartier eine Arbeit anzufertigen, die den AIVD mit „menschlichem Antlitz" zeigen sollte. Über drei Jahre traf sich die Künstlerin mit 18 Mitarbeiter*innen des AIVD. Da Aufnahmegeräte bei diesen Treffen untersagt waren, machte sich Magid handschriftliche Notizen. Diese wurden zur Grundlage eines Berichts, der die einzelnen Aussagen zu einer kollektiven Persona verschmolz, die Magid als „die Organisation" bezeichnete. „Die Transformation von einer Künstlerin in eine Agentin begann", wie Magid schreibt. Ihr Vorbild wurde eine literarische Figur namens Tarden aus Jerzy Kosinskis Roman Cockpit (1975), den sie parallel zu ihren Recherchen las. Bei den Kosinski Quotes handelt es sich um Zitate aus Cockpit, die Magid mit der in der Geheimdienstarbeit üblichen „Schwärzung" bearbeitet hat – aber anstelle von schwarz wählte sie gelb, um das, was geheim bleiben sollte, zu betonen. Magids Bericht entwickelte sich zu einem Roman mit dem Titel Becoming Tarden – der jedoch selbst nur nach massiven Schwärzungen durch den AIVD erscheinen konnte. Die Skulptur The Shepherds („Die Hirten") basiert auf der Aussage eines AIVD Mitarbeiters, der die Agent*innen des US-amerikanischen CIA als „Wölfe", die des niederländischen AIVD dagegen als „Hirten" bezeichnet. In der Vetting Box („Überprüfungsbox") lagern alle im Rahmen dieses Projektes entstandenen handschriftlichen Notizen, die die Künstlerin dem AIVD übergeben musste. (K/A)

Jill Magid, *1973 Bridgeport, CT, USA,
lebt und arbeitet in New York, USA.

In 2005, Jill Magid was tasked by the Dutch Intelligence Service (AIVD) with producing a work that would give "a human face" to the AIVD. Over the course of three years, the artist met with eighteen employees of the agency. Because recording devices were prohibited during these meetings, Magid took handwritten notes. These became the basis of a report which blended the individual statements into a collective persona which Magid referred to as "the Organization." "The transformation of an artist into an agent began," as Magid writes. Her model was a literary figure named Tarden from Jerzy Kosinski's novel Cockpit (1975), which she read parallel to her research. The Kosinski Quotes are passages from Cockpit that Magid "redacted" in the way commonly used by intelligence services—but instead of using black to redact she used yellow, to emphasize what is to remain secret. Magid's report developed into a novel with the title Becoming Tarden—which could only, however, be published after significant redaction by Dutch intelligence. The sculpture The Shepherds is based on the statement of an AIVD agent who referred to American CIA agents as "wolves" who referred to the AIVD as "shepherds." In Vetting Box, there are stored all of the handwritten notes that emerged in the framework of the project which the artist had to surrender to the AIVD. (K/A)

Jill Magid, b. 1973 in Bridgeport, CT, USA,
lives and works in New York, USA.

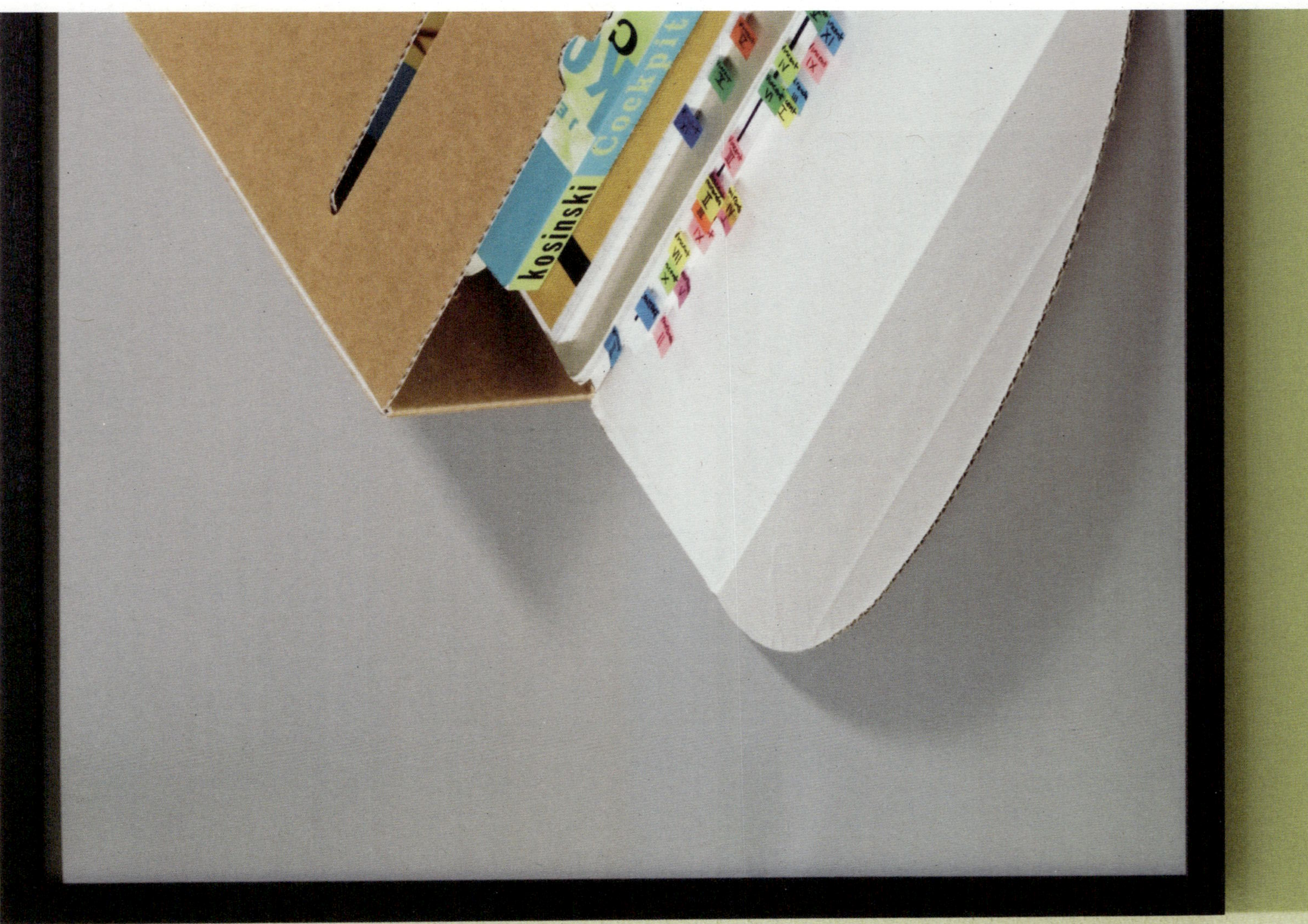

Jill Magid, Vetting Box (2007)

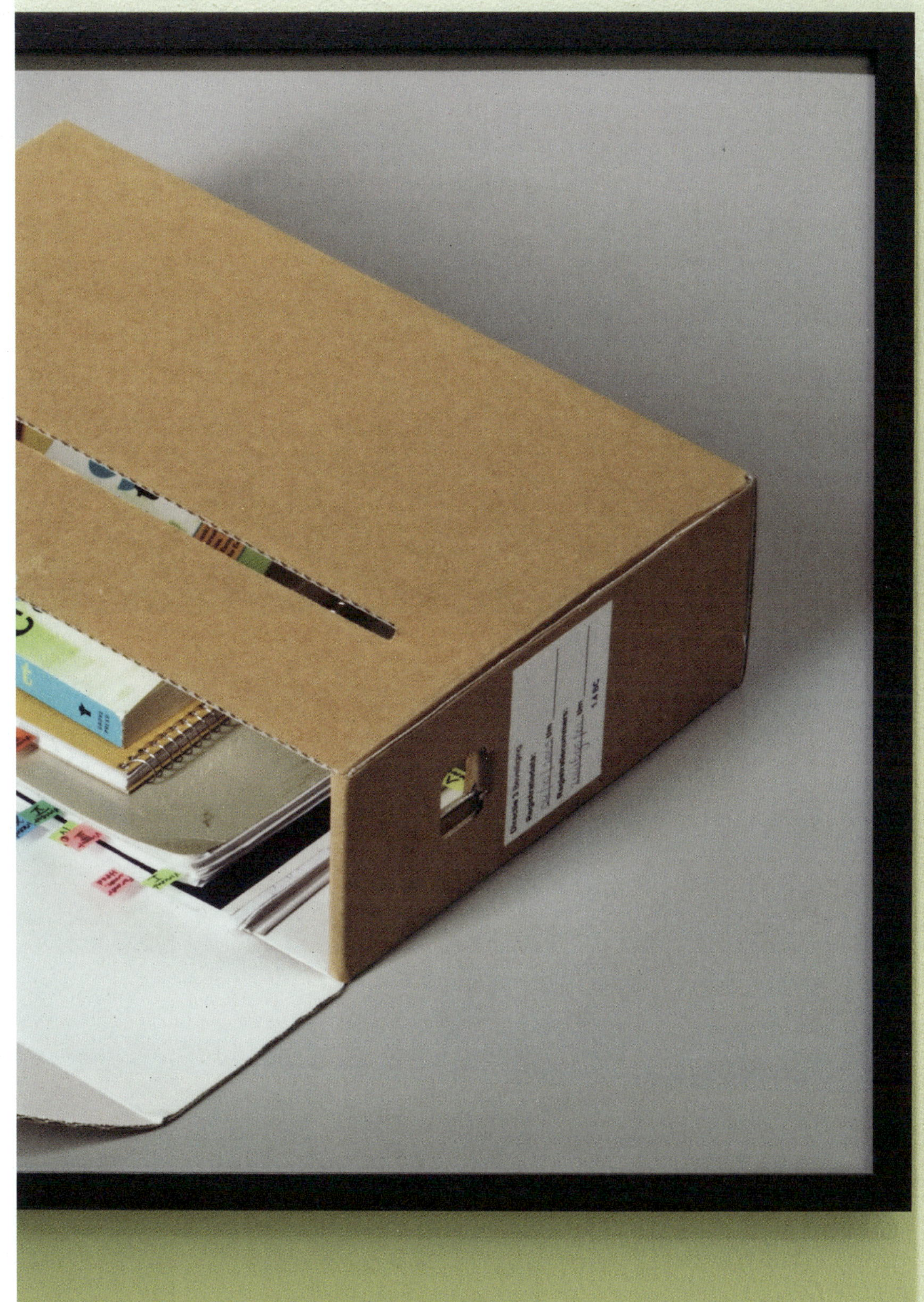

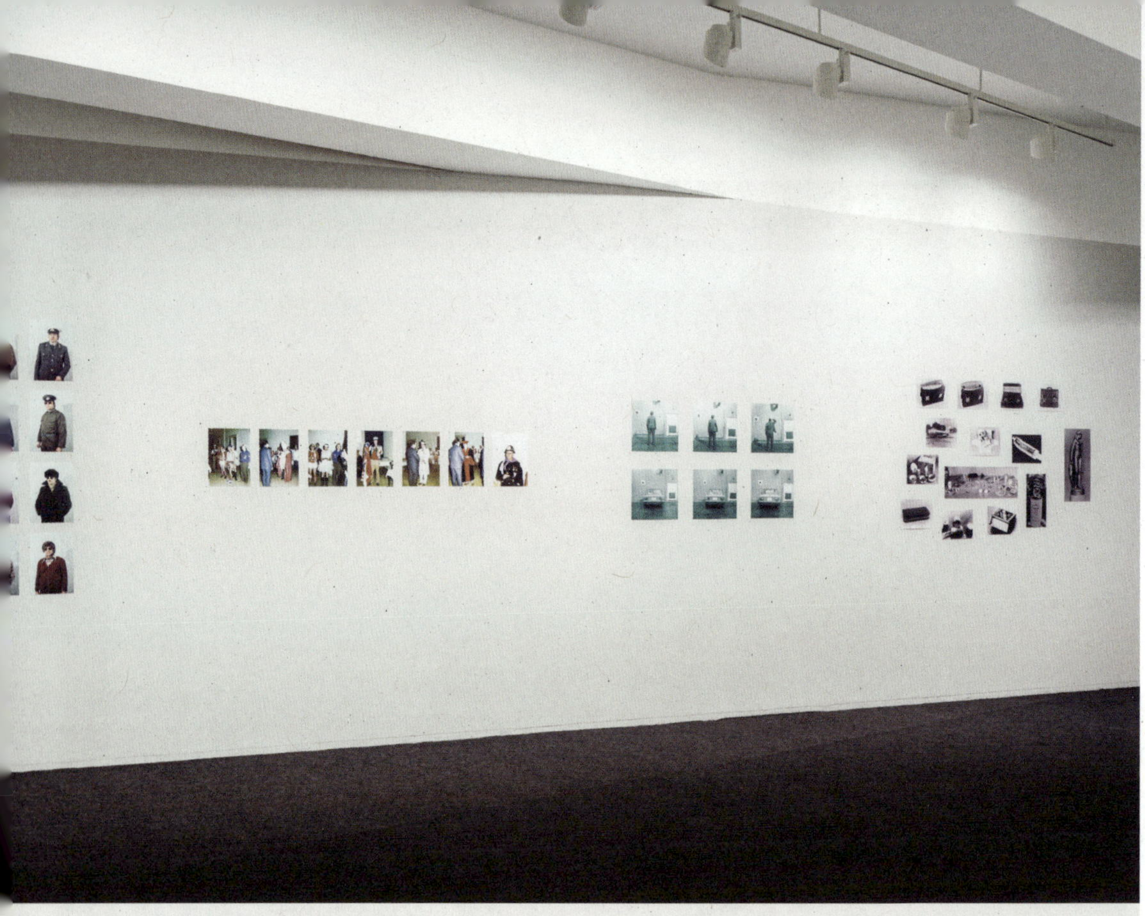

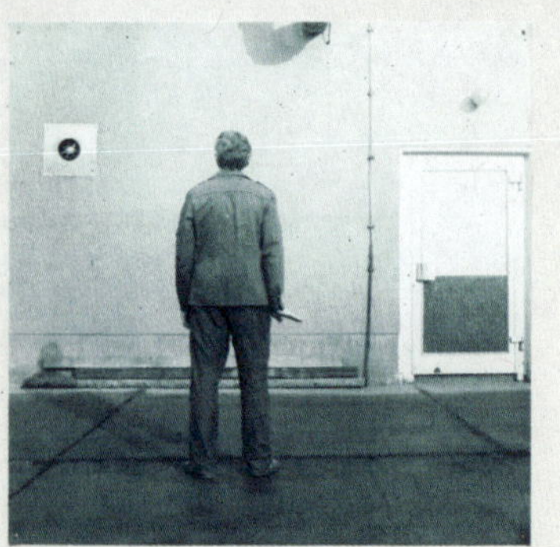

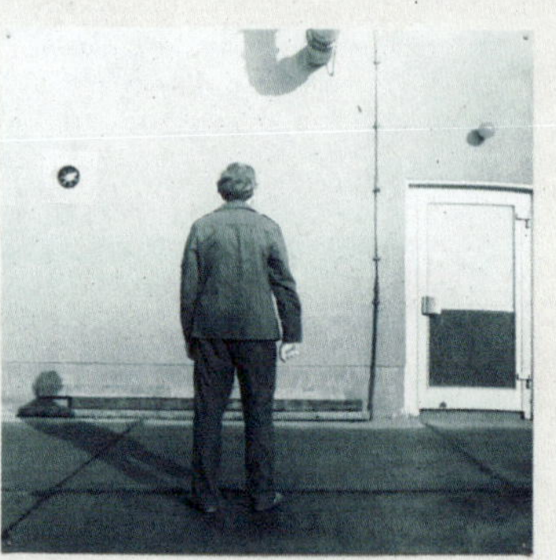

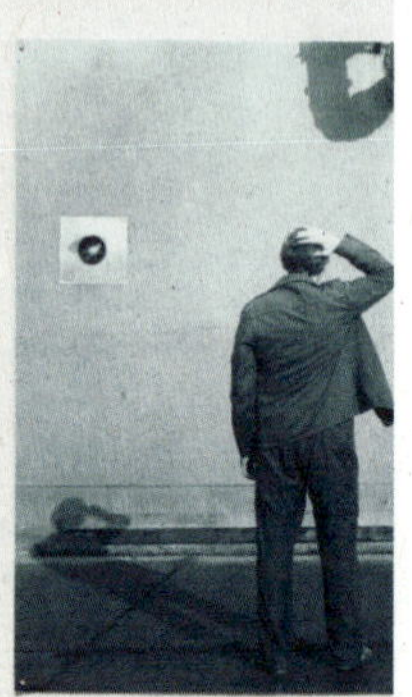

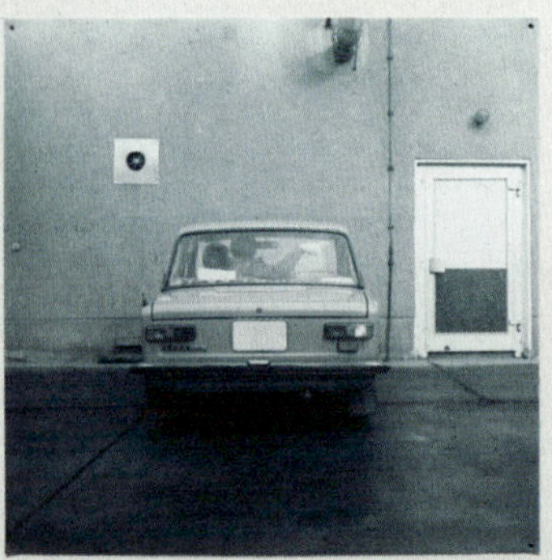

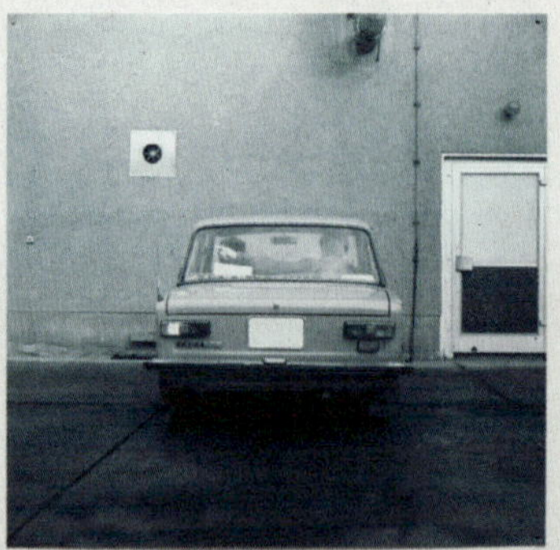

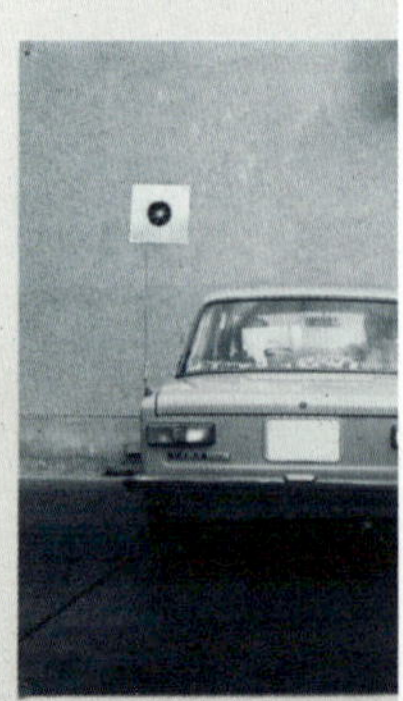

Simon Menner, Aus einem Verkleidungsseminar (2010–2014)
Simon Menner, Geheimsignale übermitteln (2010–2014)
Simon Menner, Kostümparty (2010–2014)
Simon Menner Die 14 unbedeutendsten Bilder aus der Geschichte des BND (2010–2014)

SIMON MENNER

Aus einem Verkleidungsseminar
20 Fotografien, je 20 × 21 cm,
aus der Serie
Bilder aus den Geheimen Stasi-Archiven,
2010–2014

Geheimsignale übermitteln
6 Fotografien, je 30 × 30 cm,
aus der Serie
Bilder aus den Geheimen Stasi-Archiven,
2010–2014
ORIGINALFOTOS: BSTU

Kostümparty
7 Fotografien, je 21 × 30 cm,
aus der Serie
Bilder aus den Geheimen Stasi-Archiven,
2010–2014
ORIGINALFOTOS: BSTU, ABT. INNERES

Die 14 unbedeutendsten Bilder aus der Geschichte des BND
14 Fotografien, 11 × (25 × 19 cm),
1 × (60 × 21 cm), 1 × (23 × 50 cm),
1 × (37 × 17 cm), 2010–2014
FOTOGRAFIEN: BUNDESNACHRICHTENDIENST

COURTESY (ALLE): SIMON MENNER

Simon Menner ist durch seine Arbeit mit Fotomaterial aus Stasi-Archiven bekannt geworden. Für die Ausstellung wurden drei Serien ausgewählt, die aus stasiinternem Schulungsmaterial stammen. Die Fotos in der Serie Aus einem Verkleidungsseminar zeigen, wie man sich als Stasi-Agent*in tarnt: Es kommen Perücken, falsche Nasen und Sonnenbrillen zum Einsatz. In Geheimsignale übermitteln wird gezeigt, wie man geheime Botschaften, z.B. aus fahrenden Autos, übermittelt. Kostümparty zeigt die Geburtstagsparty eines hohen Stasi-Funktionärs. Die Gäste – offizielle Mitarbeiter*innen – haben sich verkleidet wie Vertreter*innen von Gruppen, die von der Stasi observiert wurden: Friedensaktivist*innen, Athlet*innen, Kirchenvertreter*innen. Die letzte Serie Die 14 unbedeutendsten Bilder aus der Geschichte des BND nimmt Bezug auf das eklatante Ungleichgewicht in der Aufarbeitung der Geschichte der Geheimdienste in Ost und West: Während die meisten Geheimdienst-Archive in Osteuropa zugänglich sind – weil die jeweiligen Staaten nicht mehr existieren –, bleiben die meisten Archive im Westen verschlossen. Diese 14 unbedeutenden Bilder sind alles, was der Künstler vom BND erhalten hat. (A)

Simon Menner, *1978 in Emmendingen, Deutschland,
lebt und arbeitet in Berlin, Deutschland.

From a Disguise Seminar
20 photographs, each 20 × 21 cm,
from the series
Images from the Secret Stasi Archives,
2010–2014

How to Give Secret Signals
6 photographs, each 30 × 30 cm,
from the series
Images from the Secret Stasi Archives,
2010–2014
ORIGINAL PHOTOGRAPHS: BSTU

Costume Party
7 photographs, each 21 × 30 cm,
from the series
Images from the Secret Stasi Archives,
2010–2014
ORIGINAL PHOTOGRAPHS: BSTU, ABT. INNERES

The 14 Least Important Images
from the History of the BND
14 photographs, 11 × (25 × 19 cm), 1 × (60 × 21 cm),
1 × (23 × 50 cm), 1 × (37 × 17 cm), 2010–2014
PHOTOGRAPHS: BUNDESNACHRICHTENDIENST

COURTESY (ALL): SIMON MENNER

Simon Menner has achieved recognition for his work with photographic material from the Stasi archives. Three series were selected for the exhibition from Stasi-internal training materials. The photos in the series From a Disguise Seminar show how one disguises oneself as a Stasi agent: using wigs, fake noses, and sunglasses. How to Give Secret Signals shows how secret messages were communicated from, for example, automobiles. Costume Party shows the birthday party of a high-ranking Stasi functionary. The guests—official agents—disguised themselves as representatives of groups which were being observed by the Stasi: peace activists, athletes, church members. The last series The 14 Least Important Images from the History of the Bundesnachrichtendienst makes reference to the blatant imbalance between the East and the West in the reappraisal of history: while most secret service archives in Eastern Europe are now accessible—because the respective states no longer exist—most of the archives in the West remain sealed. These fourteen least important images are all that the artists received from the German Intelligence Service. (A)

Simon Menner, b. 1978 in Emmendingen, Germany,
lives and works in Berlin, Germany.

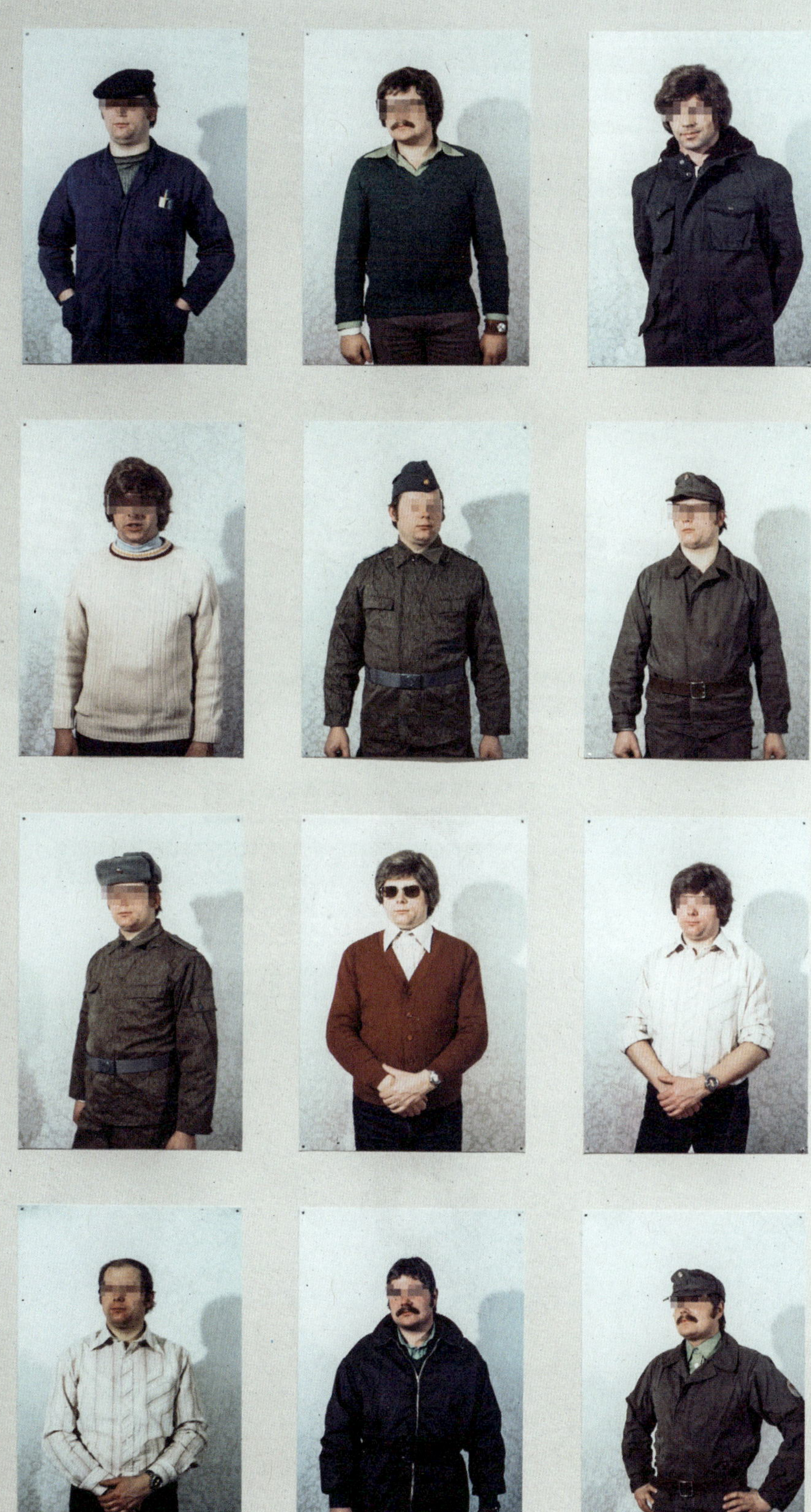

Simon Menner, Aus einem Verkleidungsseminar (2010–2014)

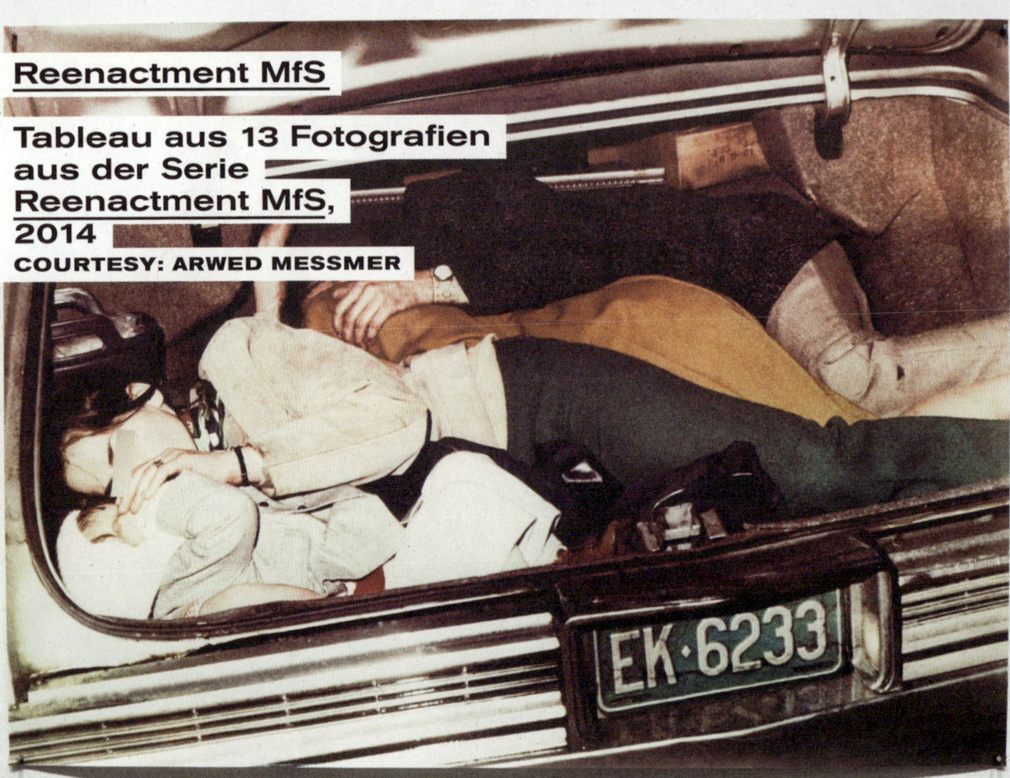

Reenactment MfS

Tableau aus 13 Fotografien aus der Serie Reenactment MfS, 2014
COURTESY: ARWED MESSMER

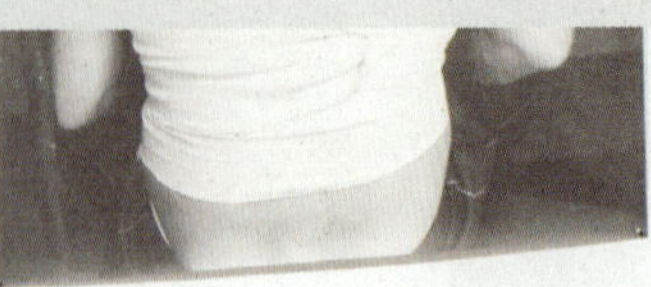

Reenactment MfS

Tableau of 13 photographs from the series Reenactment MfS, 2014
COURTESY: ARWED MESSMER

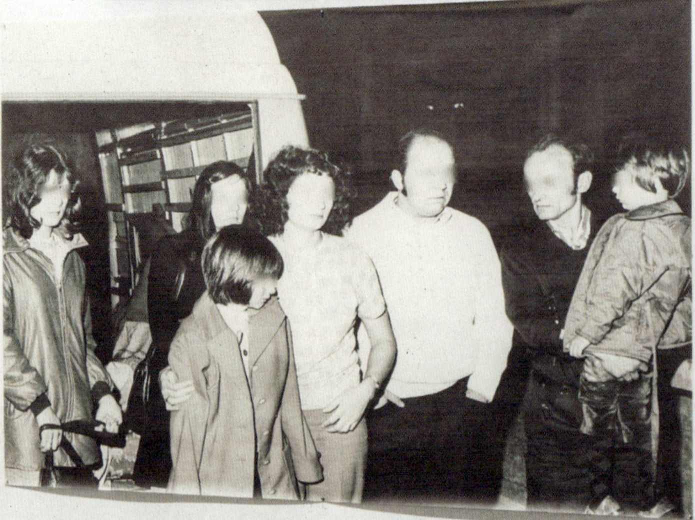

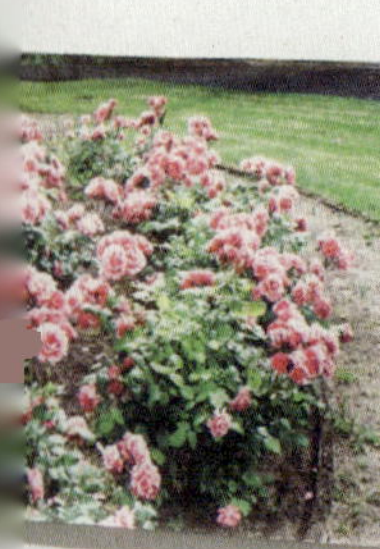

ARWED MESSMER

„Reenactment" ist ein unscharfer Begriff: Er bezeichnet im Allgemeinen die Nachinszenierung historischer Ereignisse mit dem Ziel, authentische Erfahrungen darüber zu gewinnen, wie es gewesen ist oder zumindest gewesen sein könnte. Im Rahmen einer Recherche über den Verlauf der Berliner Mauer stieß Arwed Messmer auf Fotos und Asservate des Ministeriums für Staatssicherheit (MfS), die den Akten über Fluchtversuche und Erschießungen Flüchtiger beigelegt waren. Die Grenzbehörden übergaben diese „Vorgänge" dem MfS zur Ermittlung und Auswertung und damit zur Vertuschung gegenüber Angehörigen und der Öffentlichkeit. Wir wissen beim Anschauen der Fotos nicht sofort, was Realität, was nachgestellt ist. Die Stasi zwang aufgegriffene Flüchtige, in ihre von Schleuser*innen präparierten Autos zurück zu kriechen, wo sie dann fotografiert wurden. Das Stasi-Reenactment war so Mittel der „Zersetzung". Messmers Reenactment besteht im Wieder-Holen der bürokratisch gespeicherten Zeugnisse; er eignet sich die Stasi-Reenactments als Readymades an. Das gepresste vierblättrige Kleeblatt fand der Künstler im Ausweis eines Erschossenen. Die „Revisited Places" wiederum sind Fotos des heutigen Zustands von Orten, die in den Akten auftauchen. (A)

Arwed Messmer, *1964 in Schopfheim, Deutschland,
lebt und arbeitet in Berlin, Deutschland.

"Reenactment" is an imprecise term: it refers in general to the retrospective staging of historical events with the goal of gaining authentic experiences of the events, how it was or at least could have been. In the context of his research about the development of the Berlin Wall, Arwed Messmer stumbled across photographs and exhibits of the Ministry for State Security (MfS) which were attached to the files about escape attempts and shootings of persons attempting to escape. The border authorities have these "case files" to the MfS for investigation and evaluation and also concealing from family members and the public. Looking at the photographs, we do not immediately know what is reality and what is staged. The Stasi forced captured escapees to crawl back into their smuggler-prepared vehicles, where they were then photographed. This Stasi reenactment was in this way a means of "disruption." Messmer's reenactment consists of repeating the bureaucratically-preserved testimony; he appropriates the Stasi reenactments as ready-mades. The pressed four-leaf clover was found by the artist in the identification papers of one of the persons shot. The "revisited places" are in turn photos of the present-day condition of places that appear in the files. (A)

Arwed Messmer, *1964 in Schopfheim, Deutschland,
lives and works in Berlin, Deutschland.

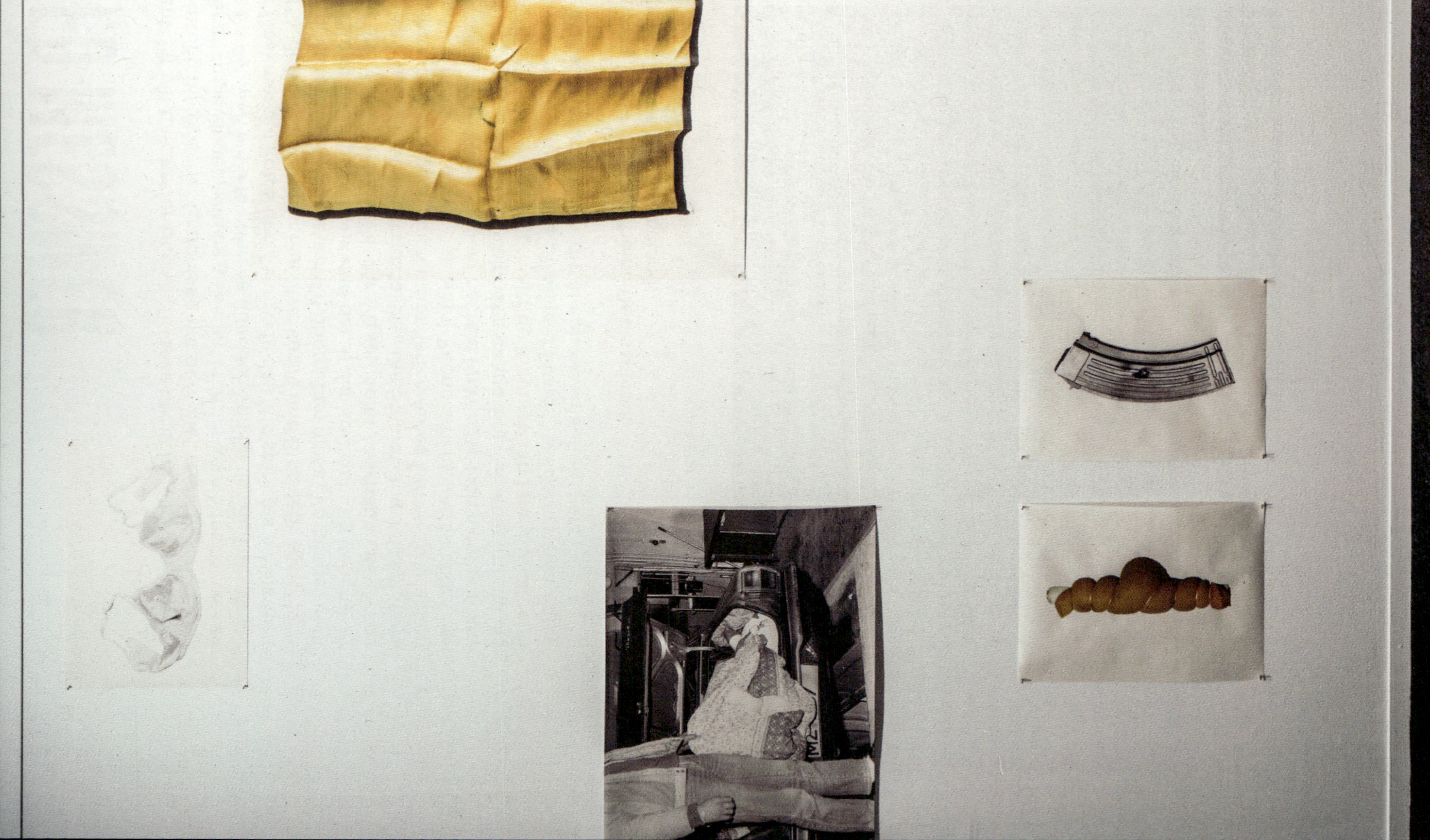

Arwed Messmer, Reenactment MfS (2014) © VG Bild-Kunst, Bonn 2019

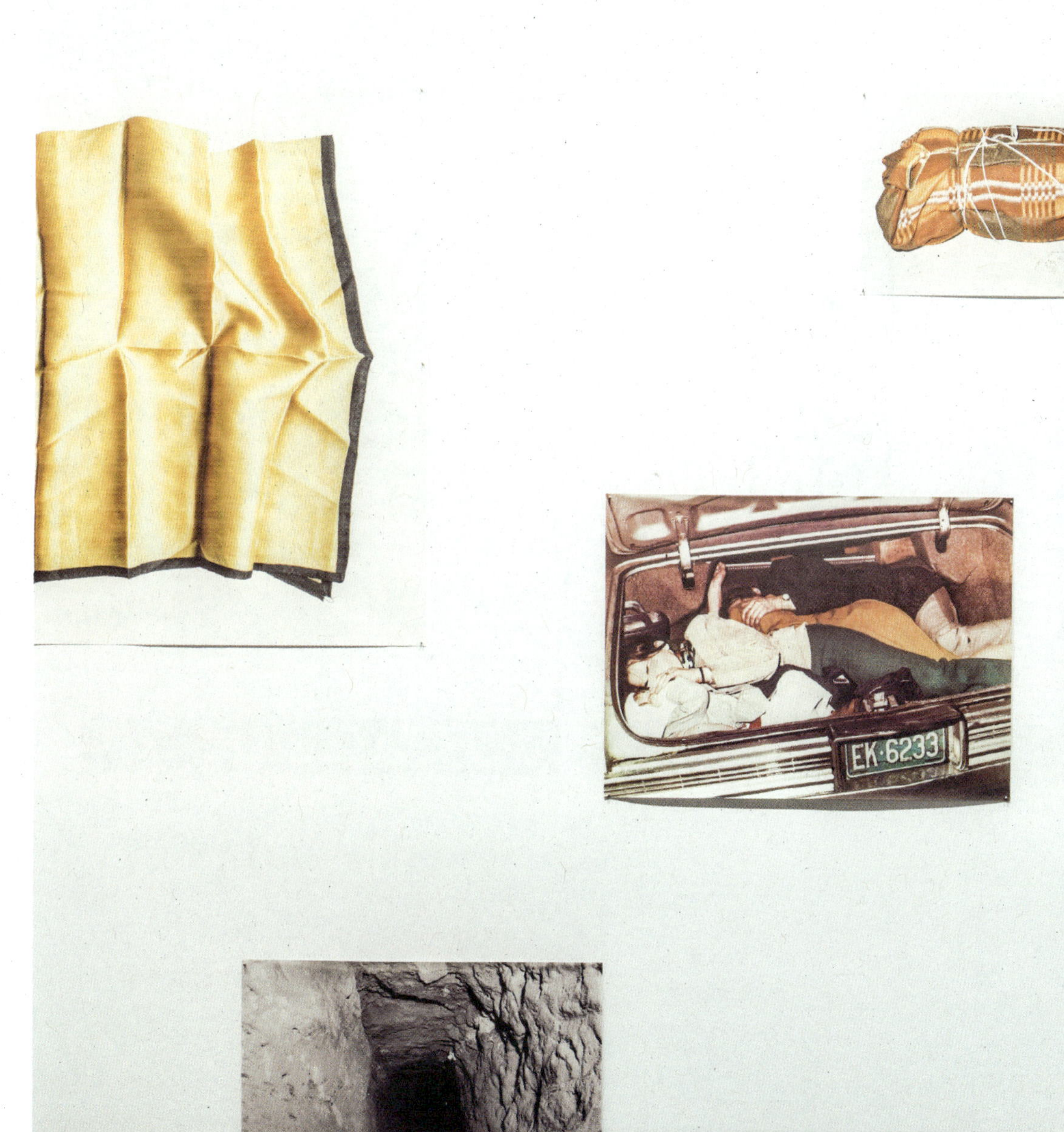
EK·6233

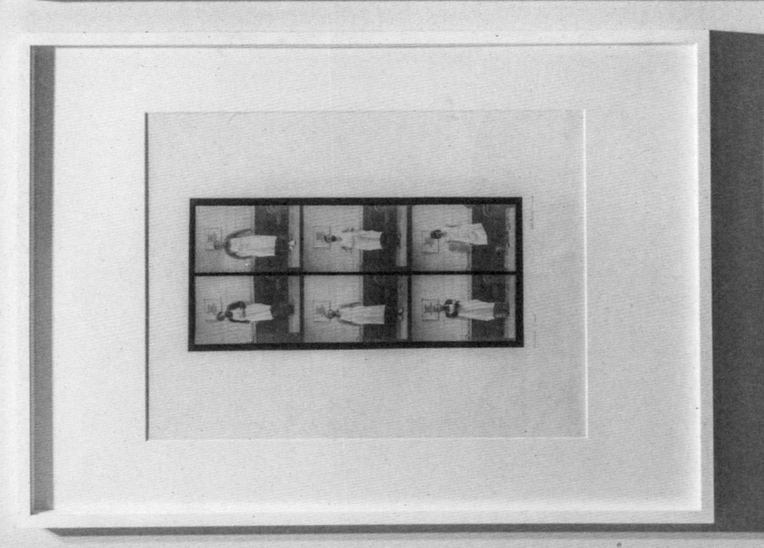

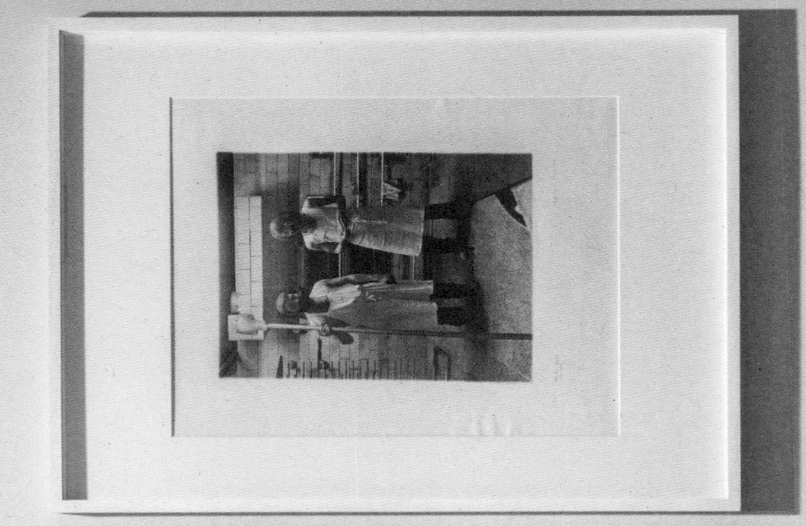

Clara Mosch, Mehl-Art 80, Der Spruch (1980)
Clara Mosch, Mehl-Art 80, Steinbrote (1980)

CLARA MOSCH

Mehl-Art 80

Der Spruch
6.10.1980, s/w Fotografie auf Leinwand, 66×50 cm

Die Steinbrote
6.10.1980, s/w Fotografie auf Leinwand, 68×51,5 cm

Gruppenbild
6.10.1980, s/w Fotografie auf Barytpapier, 22×30 cm

Fotograf (alle): Ralf-Rainer Wasse,
Repro (alle): Hans-Georg Gaul
COURTESY: GALERIE BARTHEL+TETZNER, BERLIN

Im Oktober 1980 fand in Glauchau das Happening Mehl-Art 80 der Künstler*innengruppe Clara Mosch (1977–1982) statt, zu dem auch der Berliner Galerist (Galerie Arkade) und Kunstwissenschaftler Klaus Werner angereist kam. Die Gruppe wurde am 30. Mai 1977 von den Künstler*innen Michael Morgner, Thomas Ranft, Carlfriedrich Claus, Gregor-Torsten Schade und Dagmar Ranft-Schinke gegründet. Die Idee für den Namen stammt von Thomas Ranft und wurde aus den Anfangsbuchstaben der Nachnamen gebildet: CLA = Claus, RA = Ranft, MO = Morgner, SCH = Schade. Die Künstler*innen trafen sich zum Mehl-Art-Happening einen ganzen Tag lang. Sie buken in zwei verschiedenen Bäckereien, zwischen denen sie mit Autos hin- und herpendelten, Kunst, u.a. Mail-Art. Sie wussten, dass sie von der Stasi beobachtet werden, und die Stasi wusste, wie aus den Akten hervorgeht, dass sie es wussten. (S)

Carlfriedrich Claus, *1930 in Annaberg, DDR,
† 1998 in Chemnitz, Deutschland.

Thomas Ranft, *1945 in Königssee, DDR,
lebt und arbeitet bei Chemnitz, Deutschland.

Dagmar Ranft-Schinke, *1944 in Chemnitz,
DDR, lebt und arbeitet in Chemnitz, Deutschland.

Michael Morgner, *1942 in Chemnitz, DDR,
lebt und arbeitet bei Chemnitz, Deutschland.

Gregor-Torsten Schade, *1948 in Hildburghausen, DDR,
lebt und arbeitet in Chemnitz, Deutschland.

Mehl-Art 80

Slogan
6.10.1980, b/w photograph on canvas,
66 × 50 cm

Stone Breads
6.10.1980, b/w photograph on canvas,
68 × 51,5 cm

Group Portrait
6.10.1980, b/w photograph on barium paper,
22 × 30 cm

photographer (all): Ralf-Rainer Wasse, reproduction (all): Hans-Georg Gaul
COURTESY: GALERIE BARTHEL+TETZNER, BERLIN

In October of 1980, the happening Flour Art 80 (Mehl Art 80) of the artist group Clara Mosch (1977–1982) took place in Glauchau, which the Berliner gallerist (Galerie Arkade) and art historian Klaus Werner traveled to take part in. The group was founded on May 30, 1977 by artists Michael Morgner, Thomas Ranft, Carlfriedrich Claus, Gregor-Torsten Schade, and Dagmar Ranft-Schinke. The idea for the name came from Thomas Ranft and was formed from the starting letters of their last names: CLA = Claus, RA = Ranft, MO = Morgner, SCH = Schade. The artists met for a flour art happening for an entire day. In two different bakeries which they drove between in cars, they baked art, including mail art (a play on words; the German word for "flour" is "Mehl," pronounced like the English mail). They knew that they were being watched by the Stasi, and the Stasi knew, as we read in the files, that the artists knew. (S)

Carlfriedrich Claus, b. 1930 in Annaberg, GDR,
† 1998 in Chemnitz, Germany.

Thomas Ranft, b. 1945 in Königssee, GDR,
lives and works in Chemnitz, Germany.

Dagmar Ranft-Schinke, b. 1944 Chemnitz, GDR,
lives and works in Chemnitz, Germany.

Michael Morgner, b. 1942 in Chemnitz, GDR,
lives and works in Chemnitz, Germany.

Gregor-Torsten Schade, b. 1948 in Hildburghausen, GDR,
lives and works in Chemnitz, Germany.

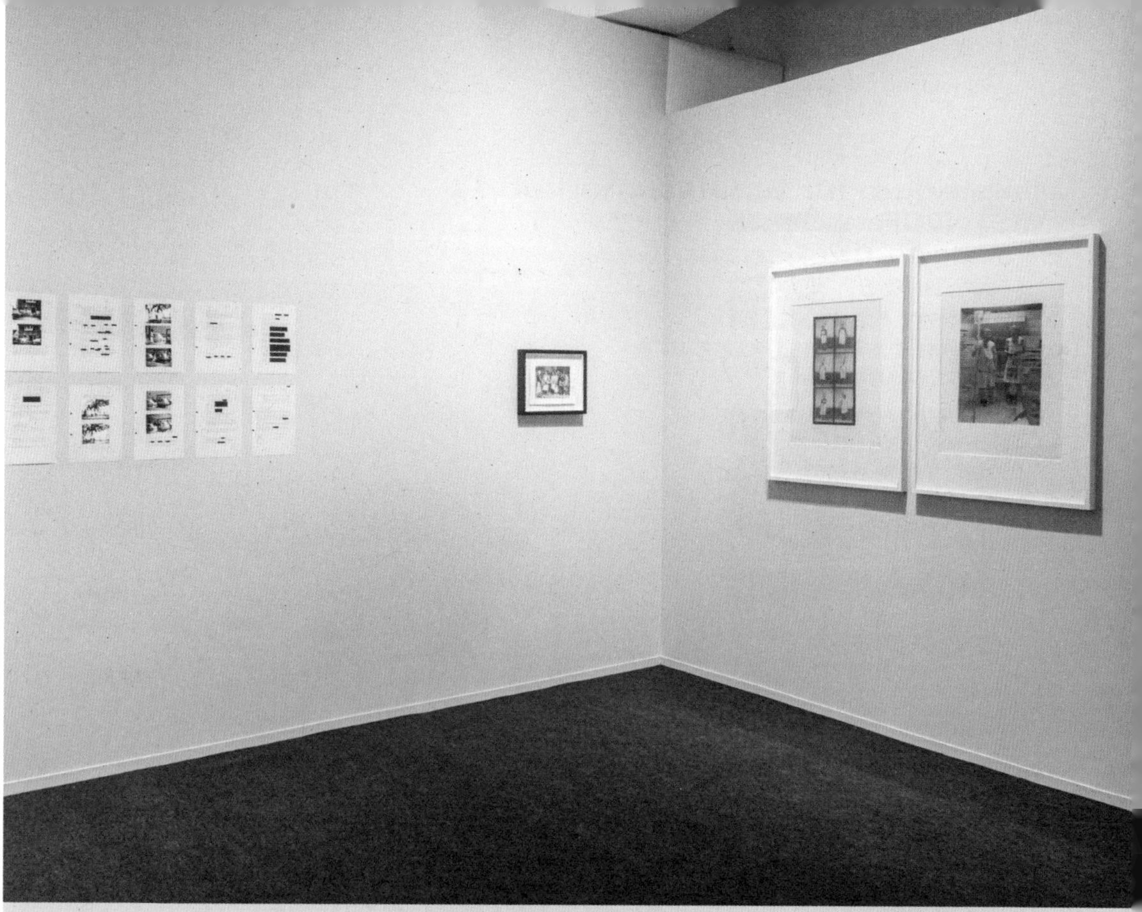

Clara Mosch, Mehl-Art 80, Der Spruch (1980)
Clara Mosch, Mehl-Art 80, Steinbrote (1980)

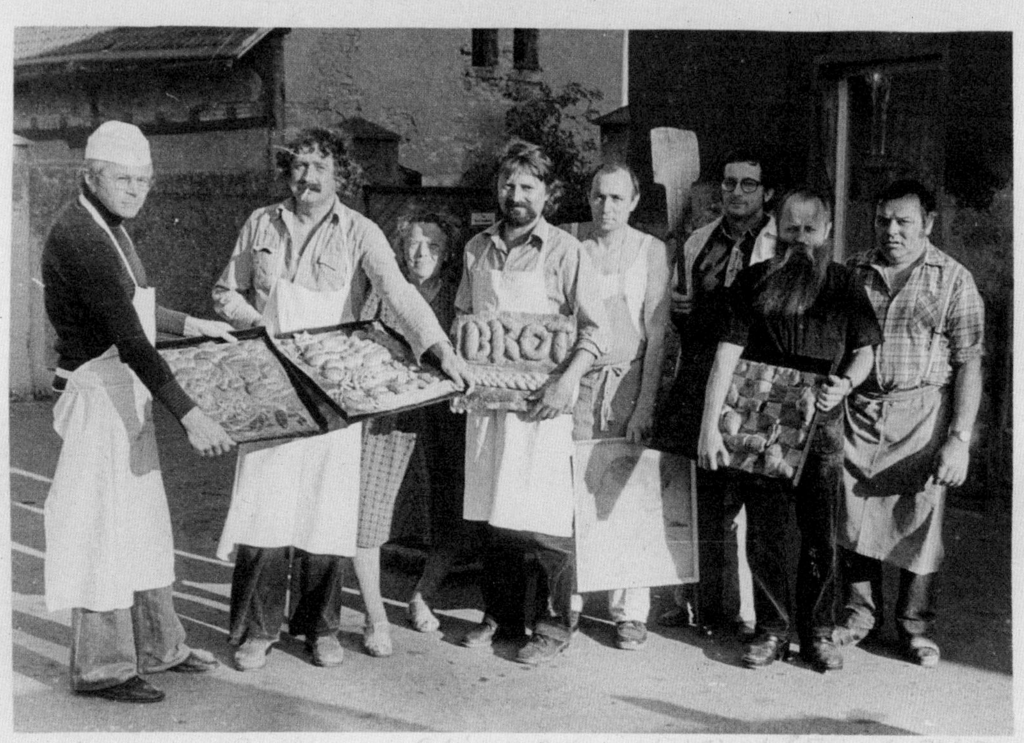

Clara Mosch, Mehl-Art 80, Gruppenbild (1980)

Ministerium für Staatssicherheit (MfS), DDR: ████ Beobachtungsbericht

17 Seiten

QUELLE: MFS BV KMST XIV 73/75, BD. 5, OV „MADE“

000110

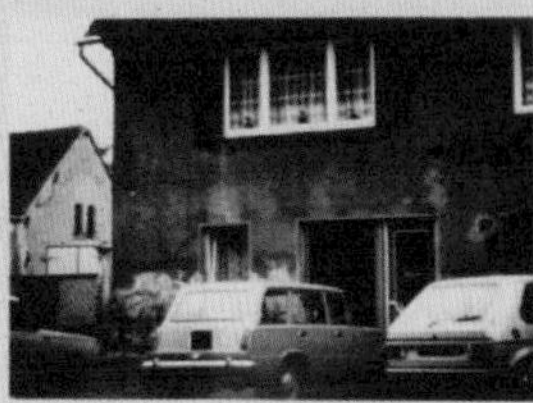

Bild 12

und betraten über den Hintereingang die Bäckerei.

16.20 Uhr verließen die fünf Personen die vorgenannte Bäckerei, nahmen in dem PKW platz und fuhren durch das Stadtzentrum von Glauchau zur Fischergasse, wo sie die Fahrzeuge abparkten und über den Hintereingang die

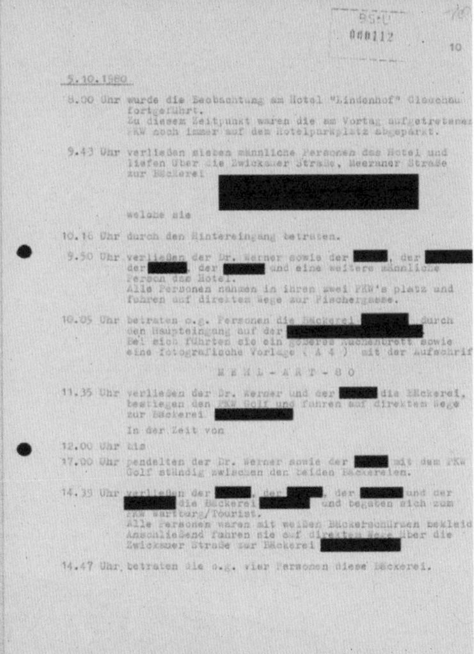

BStU
000112

10

5.10.1980

8.00 Uhr wurde die Beobachtung am Hotel "Lindenhof" Glauchau fortgeführt.
Zu diesem Zeitpunkt waren die am Vortag aufgetretenen PKW noch immer auf dem Hotelparkplatz abgeparkt.

9.43 Uhr verließen sieben männliche Personen das Hotel und liefen über die Zwickauer Straße, Meeraner Straße zur Bäckerei ████

welche sie

10.16 Uhr durch den Hintereingang betraten.

9.50 Uhr verließen der Dr. Werner sowie der ████, der ████, der ████, der ████ und eine weitere männliche Person das Hotel.
Alle Personen nahmen in ihren zwei PKW's platz und fuhren auf direktem Wege zur Fischergasse.

10.05 Uhr betraten o.g. Personen die Bäckerei ████ durch den Haupteingang auf der ████.
Bei sich führten sie ein größeres Kuchenbrett sowie eine fotografische Vorlage (A 4) mit der Aufschrif

M E H L - A R T - 8 0

11.35 Uhr verließen der Dr. Werner und der ████ die Bäckerei, bestiegen den PKW Golf und fuhren auf direktem Wege zur Bäckerei ████

In der Zeit von

12.00 Uhr bis

17.00 Uhr pendelten der Dr. Werner sowie der ████ mit dem PKW Golf ständig zwischen den beiden Bäckereien.

14.35 Uhr verließen der ████, der ████, der ████ und der ████ die Bäckerei ████ und begaben sich zum PKW Wartburg/Tourist.
Alle Personen waren mit weißen Bäckerschürzen bekleid
Anschließend fuhren sie auf direktem Wege über die Zwickauer Straße zur Bäckerei ████

14.47 Uhr betraten die o.g. vier Personen diese Bäckerei.

Ministerium für Staatssicherheit (MfS), GDR: ████ Surveillance Report

17 pages

SOURCE: MFS BV KMST XIV 73/75, VOL. 5, OV “MADE” (“GRUB”)

BStU
000111

Bäckerei

geb.am,in,
wohnhaft: ████

betraten.

19.05 Uhr kamen die genannten Personen zur Fischergasse zurück, bestiegen ihre PKW und fuhren zum Hotel.

Bei einer Kontrolle gegen

19.30 Uhr auf dem Parkplatz des Hotels, konnte am PKW Wartburg/Tourist ein Einladungsplakat ca. 25x35 cm, welches an der hinteren Fensterseite angebracht war, festgestellt werden.
Es hatte folgenden Wortlaut:

Fleimair - Out

Einladung
zum private EAT - ART
BUN FESTIVAL

M E H L - A R T - 8 0

Zwei Bäckereien stehen
zur Verfügung Kosten
tragen die Teilnehmer
Anreise 4.10. mittags

Management

Lindenhotel

Stuberurl & Werner

Erbitten Rückantwort

Edition Arkade

Glauchau
4.10. - 7.10.

19.35 Uhr konnten alle bekannten Personen im Hotelinneren gesehen werden.
Eine weitere Beobachtung im Hotel wurde nicht geführt.
Um bis

22.00 Uhr keiner dieser Personen das Hotel verließ, wurde die Beobachtung unterbrochen.

BStU
000113

11

…rei wieder, nahmen im PKW
…el "Lindenhof", welches sie
…

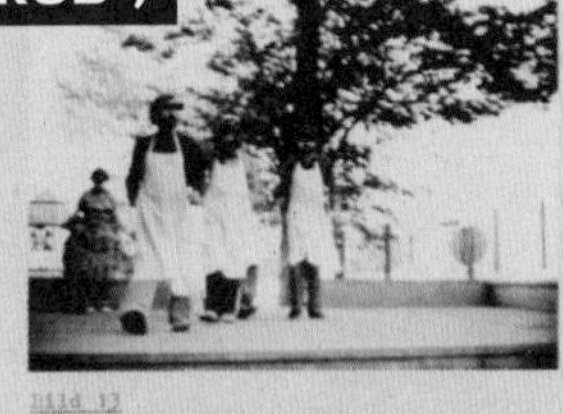

Bild 13

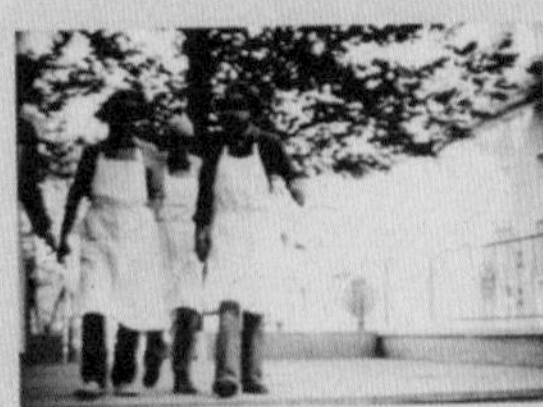

Bild 14

Der Beobachtungsbericht über das Happening Mehl-Art 80 findet sich im OV „Made“, der über Thomas Ranft angelegt worden ist. Aus dem geradezu forensischen Aktionsprotokoll der Stasi und den angefertigten Beobachtungsfotos erfahren wir nicht nur etwas über die Aktion, sondern vor allem etwas über den Akt der Bespitzelung: Die Beobachter waren zwei Tage lang anwesend und beobachteten die Künstler*innen permanent, nicht nur auf der Straße, sondern auch im Restaurant und an der Hotelbar. Sie berichteten detailliert mit Zeitangaben und machten Fotos vom Happening. Bei einem ihrer „Kontrollgänge“ belauschten sie die Künstler*innen auch im Hotel-Foyer: „… so haben wir nackt, mit nur einer Schürze bekleidet, gebacken“, hört einer der Informanten einen Künstler sagen. Im abschließenden Bericht musste die Stasi sich eingestehen, dass sie keine „operativen Hinweise“ auf „Staatsfeindliche Verbindungen“ (§ 106) oder „Staatsfeindliche Hetze“ (§ 106) entdecken konnte. (S)

Glossar
—> Beobachter
—> Beobachtung, operative
—> Desinformation
—> feindlich-negativ
—> Operativer Vorgang (OV)

This surveillance report about the happening Flour Art 80 (Mehl Art 80) is found in the case file for Operation “Grub” which was compiled about Thomas Ranft. We learn from the almost forensically-detailed Stasi action records and the surveillance photos not just something about the action itself but especially something about the act of spying: the observers were present for two whole days and were continuously observing the artists not only outside on the street but also in the restaurant and at the hotel bar. They provided detailed reports with time signatures and took photos of the happening. During one of their “monitoring rounds” they also eavesdropped on the artists in the hotel foyer: “… and we were baking naked, wearing only an apron,” on of the informants heard an artist say. In the final report, the Stasi had to admit that they were unable to discover any “operative indications” of “state-hostile connections” (§ 106) or “state-hostile agitation.” (S)

Glossary
—> Observer
—> Observation, operative
—> Disinformation
—> hostile-negative
—> Operation (OV)

7079

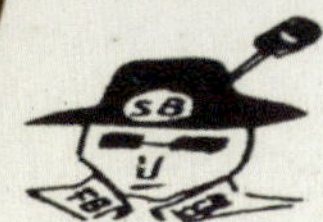

DZIEŃ TAJNIAKA

Wielki dzień, niezapomniane wrażenia nie przegap unikalnej okazji

1 Marzec godz.16^{00}

ŚWIDNICKA

Jeżeli chcesz zobaczyć pracę Wojewódzkiego Urzędu Spraw Wewnętrznych, nic innego jak pojaw się na ul. Świdnickiej o godz.16^{00}, 1 marca /wtorek/ w pobliżu Baru Barbara. Tego dnia odbędzie się uroczystość z okazji Międzynarodowego Dnia Tajniaka. Inicjatorem tego święta jest nasz Wrocławski Wojewódzki Urząd Spraw Wewnętrznych. Pracownicy tej wykwintnej firmy należą do światowej śmietanki. Oni to występując w roli gospodarzy zaprosili inne zasłużone firmy: FBJ, Scotland Yard, KGB i inne. Ubierz się stosownie w czarne okulary, kapelusz, płaszcz prochowiec lub skórę bądź pelerynę. Weź sprzęt do podsłuchu, trąbkę, lejek lub mikrofon. Wskazane są mikrofony zamontowane w parasolkach lub laseczkach. Wielbiciele Scotland Yardu proszeni są o przybycie z tytoniowymi fajkami. Psy są niesamowitym atutem. Na ulicy odbędzie się też wystawa akcesoriów służb porządkowych. Zachowuj się swobodnie, legitymuj przechodni. Poruszaj też klapę płaszcza na której będzie widniał twój służbowy znaczek. Jeżeli zostaniesz zaproszony do wozu – wchodź!, jest to twoje naturalne miejsce. Wybrańcy z grona solenizantów zostaną zaproszeni na akademię. Nie ignoruj tej wielkiej szansy. Szczęście się uśmiecha. Wyjdź mu naprzeciw.

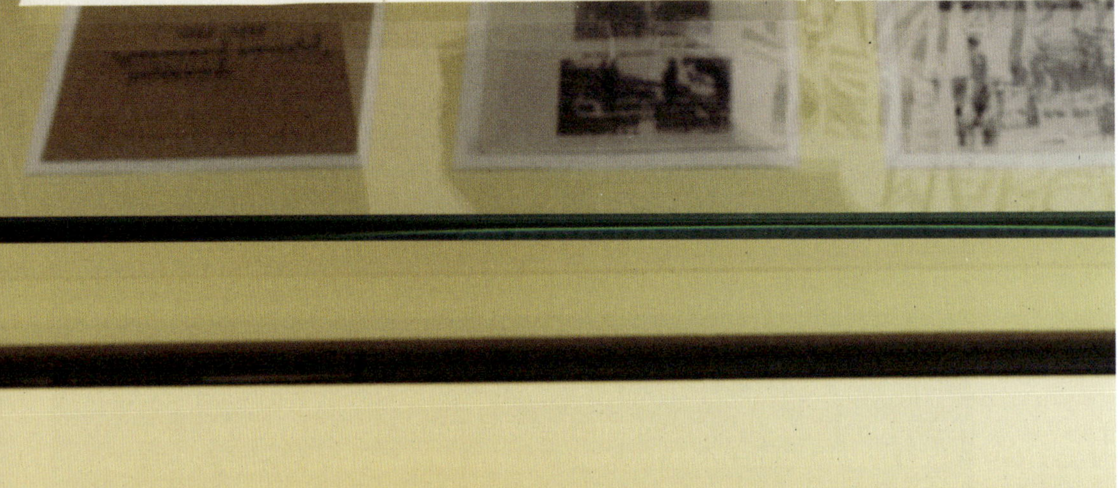

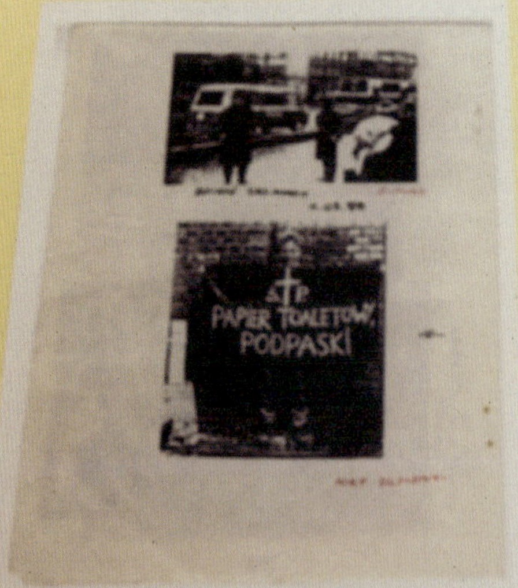

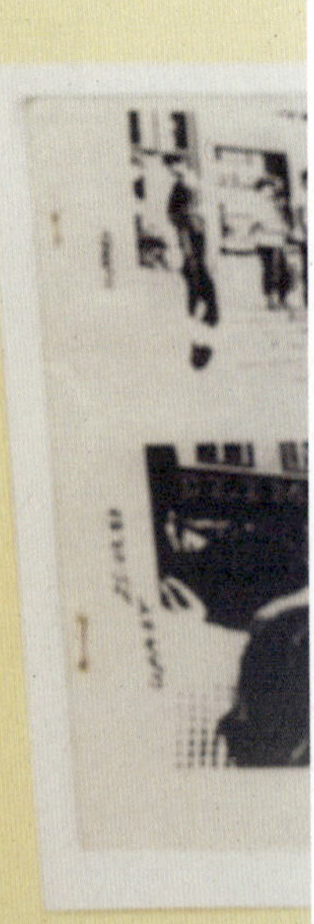

Orange Alternative, Tag des Geheimdienstlers (Dzień Tajniaka) (1988)

ORANGE ALTERNATIVE

Tag des Geheimdienstlers (Dzień Tajniaka)

1 Poster, 1 Flugblatt, 1 Fotografie (SB), 1988
COURTESY: WALDEMAR FYDRYCH, IPN WR 142/10, 4Z18

Am 1. März 1988 veranstaltete die Orange Alternative in Wrocław den Tag des Geheimdienstlers („Dzień Tajniaka"). Die Künstler*innengruppe kaperte damit nicht nur einen sozialistischen Feiertag, sondern tat zugleich so, als habe die Staatssicherheit selbst dieses Happening organisiert. Angesichts der Happening-Prävention, um die sich die polnische Staatssicherheit zu dieser Zeit intensiv bemühte, war dieses Happening auch ein ironischer Kommentar zur Effektivität der geheimpolizeilichen Arbeit. Für das Happening selbst schrieben die Mitglieder der Orangen Alternative ein Flugblatt und einen Verhaltenskodex für potenzielle Spitzel: „Tragen Sie eine schwarze Sonnenbrille, einen Hut, einen Trenchcoat oder einem Ledermantel. Nehmen Sie ein Abhörgerät mit: ein Mikrofon, einen Trichter oder eine Trompete. Empfohlen werden insbesondere Mikrofone, die in Regenschirmen oder Rohrstöcken installiert sind." Von diesem Happening ist heute auch die Aufnahme der Staatssicherheit erhalten sowie ein Bericht von Oberstleutnant Zielinski, in dem er sich erinnert: „Sie riefen: ‚Lang lebe die Polizei. Widersetz dich nicht, lass dich abholen – die Milizionäre laden uns ein'". (S)

Die Orange Alternative (poln.: Pomarańczowa Alternatywa) ging aus der studentischen Bewegung für eine neue Kultur (Ruch Nowej Kultury) hervor, die 1980 an der Universität in Wrocław, Polen, entstand.

Secret Agent's Day (Dzień Tajniaka)

1 poster, 1 flyer, 1 photograph (SB), 1988
COURTESY: WALDEMAR FYDRYCH, IPN WR 142/10, 4Z18

On March 1, 1988, Orange Alternative organized the Secret Agent's Day (Dzień Tajniaka). The artist group thus not only captured a socialist holiday, they simultaneously acted as if state security itself had organized this happening. In view of the "happening prevention" which Polish state security was intensely engaged in at this time, this happening was also an ironic commentary on the effectiveness of secret police work. The members of Orange Alternative wrote a flyer for the happening itself and a code of behavior for potential spies: "Wear black sunglasses, a hat, a trench coat, or a leather cape. Bring a listening device along: a microphone, a funnel, or a trumpet. Especially recommended are microphones installed in umbrellas or canes." We are also in possession today of the record of state security as well as a report by Captain Zielinski for state security, where he recalls: "They called out: 'Long live the secret police, don't resist, the secret police invite you'." (S)

The Orange Alternative (pol.: Pomarańczowa Alternatywa) originated as a part of the student movement called the Movement for New Culture created in 1980 at the University of Wrocław, Poland.

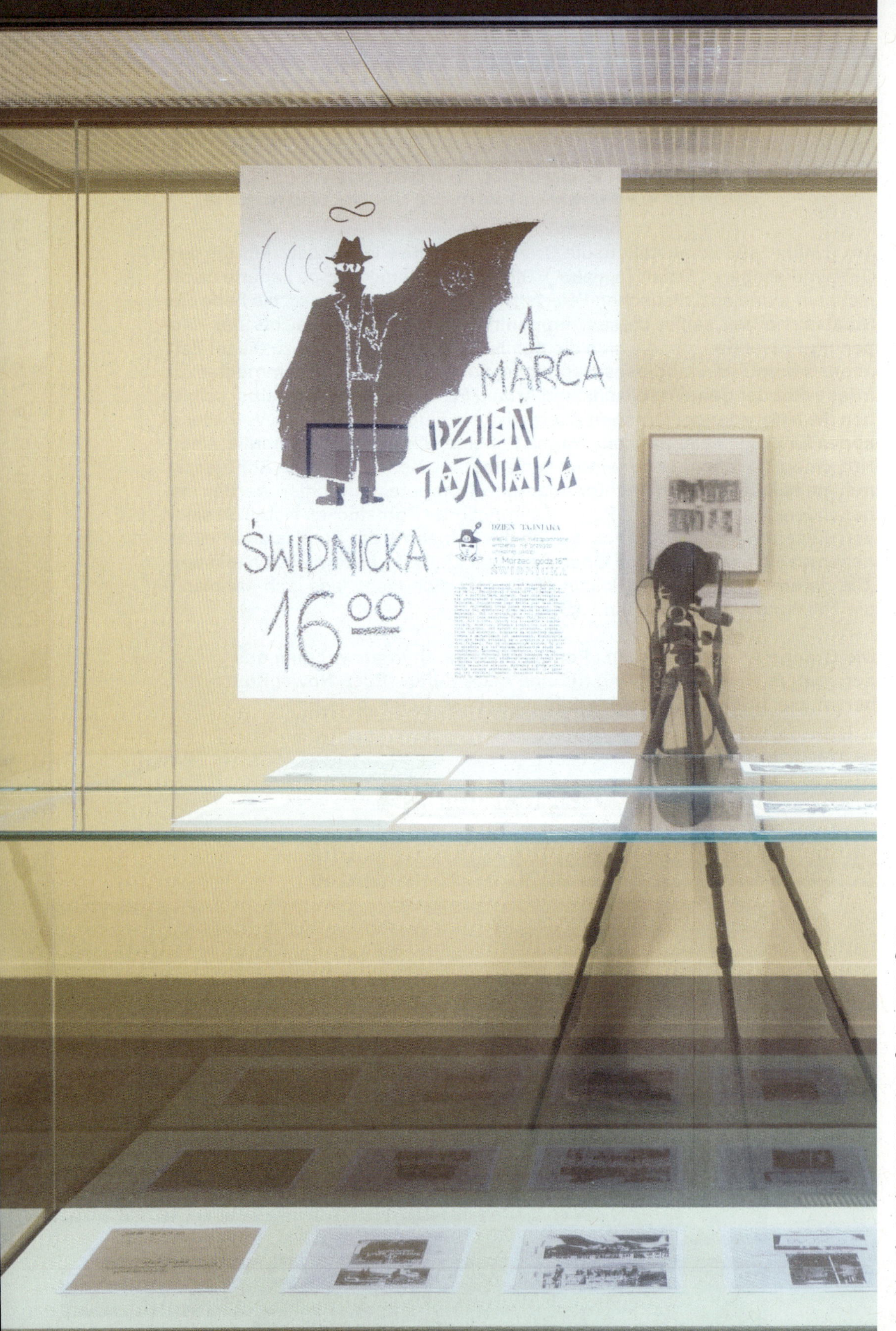

Orange Alternative, Tag des Geheimdienstlers (Dzień Tajniaka) (1988)

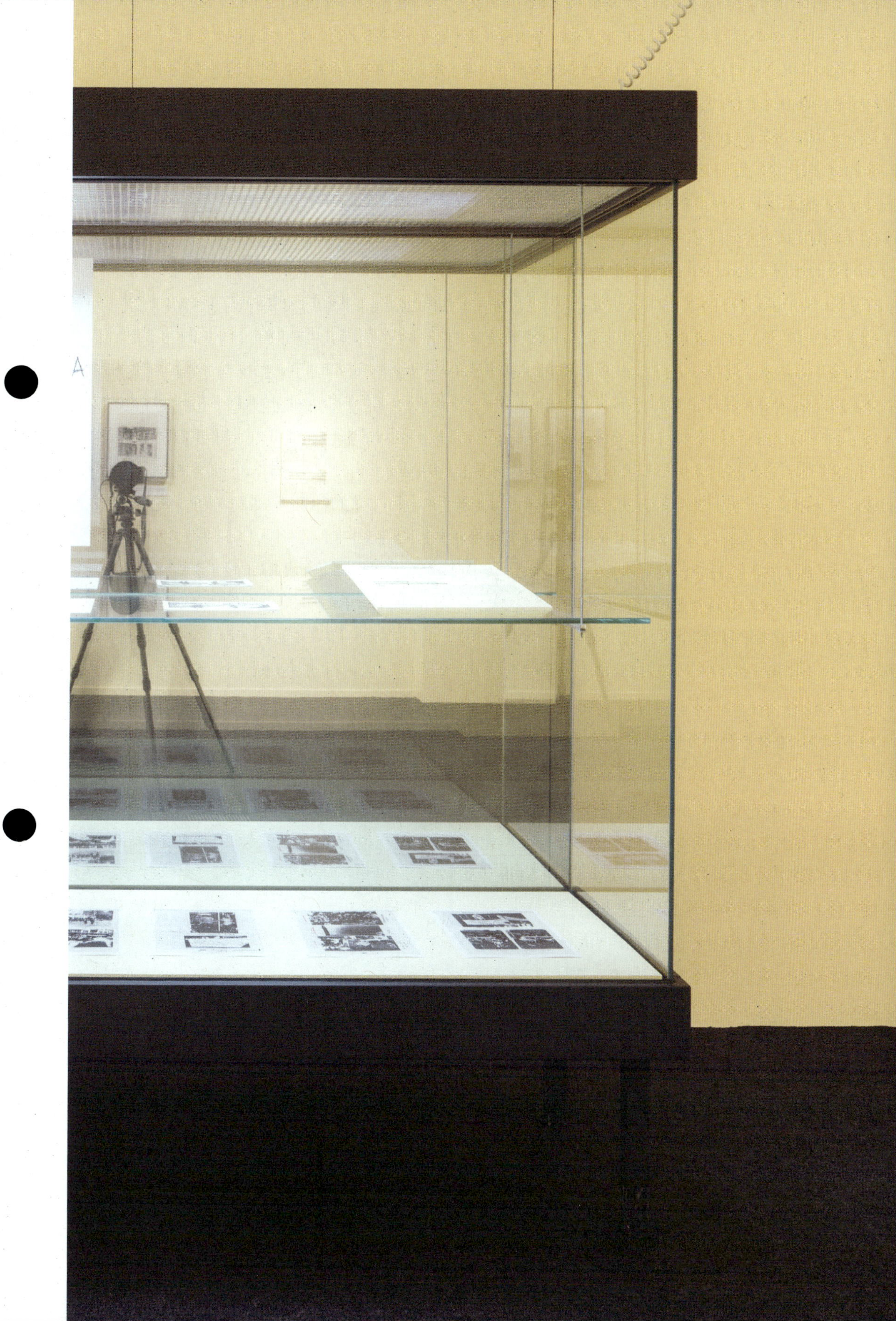

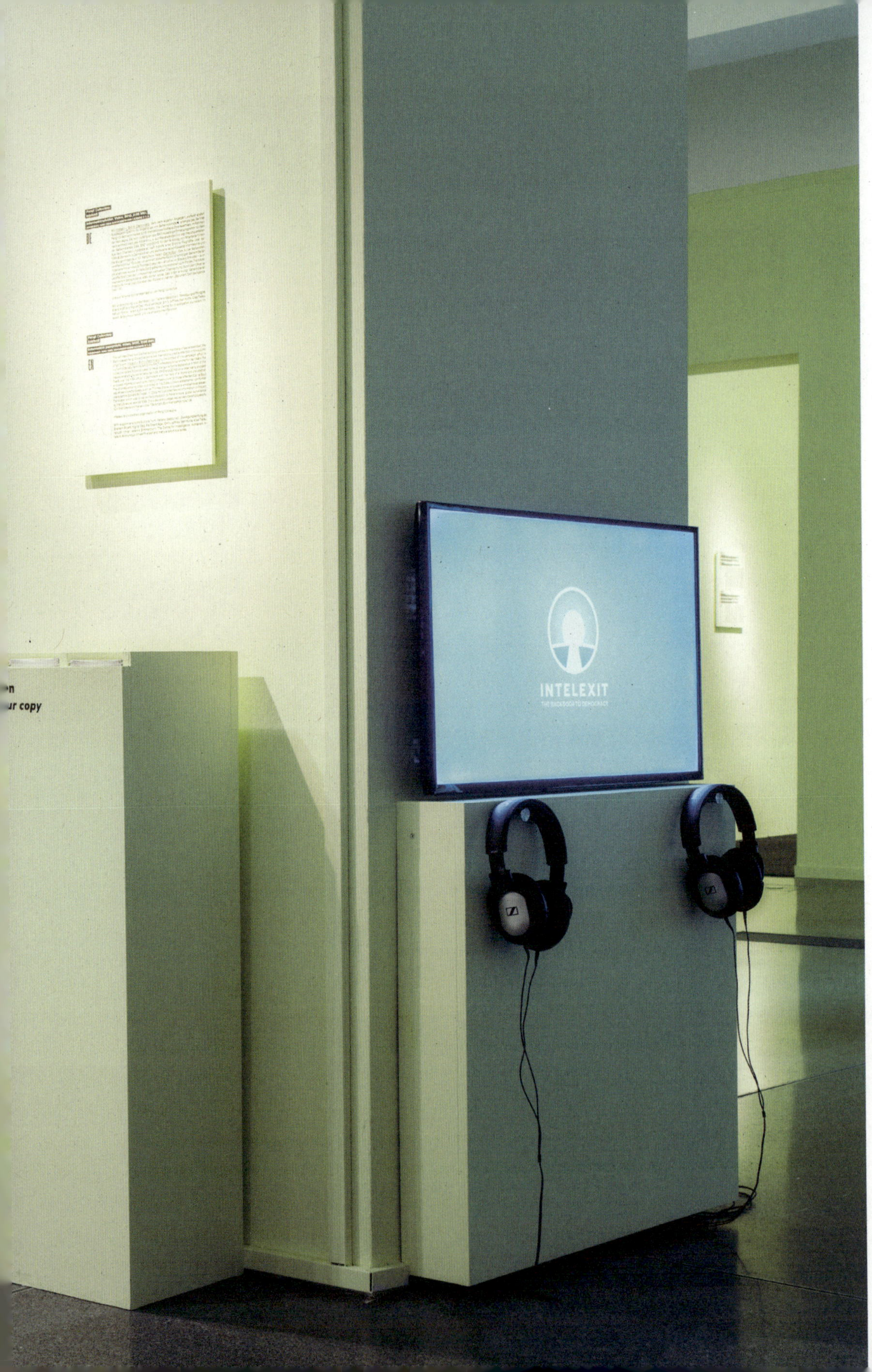

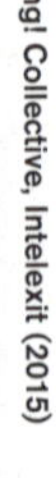

Peng! Collective, Intelexit (2015)

PENG! COLLECTIVE

Intelexit

Informationsfolder, Video, 2015, 2:58 Min.
COURTESY: GNU FREE DOCUMENTATION LICENSE V 1.3.

Mit Intelexit – Exit to Democracy, dem nach eigenen Angaben „weltweit ersten Aussteigerprogramm für Angehörige von Geheimdiensten", erlangte das Berliner Peng! Collective im Herbst 2015 internationale Medienaufmerksamkeit. Im Rahmen der Kampagne, die nicht zufällig an das EXIT-Aussteiger*innenprogramm für Neonazis erinnert, warb das Kollektiv u. a. auf Plakatwänden vor den Hauptquartieren der Geheimdienste NSA, BND und GCHQ für den Ausstieg von Mitarbeiter*innen aus dem Überwachungsapparat, warf mithilfe einer Drohne Flugblätter über der NSA-Außenstelle in Darmstadt ab und stellte eine verschlüsselte Informations-und Beratungsinfrastruktur für Betroffene bereit (Call-a-Spy). Das kurze Werbevideo, veröffentlicht auf Youtube, versammelt Statements von ehemaligen Geheimdienstmitarbeiter*innen wie z. B. Thomas Drake, der – elf Jahre vor Edward Snowden – zum Whistleblower wurde: Er hatte 2002 geheime Informationen zum Projekt Trailblazer veröffentlicht, das der umfassenden weltweiten Überwachung durch den US-amerikanischen Geheimdienst NSA dienen sollte. Das Video ermutigt Geheimdienstmitarbeiter*innen, den Diensten den Rücken zu kehren: „Be smart. Exit intelligence now." (A)

Intelexit ist eine Tochterorganisation von Peng! Collective.

Mit Unterstützung und Beiträgen von:
Tatiana Bazzichelli, Bewegungsstiftung.de,
Brandon Bryant, Nighat Dad, Pia Eisenträger, Emily Jeffries,
Ben Korta, Alisa Tretau, Yehudit Yinhar,
Jeremie Zimmermann, The Centre for Investigative Journalism,
Intelexit, Anonymous selbst und vielen anonymen Spionen.

Intelexit

Information pamphlets, video, 2015, 2:58 min.

The self-described "world's first exit programme for members of secret services", the Berlin-based Peng! Collective, attracted international media attention in the autumn of 2015 with Intelexit—Exit to Democracy. In the context of the campaign, which is not coincidentally reminiscent of the EXIT breakaway programme for neo-Nazis, the collective called for employees to leave the surveillance apparatus in front of the headquarters of the secret services NSA, BND and GCHQ on poster walls, dropped flyers over the NSA office in Darmstadt with the help of a drone and provided an encoded information and consultation infrastructure for those affected (Call-a-Spy). The short advertising video, published on YouTube, collects statements from former secret service employees, such as Thomas Drake, who was a whistleblower eleven years before Edward Snowden: in 2002, he published secret information on Project Trailblazer, which was to serve the purpose of comprehensive, global surveillance by the US secret service NSA. The video encourages secret service employees to turn their backs on the services: "Be smart. Exit intelligence now." (A)

Intelexit is a subsidiary organisation of Peng! Collective.

With support and contributions from:
Tatiana Bazzichelli, Bewegungsstiftung.de, Brandon Bryant, Nighat Dad, Pia Eisenträger, Emily Jeffries, Ben Korta, Alisa Tretau, Yehudit Yinhar, Jeremie Zimmermann, The Centre for Investigative Journalism, Intelexit, Anonymous himself*herself and many anonymous spies.

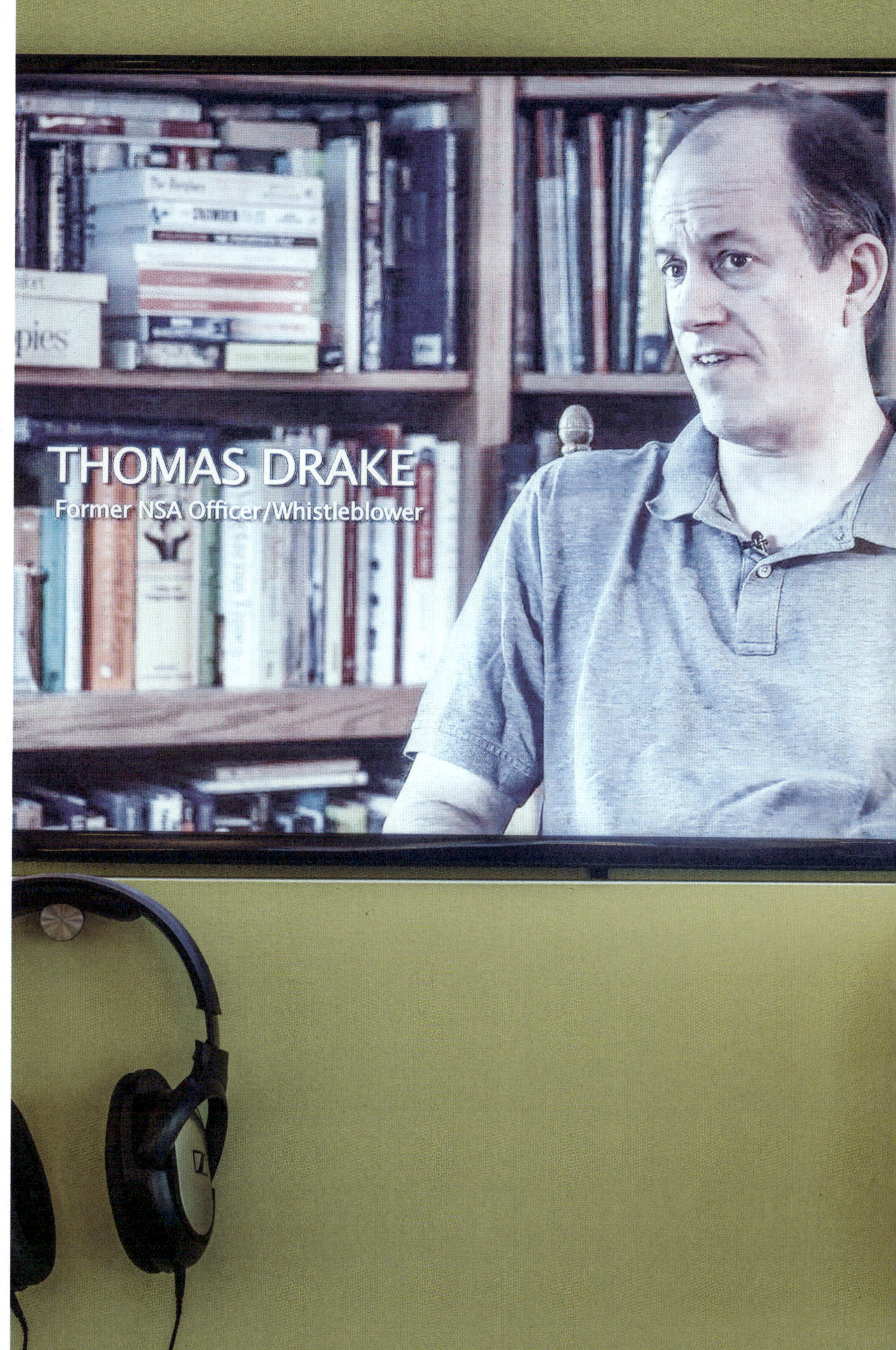

Peng! Collective, Intelexit (2015)

From My Window 1978–1999
(Z mojego okna)

Video, 19:09 Min., 2000, PAL, s/w, Ton
COURTESY: JÓZEF ROBAKOWSKI

From My Window 1978–1999
(Z mojego okna)

Video, 19:09 min., 2000, PAL, b/w, sound
COURTESY: JÓZEF ROBAKOWSKI

"the Manhattan of Łódź".

Józef Robakowski, From My Window (1978-1999)

JÓZEF ROBAKOWSKI

From My Window (Aus meinem Fenster / Z mojego okna) dokumentiert den Alltag auf einem zentralen Platz in Łódź, den Józef Robakowski von seinem Hochhausfenster aus 20 Jahre lang beobachtet hat. 1978, also zu einer Zeit, als die Solidarność-Bewegung noch eisern unterdrückt wurde, machte Robakowski die ersten 16mm-Filmaufnahmen vom sogenannten „Manhattan von Łódź". 1999 beendet er sein Videotagebuch, kurz bevor das Hotel, das die Stadt auf dem Platz für Tourist*innen bauen lässt, ihm den Ausblick versperrt.

In für ihn typischen lakonischen Statements kommentiert Robakowski Geschehnisse und Veränderungen von der sozialistischen bis in die postsozialistische Zeit. Er räsoniert über den illegalen Fleischhandel des Nachbarn aus dem siebten Stock und über die Karriere des Nachbarn aus dem zwölften. Neue Autos, neue Hunde werden kommentiert, und ab und zu hängt die Kamera einer jungen Frau nach, die sich als Ehefrau eines weiteren Nachbarn erweist. Der Blick aus dem Fenster, seit der Romantik ein gängiges kunsthistorisches Motiv, oszilliert zwischen subjektiver Beobachtung, illegaler Handlung (Aufnahmen von Panzern während des Kriegszustandes) und staatlicher Überwachung. Der Beobachter knüpft Verbindungen zwischen den beobachteten Personen durch die Zeit hindurch und erstellt individuelle Verhaltensprofile im urbanen Raum. (A)

Józef Robakowski, *1939 in Poznań, Polen,
lebt und arbeitet in Łódź, Polen.

The video documents daily life in a central square in Łódź which Józef Robakowski had observed from the window of his high-rise building for twenty years. In 1978, during a time when the Solidarność movement was still being severely repressed, Robakowski made the first 16mm film recordings of the so-called "Manhattan of Łódź." He ended his video diary in 1999, shortly before a hotel which the city had authorized to be built for tourists blocked his view.

In characteristically laconic statements, Robakowski comments on events and changes from the socialist era into the post-socialist era. He grumbles about his neighbors' illegal meat sales on the seventh floor and about the career of the neighbor on the twelfth. New cars and new dogs are commented on and now and then the camera lingers on a young woman, who turns out to be the wife of another neighbor. The view from the window, a common motif in the history of art since Romanticism, oscillates between subjective observation, illegal activity (recording tanks during martial law), and state surveillance. The observer makes connections between the observed persons across time and builds individual behavior profiles in the urban space. (A)

Józef Robakowski, b. 1939 in Poznan, Poland,
lives and works in Łódź, Poland.

Mr. Jan Narbutt with his little dog Blackie.

That white Renault – that's my wife, Małgosia,

Józef Robakowski, View My Window (1978–1999)

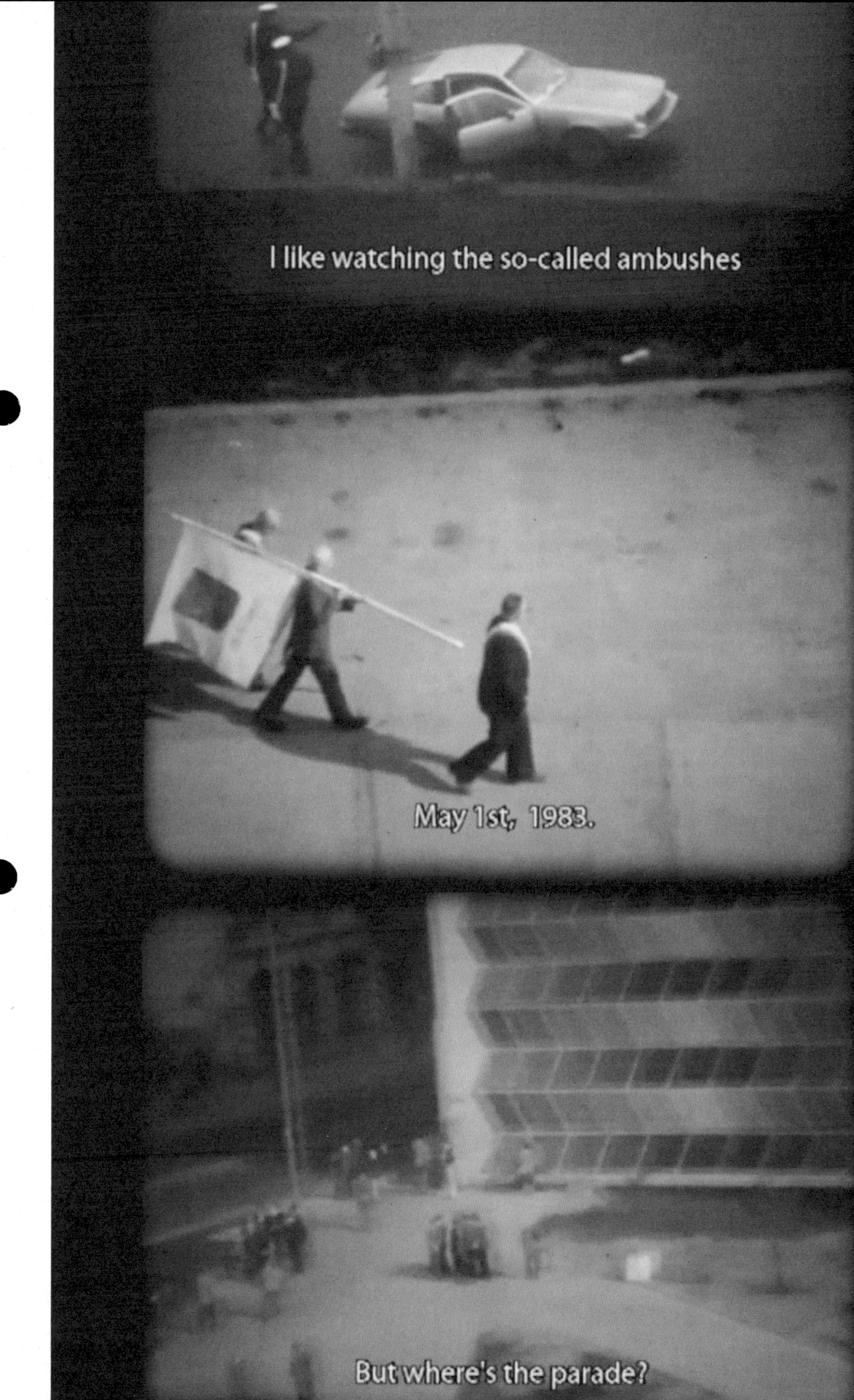
I like watching the so-called ambushes
May 1st, 1983.
But where's the parade?

Der Bundesbeauftragte für die Unterlagen des Staatssicherheitsdienstes der ehemaligen Deutschen Demokratischen Republik Postfach 1199, O-1086 Berlin

15 91

Rat des Stadtbezirks
Berlin-Mitte
Abt. Innere Angelegenheiten

Berlin, den 30.11.1983

Niederschrift zur Vorsprache der Frau Schleime, Cornelia am 29.11.1983 zwecks Eheschließungsantrages/Wohnsitzänderung mit einem westberliner Bürger

1. Einschätzung der Persönlichkeit

Frau Sch. ist eine sehr auffällige Erscheinung, von ihrem Aussehen und von ihrem Wesen.
Während des Gespräches verhielt sie sich ruhig, sie ist sehr gesprächig.

2. Gründe, Motive, mögliche Inspiratoren

Für sie sei wichtig wieder mit ihrem ehemaligen Lebenskammeraden zusammen leben zu können.
Sie brauch seine Nähe, muß sich mit ihm künstlerisch auseinandersetzen können. Er sei ein echter Partner für sie , im privaten Leben und in der Kunst. Sie auch andere Männer haben, aber nur fürs Liebesleben, solch einen Partner wie Herrn ■ lerne man nur einmal kennen."

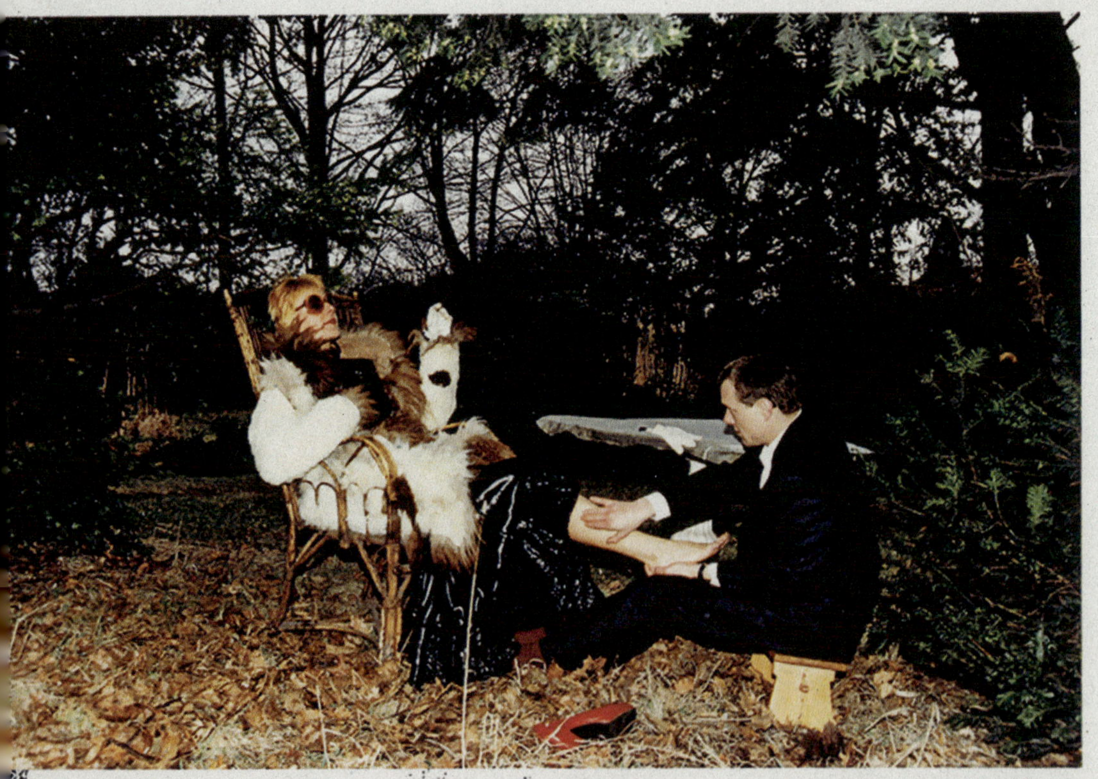

Cornelia Schleime, Bis auf weitere gute Zusammenarbeit, Nr. 7284/85 (1993/2019)

CORNELIA SCHLEIME

Bis auf weitere gute Zusammenarbeit, Nr. 7284/85

Digitale Projektion, 14-teilige Serie, 1993/2019
COURTESY: CORNELIA SCHLEIME

„Diese Arbeit konnte nur mit Hilfe des Ministeriums für Staatssicherheit der DDR und dessen zahlreichen Helfern realisiert werden, die in mühevoller Kleinarbeit zu den Texten beitrugen", schreibt Cornelia Schleime 1993. Schleime, die 1984 aus der DDR ausgereist war und zuvor und danach intensiv bespitzelt worden ist, suchte aus ihren Akten besonders banale Sätze heraus, die ihre eigene Person betreffen: Unterstellung einer „asozialen Lebensweise", Beschreibung der Wohnung als „notdürftig" eingerichtet, sie selbst trage „Westkleidung" und lehne die „Anpassung an die sozialistische Gesellschaft völlig ab" – allesamt typische Beschuldigungsnarrative für Künstler*innen in der DDR und in den anderen Parteidiktaturen Osteuropas. Schleime antwortete mit frivol dekadenten Selbstportraits, die sie auf 14 verschiedene Aktenblätter klebte: Mal sieht man sie Bravo lesend auf dem Bett fläzen, mal nackt in einem Mohnfeld tanzen oder vor einer amerikanischen Limousine posieren. Schleime lacht nicht nur über die angebliche Realität in den schriftlichen Quellen, sondern auch über den dokumentarischen Status der Akten. (S)

Cornelia Schleime, *1953 in Berlin, DDR,
lebt und arbeitet in Berlin, Deutschland.

Looking Forward to Further Collaboration, No. 7284/85

Digital projection, 14-part series, 1993/2019
COURTESY: CORNELIA SCHLEIME

"This work was only made possible with help of the Ministry for State Security of the GDR and its numerous aides, who contributed to the texts with their meticulous and painstaking work," wrote Cornelia Schleime in 1993. Schleime, who left the GDR in 1984 and who was intensively spied on both before and after, selected particularly banal sentences from her files pertaining to her own person: the accusation of an "asocial lifestyle," a description of her apartment as "sparsely" furnished, that she only wore "western clothing," and that she "totally refuses to adapt to socialist society"—all typical accusatory narratives for artists in the GDR and the other party dictatorships of Eastern Europe. Schleime answered with frivolously decadent self-portraits which they affixed to fourteen different file pages: here we see her lounging in bed reading Bravo, there we see here dancing in a poppy field or posing in front of an American limousine. Schleime laughs not only about the alleged reality of the verbal sources but also about the documentary status of the files. (S)

Cornelia Schleime, b. 1953 in Berlin, GDR,
lives and works in Berlin, Germany.

Blatt II des E.-Berichtes S c h l e i m e

75

Der Bundesbeauftragte für die Unterlagen des Staatssicherheitsdienstes der ehemaligen Deutschen Demokratischen Republik Berlin O-1086 Berlin

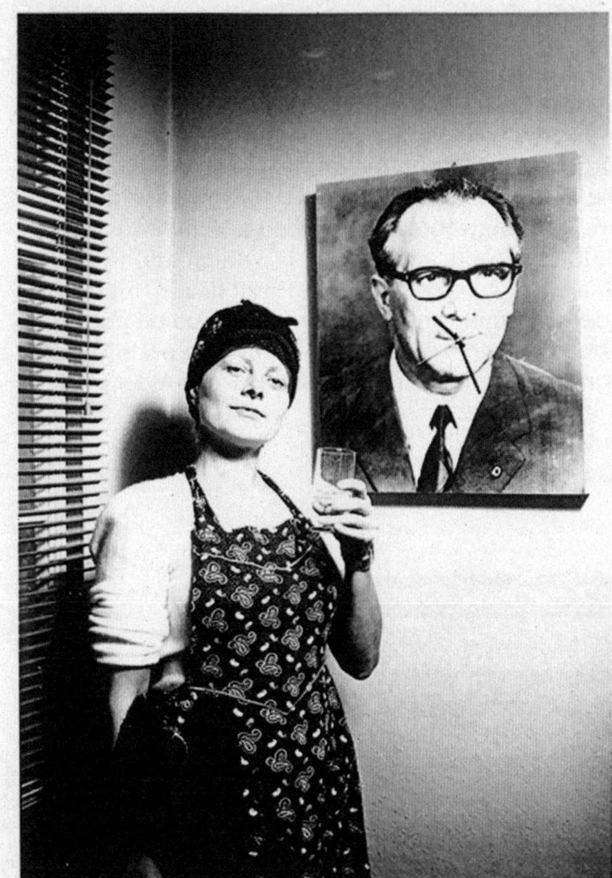

Zum Motiv des Antrages kann man erfolgter Ermittlung einschätzen, daß dies in ihrer gesamten politisch.-und gesellschaftlichen Grundeinstellung liegt und sie die Anpassung an die sozialistische Gesellschaft völlig ablehnt.

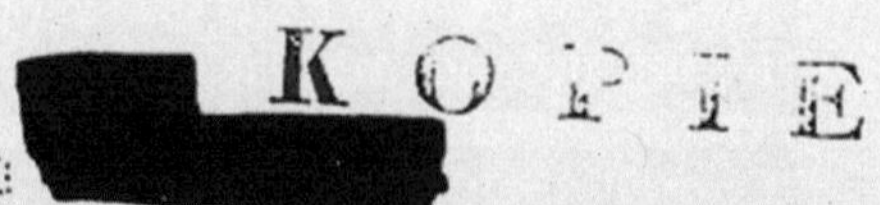

Cornelia Schleime, Bis auf weitere gute Zusammenarbeit, Nr. 7284/85 (1993/2019)

Volkspolizeikreisamt Dresden
Volkspolizeirevier Nord-ABV-

Dresden,den 24.03.82

Volkspolizei-Inspektion
Kriminalpolizei Komm.VIII
Berlin-Köpenick
1170 Berlin

Wendenschloßstraße 130

Ihr Ermittlungsersuchen unter Az.:958 vom 09.03.82 über die Bürgerin
S c h l e i m e,Cornelia 04.07.53 ,1160 Berlin-Oberschöneweide,
Zeppelinstraße 79

Im Wohngrundstück wurde sie von den Mietern als asoziale Person eingeschätzt. Ihre Besucher nutzten die Fenster als Eingang.Die Wohnung ist verdeckt und es befindet sich außer einem Tisch,2 Stühle und einer Pritsche nur Lumpen und Unrat in der Wohnung.Die Wände der Wohnung sind mit nackten Frauenfiguren bemalt. Die gesamte Wohnungstür ist zum Hausflur zu,mit Mitteilungen ihrer Bekannten mittels ôlkreide beschmiert. Mit den Hausbewohnern hatte sie keinen Kontakt. Sie kam nur Nachbarn gegenüber aus der Reserve wenn sie wegen ihrer Lärmbelästigung durch Spielen ihrer mitgebrachten Freunde auf Musikinstrumenten-Gitarren, Baßgeigenusw.-zur Nachtzeit zur Ordnung gerufen wurde.Dabei trat sie fläzig und arrogant auf.

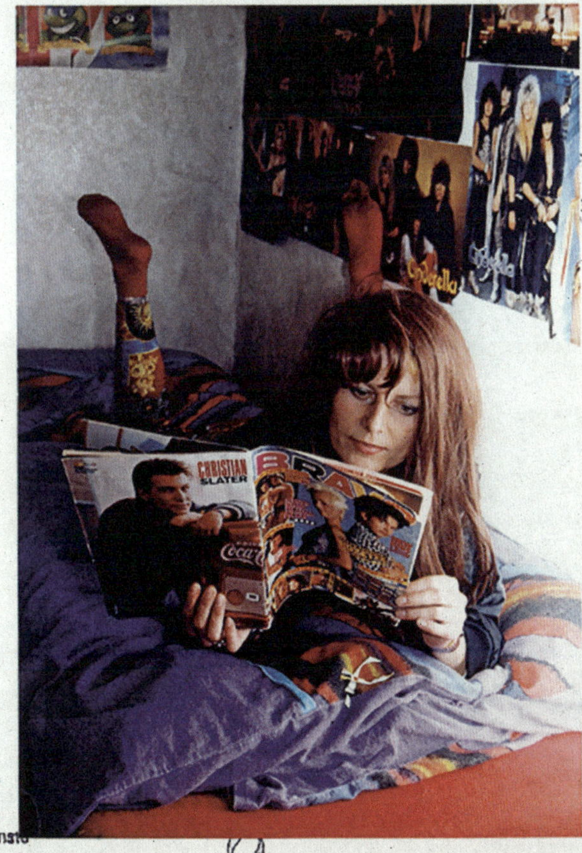

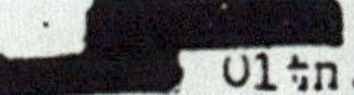
Oltn.

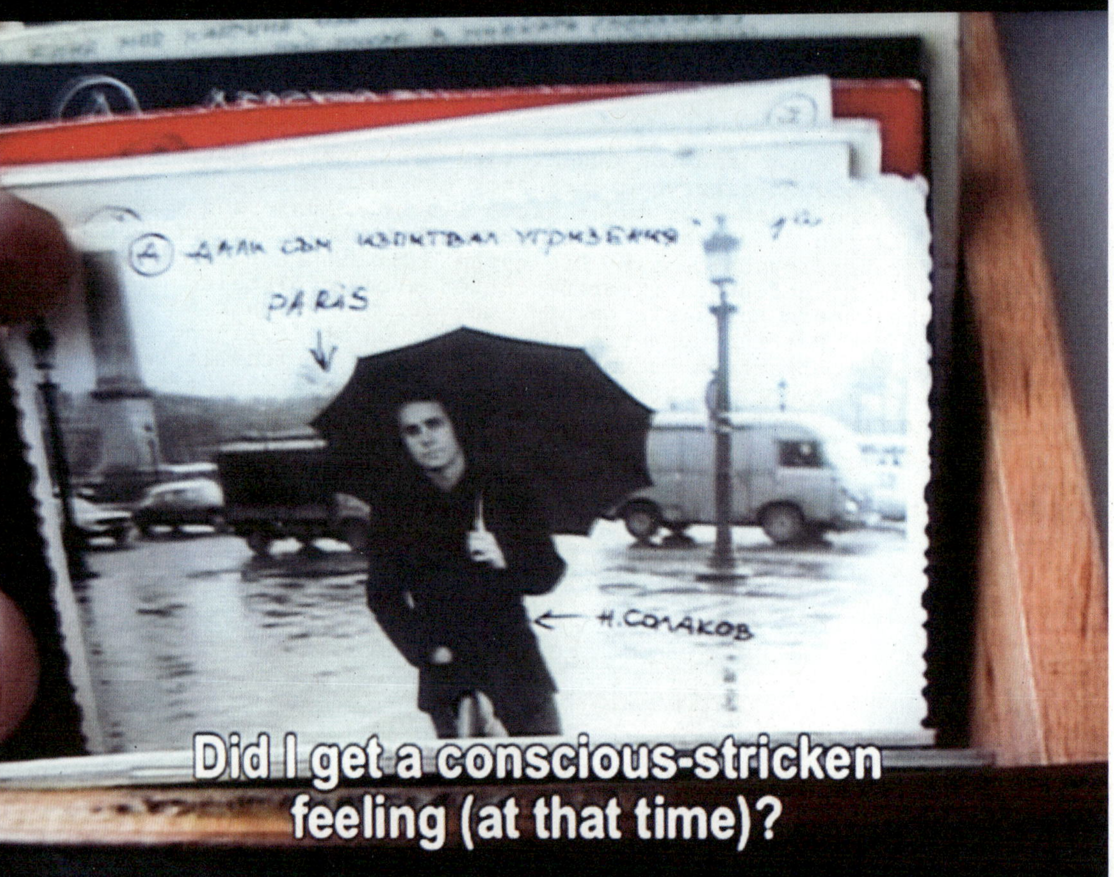

Nedko Solakov, Top Secret (2007) © VG Bild-Kunst, Bonn 2019

NEDKO SOLAKOV

Top Secret

Video auf DVD, Farbe, Ton, 40:07 Min., Loop, 2007, als Teil von Top Secret, 1989–1990, Acryl, Zeichentusche, Öl, Fotografien, Bleistift, Bronze, Aluminium, Holz; ein schändliches Geheimnis; 179 Karteikarten in Karteikasten; 14 × 46 × 39 cm
COURTESY: SAMMLUNG VAN ABBEMUSEUM, EINDHOVEN

Top Secret, entstanden zwischen Dezember 1989 und Februar 1990, besteht aus einem Karteikasten, gefüllt mit einer Reihe von Karten, die die Zusammenarbeit des jugendlichen Künstlers mit der bulgarischen Staatssicherheit dokumentieren. Solakov brach diese 1983 ab. Das Werk löste bei seiner ersten öffentlichen Präsentation im Frühjahr 1990, auf dem Höhepunkt der politischen Veränderungen und Ablösung der langjährigen kommunistischen Herrschaft, große Kontroversen aus. In Bulgarien blieben die offiziellen Akten geschlossen und 28 Jahre lang gab es keine öffentlich bekannten Dokumente über die Kollaboration des Künstlers. Erst im April 2018 wurden Akten, die die Zusammenarbeit des Künstlers mit der Staatssicherheit der Volksrepublik Bulgarien dokumentieren, veröffentlicht. Die Geste der Selbstoffenbarung in diesem künstlerischen Projekt ist im postkommunistischen Europa noch immer einzigartig, und seit seinem Erscheinen ist Top Secret zu einer Ikone ihrer Zeit geworden.

Das vierzigminütige Video, das den Künstler beim (Wieder-)Lesen des Inhalts des Karteikastens zeigt, wurde 2007 in seinem Atelier in Sofia aufgenommen. Solakov erwähnt in dem Video fälschlicherweise 1976 als Jahr des Beginns seiner Zusammenarbeit mit dem bulgarischen Geheimdienst. Seine Dienstzeit ging jedoch von 1978 bis 1983. (Van Abbemuseum)

Nedko Solakov, *1957 in Cherven Bryag, Bulgarien,
lebt und arbeitet in Sofia, Bulgarien.

Top Secret

A video on DVD, color, sound, 40:07 min., looped, 2007, related to Top Secret, 1989–1990, acrylic, drawing ink, oil, photographs, graphite, bronze, aluminum, wood; a shameful secret; 179 index cards in original box; 14 × 46 × 39 cm

COURTESY: COLLECTION VAN ABBEMUSEUM, EINDHOVEN

Top Secret, created between December 1989 and February 1990, consists of an index box, filled with a series of cards detailing the artist's youthful collaboration with the Bulgarian state security, which he stopped in 1983. The work caused great controversy when it was first exhibited in the spring of 1990, at the height of the political changes to the long-standing Communist rule. In Bulgaria, the official files still remain closed and for 28 years there were no publicly known documents on the artist's collaboration. It was not until April 2018 that the state documents relating to the involvement of the artist with the state security of the People's Republic of Bulgaria were released. The self-disclosing gesture in this artistic project is still unique in the context of post-Communist Europe, and since its appearance Top Secret has become an icon of its time.

The forty-minute long video, which shows the artist rereading the index box's contents, was shot in his studio in Sofia in 2007. In the video, Solakov mistakenly mentions 1976 as the starting year for the Bulgarian secret service. His service period was from 1978 to 1983. (Van Abbemuseum)

Nedko Solakov, b. 1957 in Cherven Bryag, Bulgaria, lives and works in Sofia, Bulgaria.

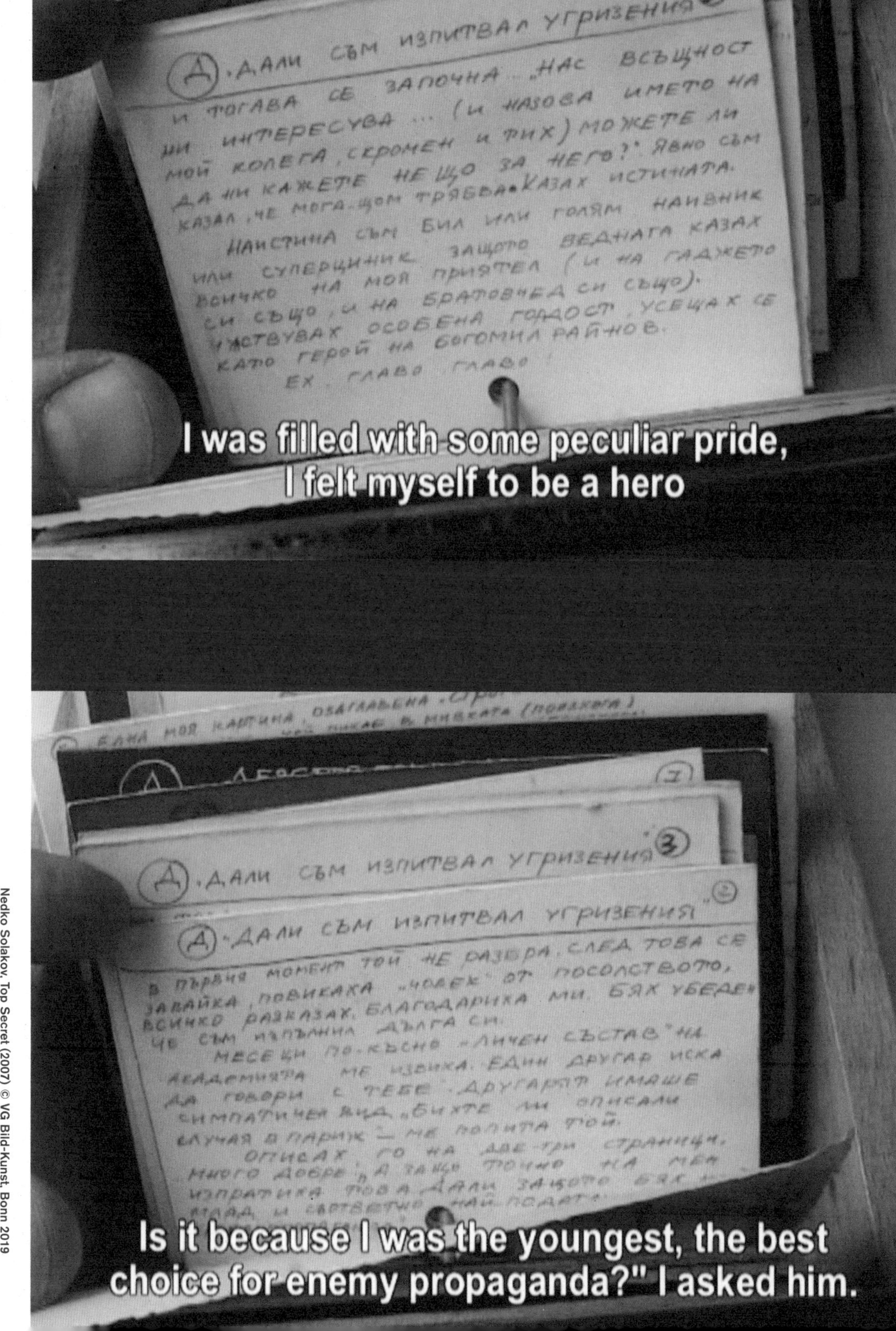
Дали съм изпитвал угризения
I was filled with some peculiar pride,
I felt myself to be a hero
Дали съм изпитвал угризения
Дали съм изпитвал угризения
Is it because I was the youngest, the best
choice for enemy propaganda?" I asked him.

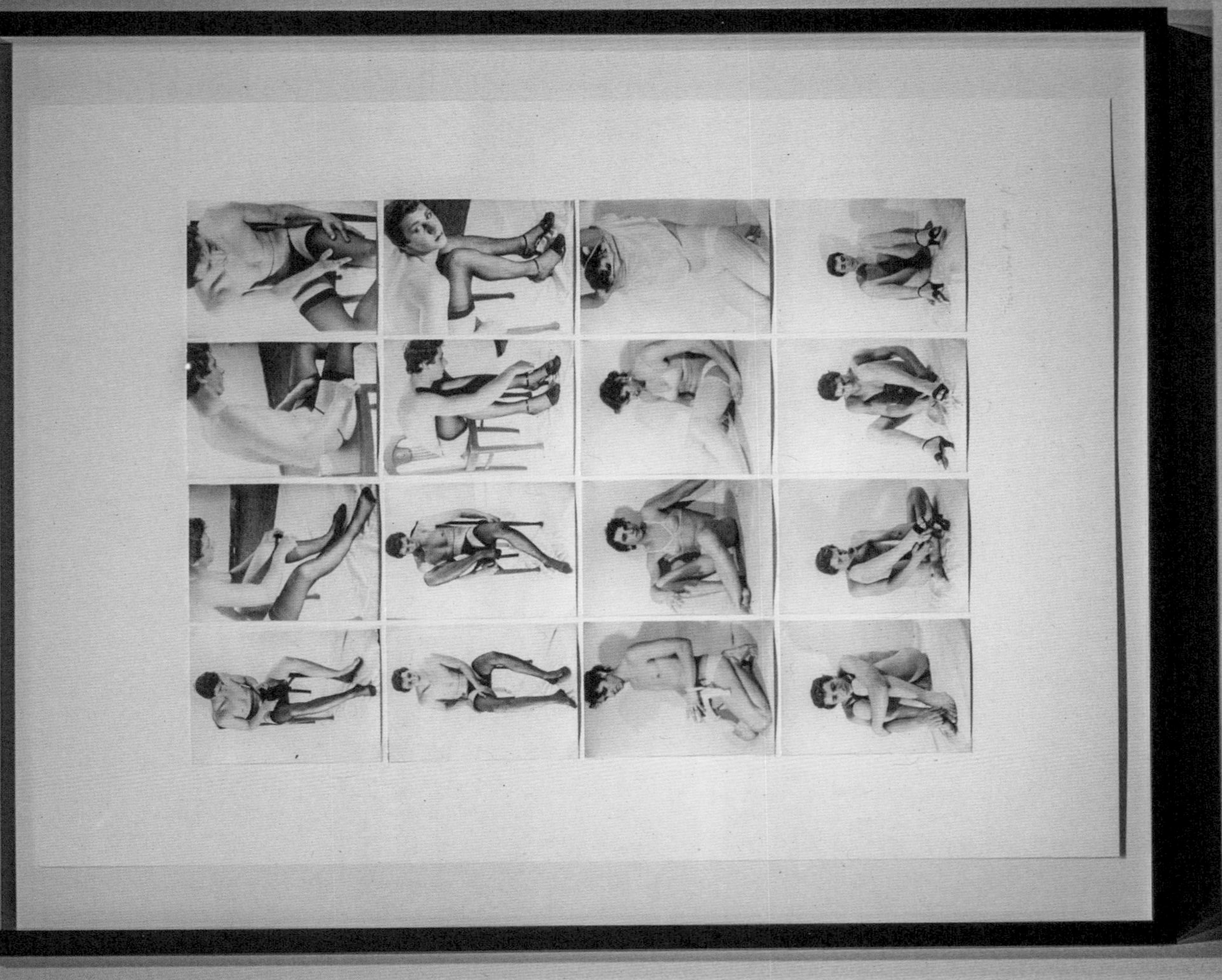

Gabriele Stötzer, Trans sitzend (1984) © VG Bild-Kunst, Bonn 2019

GABRIELE STÖTZER

Trans sitzend
s/w Fotografien aufgezogen auf Karton, 59 × 84 cm, 1984

Trans im Rollenspiel
s/w Fotografien aufgezogen auf Karton, 59 × 84 cm, 1984

Trans unter- und überziehend
s/w Fotografien aufgezogen auf Karton, 59 × 84 cm, 1984

Trans vor- und zurückdrehend
s/w Fotografien aufgezogen auf Karton, 59 × 84 cm, 1984

Trans in Licht und Schatten
s/w Fotografien aufgezogen auf Karton, 60 × 140 cm, 1984

Trans o. T.
9 einzelne s/w Fotografien, Silbergelatine-Abzüge, 24 × 30 cm, 1984

COURTESY (ALLE/ALL): GABRIELE STÖTZER

Als die Erfurter Künstlerin Gabriele Stötzer 1984 eine Fotoserie mit einem Transvestiten machen wollte, konnte sie nicht ahnen, dass es die Staatssicherheit war, die ihr „Winfried“ vorbeischickte. Er*sie war nicht nur Transvestit, sondern auch IM (Inoffizieller Mitarbeiter) der Stasi. Sie*er hatte den Auftrag, die Fotoperformance in Richtung Pornografie zu radikalisieren und so für einen möglichen Anklagepunkt gegen Stötzer zu sorgen. Aber „Winfried“ verkörpert die Doppelrolle von Künstler*in und Informant*in nicht so, wie die Stasi sich das vorstellte. Selbst wenn wir in „Winfried“ den Spitzel erkennen und sie*ihn als Spitzel sehen, sehen wir ihre*seine Lust am Posieren, die durch den geheimdienstlichen Auftrag nicht gestört, sondern vielmehr gerechtfertigt wird. Es ist Stötzer, die aus dem Spitzel ein Fotomodell macht, das die Kamera mehr zu lieben scheint als seinen Auftrag. Stötzer produzierte mit „Winfried“ insgesamt sieben Serien, die sie in der DDR nie ausstellte. (S)

Gabriele Stötzer, *1953 in Emleben, DDR,
lebt und arbeitet in Erfurt, Deutschland.

Trans sitting
b/w photographs, mounted on cardboard, 59 × 84 cm, 1984

Trans in role play
b/w photographs, mounted on cardboard, 59 × 84 cm, 1984

Trans wearing and slipping on
b/w photographs, mounted on cardboard, 59 × 84 cm, 1984

Trans in forward and backward rotation
b/w photographs, mounted on cardboard, 59 × 84 cm, 1984

Trans in light and shadow
b/w photographs, mounted on cardboard, 60 × 140 cm, 1984

Trans without title
9 single b/wphotographs, silver gelatin prints, 24 × 30 cm, 1984

COURTESY (ALLE/ALL): GABRIELE STÖTZER

When the Erfurt-based artist Gabriele Stötzer wanted, in 1985, to compose a photo series with a transvestite, she could have had no idea that it was the Stasi that sent her "Winfried." Winfried was not just a transvestite—he was also an unofficial Stasi collaborator. He had been ordered to radicalize the photo performance in the direction of pornography and thus to create a potential criminal charge against Stötzer. But Winfried embodied the double role of artist and informant in a way the Stasi had not planned on. Even if we recognize the spy in "Winfried" and see him as a spy, we also see his pleasure in posing, which is not disturbed by his clandestine mission but is instead given justification. It is Stötzer who turns the spy in a photo model who seems to love the camera more than his mission. Stötzer produced a total of seven series with Winfried, none of which she ever publicly exhibited in the GDR. (S)

Gabriele Stötzer, b. 1953 in Emleben, GDR, lives and works in Erfurt, Germany.

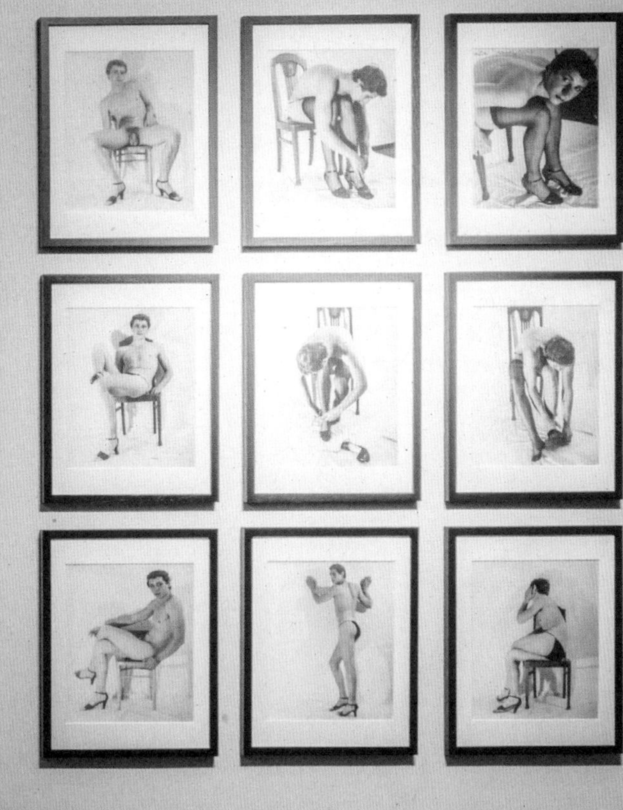

Gabrieel Stötzer, Trans o.T., 1984
© VG Bild-Kunst, Bonn 2019

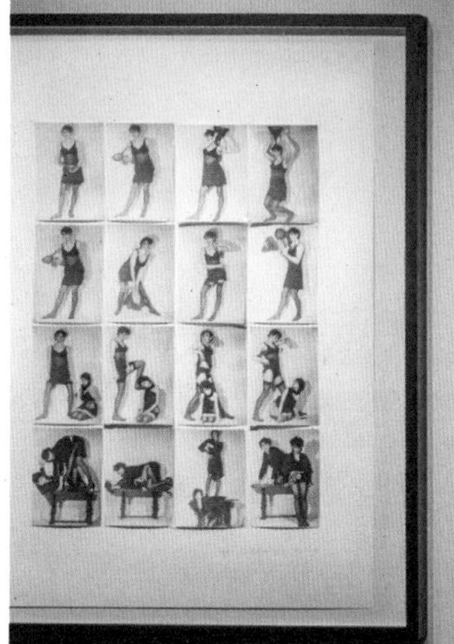

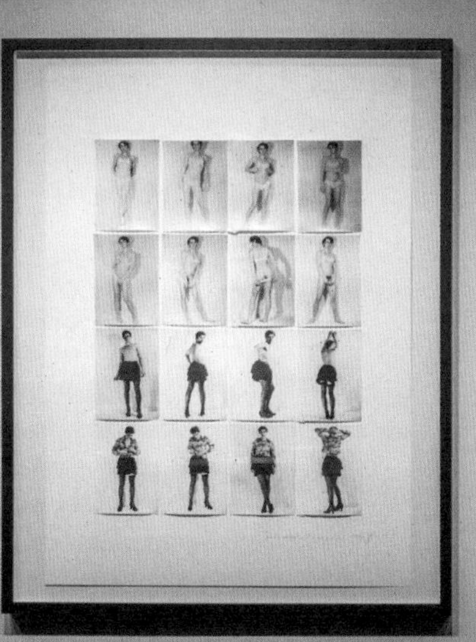

Gabriele Stötzer, Trans im Rollenspiel (1984)
© VG Bild-Kunst, Bonn 2019
Gabriele Stötzer, Trans unter- und überziehend (1984)
© VG Bild-Kunst, Bonn 2019
Gabriele Stötzer, Trans sitzend (1984) © VG Bild-Kunst, Bonn 2019

Ministerium für Staatssicherheit (MfS), DDR / IMB „Konrad“: Fangfotos

5 s/w Fotografien, 13,3 × 9,4 cm, 1984
COURTESY: GABRIELE STÖTZER

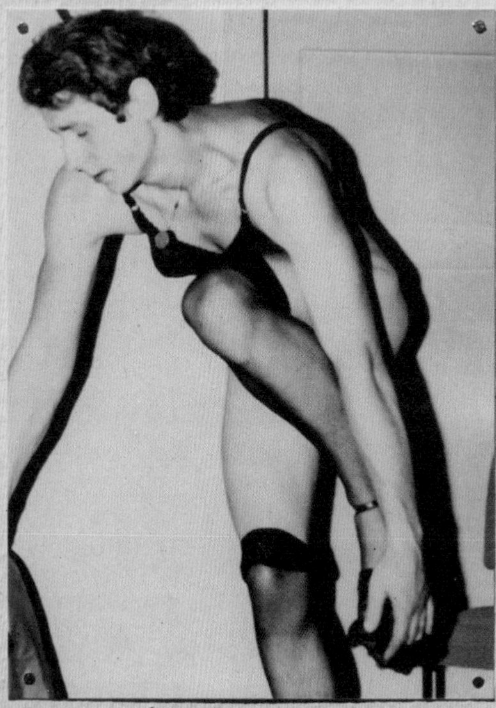

Ministerium für Staatssicherheit (MfS), GDR / IMB “Konrad”: Fangfotos

5 b/w photographs, 13,3 × 9,4 cm, 1984
COURTESY: GABRIELE STÖTZER

Bevor die Staatssicherheit der DDR der Künstlerin Gabriele Stötzer, damals Kachold, den IM „Winfried" „zuführte", machte sie selbst Anwerbefotos. Diese Fotos finden sich nicht in der BStU (Behörde des Bundesbeauftragten für Stasiunterlagen), sie wurden nicht archiviert. Stötzer bekam dieses Fotos von einem anderen Inoffiziellen Mitarbeiter, IMB „Konrad". IMB „Konrad" war auf Stötzer angesetzt worden und verfasste laufend Berichte über sie. Er war es, der ihr „Winfried" zuführen sollte. In einer vom ihm verfassten Information zu Stötzer schreibt er, diese wisse, dass er selbst wegen „Vorbereitung pornografischer Bilder" und „politischer Aktivitäten" im Gefängnis gewesen sei: „Als ich andeutungsweise die Bekanntschaft mit einem Transvestiten erwähnte, fieberte sie merklich einer persönlichen Begegnung entgegen. Auf dieser Basis versuchte ich, die Kontakte zu der K. [Gabriele Stötzer, damals Kachold] zu festigen." BStU, MfS, AOP 1765/86 „Toxin", Bd. 4., 0086. (S)

Glossar
—> Archiv
—> Bearbeitung, operative
—> Inoffizielle Mitarbeiter (IM)
—> IMB
—> Kriminalisierung
—> Maßnahmen, aktive
—> Maßnahmenplan
—> Zersetzung

Before GDR state security "supplied" the artist Gabriele Stötzer (then named Kachold) with "Winfried," they themselves took recruitment photos. These photos are not to be found in the BStU; they are not archived there. Gabriele Stötzer was given these photos by another unofficial collaborator, IMB "Konrad." IMB "Konrad" was assigned to Stötzer and was continually writing reports about her. He was the one who was supposed to supply her with "Winfried." In an intelligence report written by him on Gabriele Stötzer, he writes that Stötzer knows that he himself was in prison for the "dissemination of pornographic images" and "political activities": "When I made passing reference to being acquainted with a transvestite, she looked forward excitedly to meeting them personally. On this basis, I attempted to secure contact with K. (Gabi Stötzer, at the time Kachold)." BStU, MfS, AOP 1765/86 "Toxin," Vol. 4., 0086. (S)

Glossary
—> Archive
—> Handling, operative
—> Unofficial Collaborator (IM)
—> IMB
—> Criminalization
—> Measures, active
—> Measure Plan
—> Disruption

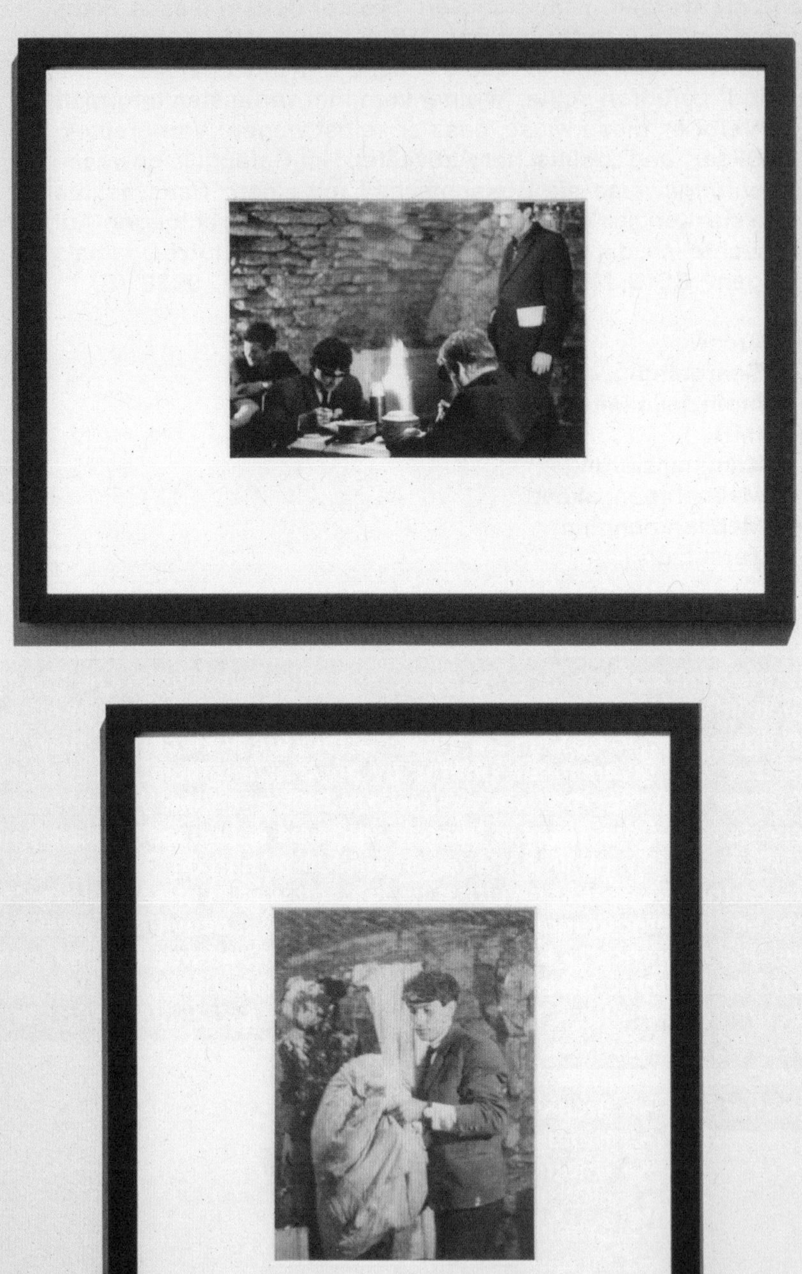

Tamás St. Turba (NETRAF-agent) / Gábor Altorjay, The Lunch (In Memoriam Batu Khan) (1966) © VG Bild-Kunst, Bonn 2019

TAMÁS ST.TURBA (NETRAF-AGENT) / GÁBOR ALTORJAY

The Lunch (In Memoriam Batu Khan)

10 s/w Fotografien, 1966, Fotograf: Gyula Zaránd. Happening in Kooperation mit Miklós Jankovics und István Varannai mit Hilfe von Enikő Balla, Miklós Erdély und Csaba Koncz.
COURTESY: IPUT ARCHIVES BUDAPEST

Video von László Gyémánt, 1966, 10:13 Min., s/w, Super-8-Film im Original, ohne Ton, mit einem Voiceover von St.Turba (NETRAF-agent), 2013
COURTESY: IPUT ARCHIVES BUDAPEST

Das erste ungarische Happening fand am 25. Juni 1966 im Keller eines Privathauses in der Hegyalja Straße in Budapest statt, die angeblich aus der Zeit Batu Khans stammte – also wörtlich im „Underground". Das Publikum musste durch einen Garten gehen, in dem Szentjóby, der mit den Beinen bis zum Bauch in der Erde steckte, auf einer Schreibmaschine tippte. Hinter dieser Szene stand ein brennender Kinderwagen. Im Keller angekommen, dröhnte eine verfremdete Version von Krzysztof Pendereckis Threnodie für die Opfer von Hiroshima, Szentjóby und Altorjay saßen an einem Tisch, ein Huhn war an einem Topf befestigt. Dann folgte eine Reihe von Aktionen auf mehreren Ebenen, die Gábor Altorjay selbst nicht mehr rekonstruieren konnte: Essen, Kotzen, Huhn in einen Sack, Gänsefedern, Gips in Kondome … Im Video sind die beiden rauchenden Personen – laut dem Voiceover von Szentjóby – zwei Informant*innen der Staatssicherheit. Die Konsequenzen dieses ersten Happenings sind laut Szentjóby auch heute noch „erstaunlich präsent". Das Happening hat seit über 50 Jahren insbesondere in Künstler*innenkreisen Kultstatus, wurde aber kunsthistorisch erst in den letzten zehn Jahren aufgearbeitet. (K)

Gábor Altorjay, *1946 in Budapest, Ungarn,
lebt und arbeitet in Berlin, Deutschland.

Tamás St. Turba (NETRAF-agent), *1944 in Fót, Ungarn,
lebt und arbeitet in Budapest, Ungarn.

The Lunch (In Memoriam Batu Khan)

b/w photographs, 1966, photographer: Gyula Zaránd. Happening in cooperation with Miklós Jankovics and István Varannai supported by Enikő Balla, Miklós Erdély and Csaba Koncz.
COURTESY: IPUT ARCHIVES BUDAPEST

Video by László Gyémánt, 1966, 10:13 Min., b/w, originally on Super-8 film, mute, with a voice-over by St.Turba (NETRAF-agent), 2013
COURTESY: IPUT ARCHIVES BUDAPEST

The first Hungarian happening took place on June 25, 1966 in the basement of a private house in Budapest—so literally "underground." The audience had to walk through a garden where Szentjóby, who was buried up to his stomach in the earth, typed on a typewriter. Behind this scene was a burning baby carriage. Once in the basement, an altered version of Krzysztof Penderecki's Threnody for the Victims of Hiroshima was droning, Szentjóby and Altorjay sat at a table, and a chicken was fastened in a pot. There followed a series of actions on multiple levels which Gábor Altorjay himself could no longer reconstruct: eating, vomiting, the chicken in a bag, goose feathers, plaster in a condom ... In the video, the two people who smoke are informants of the State Security, according to the voiceover by Szentjóby. According to him, the consequences of this first happening are still „surprisingly present" today. Since then, the happening has had a cult character, especially in artist circles, although it is only in the last ten years that art historians have begun to reappraise it.

Gábor Altorjay, b. 1946 in Budapest, Hungary, lives and works in Berlin, Germany.

Tamás St.Turba (NETRAF-agent), b. 1944 in Fót, Hungary, lives and works in Budapest, Hungary.

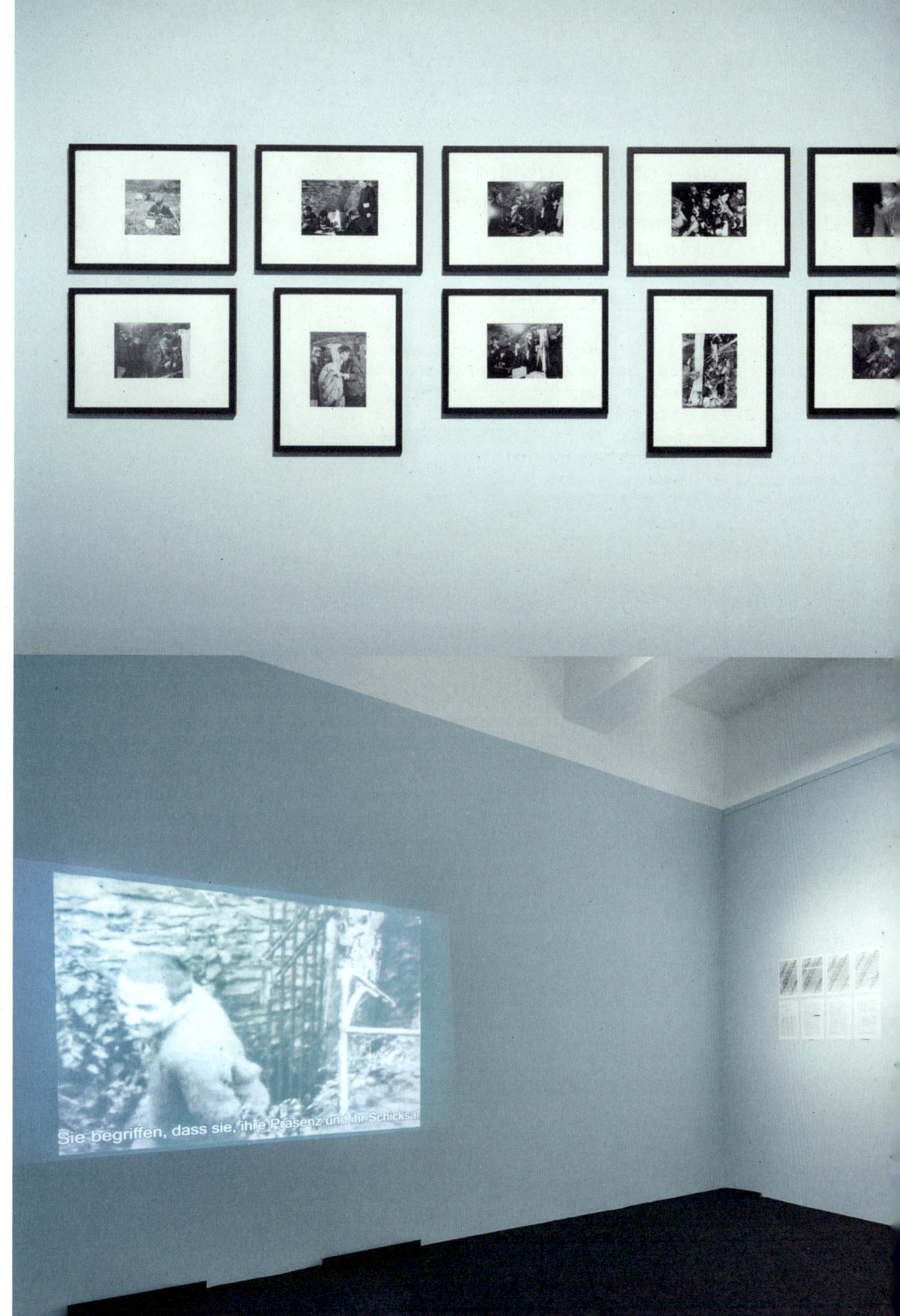

Tamás St. Turba (NETRAF-agent) / Gábor Altorjay, The Lunch (In Memoriam Batu Khan) (1966) © VG Bild-Kunst, Bonn 2019

BM. III. Főcsoportfőnökség
III.Csfség 2/b.alosztálya.

"Szigoruan titkos!
.. sz. pld.

Adta: "László" fn. ü.
Vette: Tipold r.szds.
Idő: 1966. VII. 22.

Tárgy: I. Heppening partyról.

Belügyminisztérium (BM), Ungarische Volksrepublik:

Berichte „Mészáros“, „László“, „Hajdu“ über The Lunch (In Memoriam Batu Khan)

3 Berichte

QUELLEN: „MÉSZÁROS“ (4 SEITEN IM ORIGINAL): ÁBTL 3.1.9.–V–156455, 55–58, „LÁSZLÓ“ (2 SEITEN IM ORIGINAL): ÁBTL 3.1.9.–V–156455, 53–54, „HAJDU“ (2 SEITEN IM ORIGINAL): ÁBTL 3.1.9.–V–156455, 59–60

...us 22.

Julius első hetében egyik ismerősöm Balatonfüreden járt. Itt találkozott Benke Lászlóval és Sörös Tiborral; mindketten a Perlaky-féle belvárosi társaság tagjai. Már ők is sokat meséltek a julius 2-án rendezett "Happening"-szerü összejövetelről. Ez a budai Várban, egy pincehelyiségben került megrendezésre, ugy mondták, több mint száz pesti értelmiségit hivtak meg, nyomtatott meghivóval az "Első magyarországi Happening"-re. Közöttük Herskó János filmrendezőt, Weöres Sándort, ... István, Doromby Károlyt, a "Vigilia ... Doromby Károly lakásán akarták megrendezni, Doromby azonban nem engedte meg. A meghivottak nagyobb... személy.

Belügyminisztérium (BM), Hungarian People’s Republic:

The “Mészáros,” “László,” and “Hajdu” Reports about The Lunch (In Memoriam Batu Khan)

3 reports

SOURCES: “MÉSZÁROS” (4 ORIGINAL PAGES): ÁBTL 3.1.9.–V–156455, 55–58, “LÁSZLÓ” (2 ORIGINAL PAGES): ÁBTL 3.1.9. –V–156455, 53–54, “HAJDU” (2 ORIGINAL PAGES): ÁBTL 3.1.9.–V–156455, 59–60

A pincében teljes sötétség... a műsor. Többek között leöntést adtak egy csirkéne... hatalmas elektromos erősitők közvetitették hangszórókba, igy a leggyengébb hang is égzengésként hatott. A k... nyügzően figyelte ezeket a soha nem látott jelenségeke...

Közben a hangszóró... mű hallatszott. Az est folyamán még ... ot mutatták be.

A lényeg, hogy uj, megdöbbentő, soha még nem látott látványokban részesitik a nézőket. Az egész jelenség rokon a templommal és a szinházzal, fontossága a közös élmény.

A "happening" rendszeres szórakozásforma Nyugato...

ÁBTL -3.1.9. - V - 156455 /53

„Mészáros“, „László“, „Hajdu“ sind Decknamen von Informanten, die – in Unkenntnis voneinander – über das erste Happening in Ungarn berichtet haben. Wir erfahren aus ihren Berichten nicht nur etwas über den mysteriösen Hahn, sondern auch über das Publikum. Wer kam? Wie hat das Publikum reagiert? Wir erfahren auch, welche historischen Quellen über Happenings der ungarische Staatssicherheitsdienst BM verwendete. Wenn man die drei Berichte vergleicht, wird klar, wie widersprüchlich und konstruiert die Informationen teilweise sind – einer der Informanten war nicht einmal anwesend. Teile dieser Berichte machten jedoch innerhalb der ungarischen Staatssicherheit Karriere: Sie wurden in Maßnahmenplänen und Berichten endlos wiederholt. So wurden die Begriffe „feindlich“, „nihilistisch“, „westlich“ oder „anarchistisch“ zu Markern, anhand deren die Staatssicherheit Happenings als eine ernsthafte Gefahr für die sozialistische Gesellschaft einstufte – und diese ein Jahrzehnt lang überwachte, „zersetzte“ und „liquidierte“. (K)

Glossar —> Archiv (ÁBTL)
—> Informanten
—> Beobachtung, operative

“Mészáros,” “László,” and “Hajdu” are the codenames of three informants who all provided reports on the first happening in Hungary—without being aware of each other’s presence. From their reports we learn not just about the mysterious chicken but also about the audience. Who came? How did the audience react? We also learn which historical sources about happenings the Hungarian state security service BM used. Comparing the three reports, it becomes obvious how contradictory and fabricated the information partially is—one of the informants was not even present. Excerpts from these reports, however, had a long career within Hungarian state security: they were endlessly repeated in action plans and reports. Terms like “hostile,” “nihilistic,” “western,” and “anarchist” became markers through which state security classified happenings as a serious danger for socialist society—and then spent a decade surveilling, “disrupting,” and “liquidating” them. (K)

Glossary —> Archive (ABTL)
—> Informants
—> Observation, operative

Ausstellungsansicht: Artists & Agents –
Performancekunst und Geheimdienste, HMKV 2019

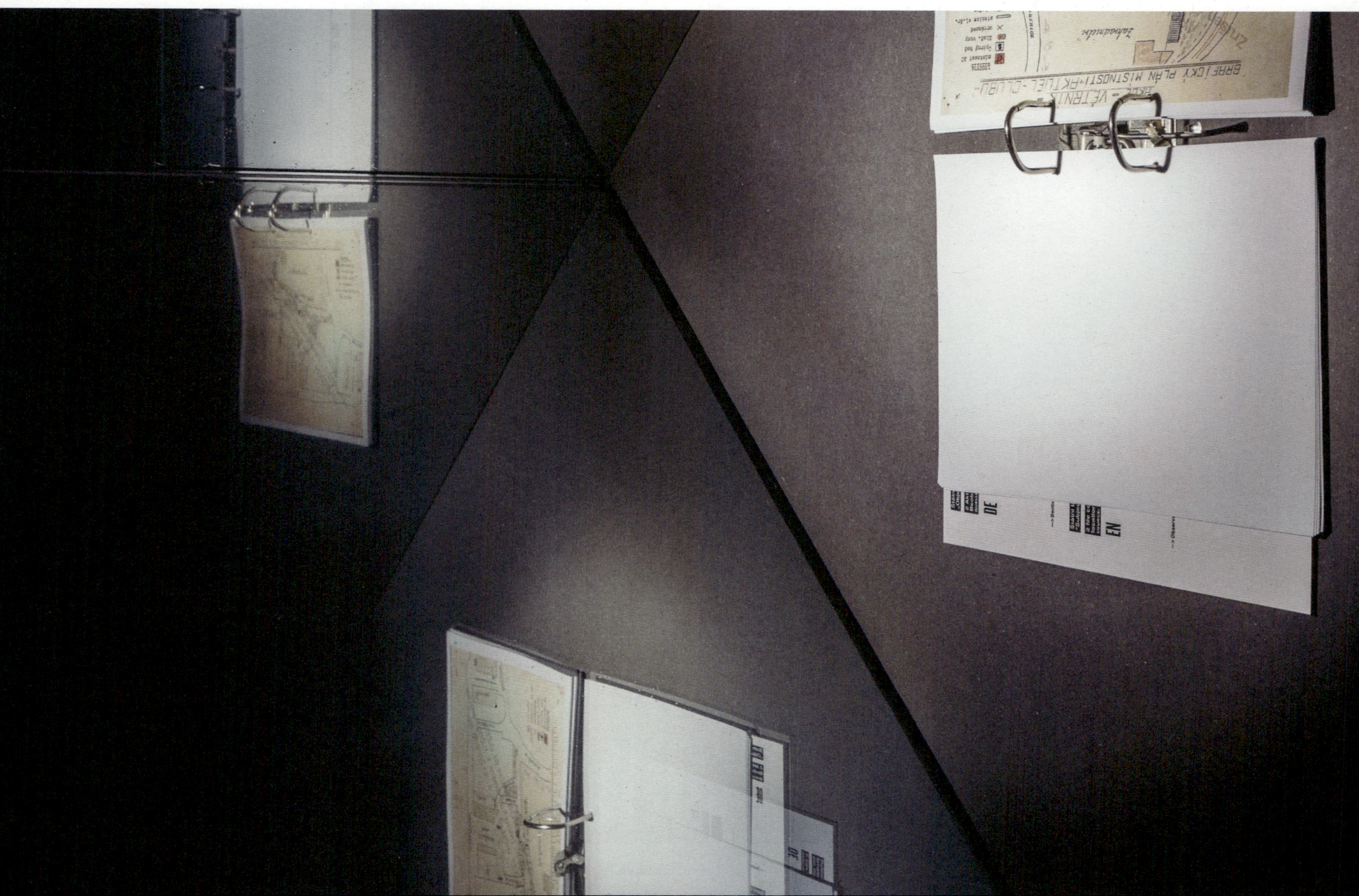

Glossar

A

Abschöpfen

Beim MfS (Ministerium für Staatssicherheit der DDR) von dem*der Informationsgeber*in unbemerkte Sammlung von operativ relevanten Informationen. Abgeschöpft werden konnten Personen durch Inoffizielle Mitarbeiter (IM). Ferner meint Abschöpfen die bewusste oder unbewusste Informationsübergabe des IM bzw. des gesellschaftlichen Mitarbeiters für Sicherheit (GMS) an den Führungsoffizier. Ein Beispiel dafür war eine „operative Maßnahme“ gegen ein Mitglied der Künstler*innengruppe Clara Mosch, das man ins westliche Ausland reisen ließ, um weitere Informationen z. B. über das Schmuggeln von Kunst „abzuschöpfen“. MfS, BV Karl-Marx-Stadt, XIV 73/75, Bd. 5, 6.

Adjutant

Begriff von Nadežda Mandel'štam, den sie in ihrer Autobiografie zur Kennzeichnung von Personen verwendet, die „zwei Göttern gleichzeitig dienten“, die im Literatur- bzw. Kunstbetrieb eine Rolle spielen wollten und gleichzeitig den Geheimdienst mit Informationen belieferten. Der Begriff wurde auf der Konferenz „Stasi, KGB und Literatur“ 1993 in Moskau diskutiert. Vgl. Arseni Roginski u. Nikita Ochotin, „Archivquellen zum Thema KGB und Literatur“, in: Stasi, KGB und Literatur. Beiträge und Erfahrungen aus Russland und Deutschland, Köln 1993, 24.

Agent

Person, so die Definition des Verfassungsschutzes (Deutschland), die „bewusst mit einem fremden Nachrichtendienst in Verbindung steht und in dessen Auftrag einer nachrichtendienstlichen Tätigkeit nachgeht. Hierbei sind unterschiedliche Motive bestimmend, z. B. materielle oder ideologische Gründe, aber auch Erpressung“. Für geheimpolizeiliche Überwachung wird der Begriff in der Regel nicht verwendet, auch wenn er im Alltagssprachgebrauch immer wieder auch für Informant*innen und Mitarbeiter*innen der Staatssicherheit verwendet worden ist. www.verfassungsschutz.de/de/service/glossar/_lA (7.6.2019)

Archive

Folgend ist eine Liste mit allen Archiven zu finden, die sich mit der Aufarbeitung der Akten der Geheimpolizei und der Recherche darin beschäftigen:

- Deutschland: Behörde des Bundesbeauftragten für die Unterlagen des Staatssicherheitsdienstes der ehemaligen DDR (BStU), gegründet 1990
- Tschechien: Behörde für Dokumentation und Untersuchung der Verbrechen des Kommunismus (ÚSTR, Ústav pro studium totalitních režimů), gegründet 1996
- Ungarn: Historisches Archiv des Geheimdienstes (ÁBTL, Állambiztonsági Szolgátok Történeti Levéltára), gegründet 1997
- Polen: Institut für Nationales Gedächtnis (IPN, Instytut Pamięci Narodowej), gegründet 1998
- Rumänien: Nationaler Rat für das Studium der Archive der Securitate (CNSAS, Consiliul Național pentru Studierea Arhivelor (Securității), gegründet 2000
- Slowakei: Institut für nationales Gedächtnis (UPN, Ústav pamäti národa), gegründet 2003
- Bulgarien: Überprüfungskommission (COMDOS), gegründet 2003.

Seit 2013 sind dem Verbund auch die baltischen Staaten, Slowenien und Albanien beigetreten. Recherchen sind darüber hinaus inzwischen in Kiew möglich. Des Weiteren kann man im Bundesarchiv der Schweiz im Bestand der zwischen 1900 und 1990 angelegten Fichen recherchieren. In Deutschland gibt es einen „Auskunftsanspruch“, den im Prinzip jede*r gegenüber den Verfassungsschutzbehörden hat, was die zu seiner*ihrer Person gespeicherten Daten betrifft. www.verfassungsschutz.de/de/service/glossar/_lA (7.6.2019)

B

Bearbeitung, operative

Verharmlosende Bezeichnung aller Aktivitäten und Maßnahmen der „politisch-operativen Arbeit“ des MfS, also der geheimdienstlich-geheimpolizeilichen Tätigkeit in Bezug auf Personen oder zur Klärung von Sachverhalten, wenn aus Sicht des MfS Hinweise auf „feindlich-negative Handlungen“ vorlagen. Die Bearbeitung konnte unter anderem die Durchführung einer Operativen Personenkontrolle umfassen oder einen Operativen Vorgang betreffen, was in jedem Fall zur Erstellung einer Akte im Archiv des MfS führte.

Beeinflussung

Eine operative Methode zur Prävention. Gilt der Veränderung des Willens, der Meinungsbildung und der Emotionen in eine „günstige“ Richtung. Sie zielt auf politisch instabile Menschen mit „ungünstigen Persönlichkeitsmerkmalen“, die zu „negativen Tendenzen“ neigen. Quelle: Gergely Attila, Állambiztonsági értelmező kéziszótár (Wörterbuch der Staatssicherheit, hg. BM (Belügyminisztérium, Innenministerium der Volksrepublik Ungarn), nur für die Verwendung für Mitarbeiter*innen des Innenministeriums), Budapest 1980. https://hvg.hu/itthon/20050225 allambiztonsag (7.6.2019)

Befragung

Strafprozessrechtlich zulässige Möglichkeit der offiziellen Kontaktaufnahme mit Verdächtigen, Zeug*innen und anderen Personen noch vor Einleitung eines Ermittlungsverfahrens (strafprozessuales Prüfungsstadium) der osteuropäischen Geheimpolizei. Verdächtige konnten gemäß § 95 StPO/1968 zur Befragung „zugeführt“ werden („Zuführung“). Vom MfS wurde die Befragung gelegentlich als demonstrative Maßnahme zur Einschüchterung Oppositioneller genutzt, gegen die aus politischen Gründen kein Ermittlungsverfahren eingeleitet werden sollte. Ebenso wurde die Befragung in Zersetzungsplänen eingesetzt, um gezielt Gerüchte zu streuen oder zu bestätigen und um Misstrauen in Gruppen zu schüren. In Artists & Agents veröffentlichen wir die Befragung einer*s Künstlers*in, die der Form nach einer Diskussion gleicht, die Stasioffiziere interessieren sich dabei für die Gattung „Aktionskunst“, für das Umfeld der*des Künstlerin*s und für Druckmittel, die sie potenziell gegen sie*ihn einsetzen können. In der Sowjetunion gab es „prophylaktische Warnungen“, Vorladungen zum Gespräch; zwischen 1967 und 1975 wurden mehr als 130.000 Sowjetbürger*innen zum Gespräch geladen und gewarnt. Gründe dafür konnten die Publikation eines Buches im Samizdat oder im Ausland (Vladimir Vojnovič schreibt darüber in seinem Buch Delo № 34840) oder auch Kontakte zu Ausländer*innen sein. In der Chronik der laufenden Ereignisse (Chronika tekuščich sobytij) berichten Dissident*innen von solchen Vorladungen.

Beobachter

Für operative Beobachtungen speziell geschulte Mitarbeiter*innen des MfS. Manchmal handelte es sich dabei um sogenannte Unbekannte Mitarbeiter oder Beobachter-IM (Inoffizieller Mitarbeiter im besonderen Einsatz (IME).

Die Beobachter*innen waren im verdeckten Fotografieren, in Kartenkunde, Personenidentifizierung sowie für Verfolgungsfahrten geschult. Sie wurden trainiert, sich zu Fuß, im Pkw und in öffentlichen Verkehrsmitteln unauffällig zu bewegen und den richtigen Abstand zum Objekt zu halten. Teilweise kamen auch Gruppen von Beobachter*innen mit verteilten Rollen zum Einsatz. Bei offiziellen oder privaten Besuchen westlicher Politiker*innen fungierten oft begleitende Personenschützer*innen oder Volkspolizist*innen als Beobachter*innen.

Beobachtung, operative

Die „operative Beobachtung“ zählte zu den konspirativen Ermittlungsmethoden, die in der Regel von operativen Diensteinheiten des MfS in Auftrag gegeben und von hauptamtlichen Mitarbeitern durchgeführt wurden. Dabei wurden Zielpersonen (Beobachtungsobjekte genannt) über einen festgelegten Zeitraum beobachtet, um Hinweise über Aufenthaltsorte, Verbindungen, Arbeitsstellen, Lebensgewohnheiten und gegebenenfalls strafbare Handlungen zu sammeln.

Informationen aus Beobachtungen flossen in Operative Personenkontrollen, Operative Vorgänge oder Sicherheitsüberprüfungen ein.

Beobachtungsvorgang

Vorgangsart von 1953 bis 1960 in der DDR. In Beobachtungsvorgängen wurden Personen erfasst, die als (potenziell) politisch unzuverlässig oder feindlich eingestellt galten und daher vorbeugend beobachtet wurden, etwa ehemalige NS-Funktionsträger*innen, ehemalige Sozialdemokrat*innen, Teilnehmer*innen an den Aktionen des 17. Juni 1953 sowie Personen, die aus dem Westen zugezogen waren. Da der Beobachtungsvorgang sukzessive an Bedeutung verlor, wurden die noch vorhandenen Vorgänge in den 1960er Jahren in Objektvorgänge überführt.

Bruderorgane

Geheimdienste befreundeter Länder. In Ostberlin gab es z. B. konspirative Wohnungen für Agententreffs, um Spionageerkenntnisse auszutauschen oder Westemigrant*innen zu kidnappen, um sie dem jeweiligen Geheimdienst zu übergeben. Seit 1955/56 nahm das MfS an den multilateralen Geheimdienstkonferenzen der Ostblockstaaten teil. Bereits in dieser Zeit existierten Absprachen zwischen den Geheimdiensten hinsichtlich eines umfassenden Informationsaustausches zu Personen und Sachverhalten sowie zum arbeitsteiligen Vorgehen bei Spionage gegen die Bundesrepublik.

D

Dekonspiration

Als Dekonspiration wurde das Bekanntwerden von Einrichtungen, Zielen, Arbeitsmethoden und -mitteln der Staatssicherheit sowie von Personen bezeichnet, die vom MfS für operative Aufgaben getarnt eingesetzt wurden. Von besonderer Bedeutung war die Dekonspiration von Inoffiziellen Mitarbeitern (IM). Diese konnte durch den IM selbst erfolgen, indem diese*r sich bewusst gegenüber einer*m Dritten offenbarte oder ungewollt durch eine Verletzung der Regeln die Konspiration enttarnt wurde. Die Dekonspiration wurde als schwerwiegender Schaden für das MfS und eine Gefährdung seiner Arbeit betrachtet. Das Wort Dekonspiration wurde nach sowjetischem Vorbild direkt aus dem Russischen von „dekonspiracija" übernommen und wird mittlerweile international verwendet.

Desinformation

Die bewusste Verbreitung von den Tatsachen grundsätzlich oder teilweise widersprechenden Informationen. Ziel der Desinformation war es, Personen, Institutionen und politische Vorhaben im Westen zu diskreditieren und dadurch zu schwächen, zu isolieren oder zu Fall zu bringen, ferner Entscheidungen zu beeinflussen sowie die westliche Seite über Handlungen oder Zustände im Osten (z. B. politische und wirtschaftliche Probleme, Maßnahmen gegen Regimekritiker usw.) zu täuschen. In der DDR war vor allem die Abt. X der Hauptverwaltung A dafür zuständig, deren hauptamtliche Mitarbeiter*innen sich entsprechende Inhalte ausdachten und in konkrete Aktionen (aktive Maßnahmen) umsetzten. Der Begriff wurde vom russischen „dezinformacija" (weitere Abk. deza) abgeleitet, bereits 1923 wurde von der GPU ein Büro für Desinformation gegründet, mit dem Ziel, die konterrevolutionären Aktivitäten der Feinde zu unterbinden.

Im OV „Made", der Zersetzung der Künstler*innengruppe Clara Mosch, wurden z. B. falsche Informationen über mehrere Mitglieder verbreitet (u. a. Gerüchte über Spitzeltätigkeit, über Affären), um Konflikte in der Gruppe zu schüren und diese so zu spalten.

Desinformation, innere

Formulierung nach Vladimir Vojnovič. Der russische Schriftsteller berichtet über die Lügenhaftigkeit seiner Akte. Bereits das wenige Material zeige, wie Informant*innen und Agent*innen nach oben lügen, ihre Aktivitäten und die der Beobachteten übertrieben darstellen, um selbst „Karriere" zu machen oder einfach das Soll zu erfüllen. „Ich habe immer gewusst, dass es zum Erscheinungsbild des Sowjetsystems gehörte, dass die Unteren die Oberen anlogen, die Oberen die Unteren und auch von ihnen Lügen erwarteten." Vladimir Vojnovič, Delo № 34840, Moskau 1993 (dt. Zwischenfall im Metropol. Meine erstaunliche KGB-Akte, München 1994).

Differenzierung, politisch-operative

Differenzierung wurde als Methode und Arbeitsprinzip innerhalb des MfS propagiert, um zu einer möglichst präzisen Beschreibung und Kategorisierung der in den Berichten, Operativen Personenkontrollen (OPK) und Operativen Vorgängen (OV) erwähnten Personen zu gelangen. Deren Einstellungen und Handlungen sollten hinsichtlich ihrer „Gefährlichkeit" für das System klassifiziert und bestimmten Kategorien (indifferent, feindlich-negativ usw.) zugeordnet werden.

Diskreditierung

Die „systematische Diskreditierung des öffentlichen Rufes, des Ansehens, des Prestiges auf der Grundlage miteinander verbundener wahrer, überprüfbarer und diskreditierender sowie unwahrer, glaubhafter, nicht widerlegbarer und damit ebenfalls diskreditierenden Angaben" war eine gängige Zersetzungsmaßnahme des MfS (vgl. Das MfS-Lexikon. Begriffe, Personen und Strukturen der Staatssicherheit der DDR, 3. aktualisierte Auflage, Berlin 2016, 390 ff.). Dies wurde durch das Verbreiten von Gerüchten und unwahren Angaben über die Person, das Stiften von Misstrauen, die Verbreitung anonymer und pseudonymer Briefe und Telefonanrufe oder auch durch das Vorladen zu staatlichen Dienststellen erreicht. Im Bereich der Literatur oder Kunst ging es vor allem um eine Abwertung künstlerischer Arbeiten. Sie wurden als „Machwerke", „Pamphlete" oder als „sogenannte Literatur", „sogenannte Kunst" diskreditiert (MfS, BV Erfurt AOP „Toxin", Bd. 4, BStU 000021). Zudem wurden literarische Texte oder Kunstwerke als „unverständlich", „unqualifiziert" abgewertet oder Schriftsteller*innen und Künstler*innen pathologisiert, als psychisch krank oder „psychopathisch" eingestuft. Bei Reiner Kunze hieß es etwa im Operativplan, „es soll der Nachweis erbracht werden, dass Kunzes Prosa schlechte Prosa ist und nur dem Zweck der Agitation und der politisch-ideologischen Diversion des Gegners dient" (Marko Martin, „Geschaffene Machwerke." Die Sprache der Stasi, in: Text+Kritik 120 (1993), Feinderklärung. Literatur und Staatssicherheitsdienst, hg. v. Heinz Ludwig Arnold, 48–55, 51). Der russische Künstler Anatolij Žigalov wurde noch 1985 nach der Durchführung der Aktion Goldener Subbotnik (Zolotoj voskresnik) in eine psychiatrische Klinik eingewiesen. http://conceptualism.letov.ru/TOTART/Anatoly-Zhigalov-avtobiografia.html (7.6.2019)

Diversion, politisch-ideologische (PiD)

Zentraler Begriff aus der Terminologie kommunistischer Staatssicherheitsdienste. DDR-Bürger*innen, die öffentlichkeitswirksam abweichende politische Ansichten äußerten, wurden als „Träger der PiD" kategorisiert und entsprechend überwacht. Die PiD galt als Voraussetzung für die Herausbildung organisierter Formen politischer Opposition. Nach anfänglicher Skepsis der Sowjets gegenüber diesem Ansatz – ideologische Auseinandersetzungen galten dort eigentlich als Angelegenheit der Partei – wurden der Terminus und die damit verbundene operative Ausrichtung später von den anderen kommunistischen Geheimdiensten übernommen. Ein Ziel war es auch, die Träger der PiD als vom Westen gesteuert und finanziert darzustellen.

Einzelvorgang

Eine Vorgangsart, die von 1950 bis 1960 gebräuchlich war. Im Zentrum des „Operativen Vorgangs" stand eine einzelne Person, der eine „feindliche Tätigkeit" unterstellt wurde.

Entführung

Definiert als „Verbringen von Menschen gegen ihren Willen unter Anwendung spezifischer Mittel und Methoden (Gewalt, Drohung, Täuschung, Narkotika, Rauschmittel u. a.) von ihrem ursprünglichen Aufenthaltsort an andere Orte, Staaten oder Gebiete". Ganz im Sinne der MfS-spezifischen Definition sind generell drei taktische, manchmal kombinierte Entführungsvarianten zu unterscheiden: Verschleppungen unter Anwendung physischer Gewalt; Verschleppungen unter Anwendung von Betäubungsmitteln sowie Entführungen vermittelst arglistiger Täuschung. In den 1950er Jahren wurden vermehrt politische Gegner*innen der DDR, welche sich in der BRD aufhielten, entführt, in der DDR verurteilt und in Gefängnisse gebracht. 1964 sollte der tschechoslowakische Exilautor Pavel Tigrid mit amerikanischem Pass, Herausgeber der Exil-Zeitschrift Svědectví, auf einem internationalen PEN-Kongress in Ungarn von der Staatssicherheit (StB) entführt und nach Prag vor Gericht gebracht werden.

Da er jedoch vom ungarischen Geheimdienst rechtzeitig informiert wurde, kehrte er vorzeitig nach Paris zurück. 1966 wurde ihm dennoch in Abwesenheit der Prozess gemacht, und er wurde zu 14 Jahren Haft verurteilt.

Fälschung/Fake

Als Fake sind aktive Maßnahmen des MfS zu verstehen, die die Diskreditierung einer Person oder Gruppe zur Folge haben sollten und als Desinformationsaktionen des MfS verstanden werden können. So wollte der Friedrichsfelder Friedenskreis eine eigene Publikation, den Friedrichsfelder Feuermelder, herausbringen. Noch bevor die erste Ausgabe vom Friedenskreis erstellt worden war, erschienen 100 Exemplare, welche vom MfS produziert worden waren, in den Oppositionskreisen Berlins. Da jedoch die Glocke im Logo falsch herum gedruckt worden war, konnte die Fälschung von Kenner*innen erkannt werden (Sandra Pingel-Schliemann, Zersetzen. Strategie einer Diktatur, Berlin 2003, 229). Ebenso wurden im OV „Arkade", der Überwachung der Berliner Galerie Arkade von Jürgen Schweinebraden, offensichtlich gefälschte Einladungskarten für eine Ausstellung verschickt, um potenzielle Interessent*innen an einem falschen Tag in die Galerie zu schicken und so den Galeristen zu diskreditieren. Selbst Gedichte gegen die Staatssicherheit wurden von Mitarbeiter*innen der Staatssicherheit gedichtet, um sie anderen unterzujubeln. (MfS BV Berlin, AOP 7030/82, Bd. 7, BStU 000120 ff.)

feindlich-negativ

Eine „politisch-operative Differenzierung", mit welcher ein Großteil der Beobachteten charakterisiert wurde. Als „feindlich-negativ" wurden Personen, Aktivitäten oder Elemente beschrieben, die nicht dem sozialistischen Idealbild entsprachen. Entweder wurde in den Maßnahmenplänen beschlossen, die „feindlich-negativen" Elemente in sozialistische umzuwandeln, oder die Personen und Gruppen wurden „zersetzt" und Aktivitäten, wenn möglich, vereitelt. In der Akte der Künstlerin Gabriele Stötzer heißt es: „die feindlich-negative Grundeinstellung der Person, ihre Zielstellung, feindliches Gedankengut zu verbreiten und sich mit weiteren feindlich-negativen Personen als Gleichgesinnte zusammenzuschließen, ist geeignet, die Zielstellung von Feindzentren bei der Organisierung eines politischen Untergrundes in der DDR verwirklichen zu helfen" (Gabi Stötzer, Stasidada, Typoskript). In anderen Sprachen der Geheimdienste gibt es keine direkte Entsprechung zu „feindlich-negativ". Im Polnischen wird der Begriff „wroga działalność" (feindliche Aktivität) verwendet.

Beim Verfassungsschutz in Deutschland entspricht die Bezeichnung „extremistische Bestrebungen" dem inneren Feindparadigma. Dazu gehören „Aktivitäten mit der Zielrichtung, die Grundwerte der freiheitlichen Demokratie zu beseitigen, Vorbereitungshandlungen, Agitation und Gewaltakte". In Osteuropa waren es gerade die Versuche, die Verfassung ernstzunehmen, die zum Stempel „feindlich-negativ" führten. Ohne einen Vergleich mit der Feindproduktion in Diktaturen ziehen zu wollen, kann es auch in Demokratien um Missbrauch der Einschätzung von „extremistischen Bestrebungen" gehen, etwa wenn politische Kritiker*innen unter Extremismusverdacht geraten, wie das in Deutschland 2018 der Fall war, als Ermittlungen gegen das Zentrum für Politische Schönheit wegen des Verdachts der Bildung einer kriminellen Vereinigung eingeleitet wurden. § 129 StGB gilt in Deutschland als „Schnüffelparagraf", Ermittlungsbehörden können dadurch Maßnahmen wie Postkontrolle, Telefonüberwachung, langfristige Observation, Einsatz von V-Leuten und verdeckten Ermittler*innen, Rasterfahndung und den „großen Lauschangriff" einleiten.

Fiche

Bezeichnung für eine Karteikarte in der Schweiz. 1990 ereignete sich in der Schweiz der sogenannte Fichenskandal (auch Fichenaffäre). Nach und nach wurde Ende der 1980er Jahre öffentlich, dass die Schweizer Bundesbehörden und die kantonalen Polizeibehörden seit 1900 rund 900.000 Fichen angelegt hatten mit über 700.000 Personen und Organisationen, die politisch als verdächtig galten: ausländische Anarchist*innen, Schweizer Sozialist*innen und Gewerkschafter*innen, unwillkommene politische Geflüchtete und Ausländer*innen.

Förderung

Förderung war eine Zersetzungsmaßnahme in der DDR, welche auch bei Künstler*innengruppen angewendet wurde, um die einzelnen Gruppenmitglieder zu isolieren und so den Zerfall der Gruppe zu erreichen. Indem einzelnen Künstler*innen Aufträge zugeschanzt, Ausstellungsbeteiligungen ermöglicht, Förderpreise, Prämien, Auszeichnungen zugesprochen, Ausbildungen ermöglicht oder Reisen ins westliche Ausland genehmigt wurden, sollte einerseits eine Distanzierung von anderen Gruppenmitgliedern, andererseits eine Karrieremöglichkeit im System ermöglicht werden. In der Künstler*innengruppe Clara Mosch bestanden z. B. Maßnahmen gegen ein Mitglied darin, „ihn durch intensive politisch-ideologische Erziehungsarbeit, Förderung und geeignete politisch-op. Maßnahmen zu veranlassen, sich gegenüber den Aktivitäten der Personen xx [...] zu distanzieren". MfS, BV, KMSt 3485, Bd. 1, BStU 000024.

Eine andere Form der Förderung unternahm die CIA mit dem 1950 in Berlin gegründeten „Kongress für Kulturelle Freiheit" (CCF), der durch Finanzspritzen und mit proamerikanischer Propaganda im Kunstbetrieb gezielt linke Kreise beeinflussen sollte. Der Kongress veröffentlichte rund 20 politische Zeitschriften, veranstaltete Kunstausstellungen und organisierte Preisverleihungen. Besonders gefördert wurde der abstrakte Expressionismus von Malern wie Jackson Pollock und Mark Rothko. Vgl. Campaigning Culture and the Global Cold War: The Journals of the Congress for Cultural Freedom, hrsg. v. Giles Scott-Smith, Charlotte A. Lerg, Palgrave Macmillan UK, 2017.

Gaslighting

Begriff, der von der Staatssicherheit nicht verwendet wurde, der aber eine typische Zersetzungsmaßnahme aus psychologischer Sicht beschreibt. Als Gaslighting wird in der Psychologie eine Form der Manipulation der Wahrnehmung beschrieben, mit der Opfer gezielt desorientiert und verunsichert werden sollen. Beim Opfer wird von einer oder mehreren Personen über einen langen Zeitraum die Wahrnehmung der Realität manipuliert. Das kann durch Verleugnung von real existierenden Dingen, Verhaltensweisen oder Ereignissen geschehen, seltener auch durch eine bewusste Inszenierung derselben.

Der Begriff stammt ursprünglich vom Titel des Theaterstücks Gaslight des britischen Dramatikers Patrick Hamilton aus dem Jahr 1938. Hamilton beschreibt die Manipulation der Selbst- und Realitätswahrnehmung, indem die Wahrnehmung der*des Betroffenen über einen langen Zeitraum immer wieder manipuliert und zugleich infrage gestellt wird. Während in der Psychologie Gaslighter, also die Täter*innen, in der Regel Einzeltäter*innen sind, handelt es sich bei der geheimdienstlichen Praxis um ein System von Täter*innen, das staatlich gesteuert ist. Es ist der Staat, der seine unliebsamen Bürger*innen in die Situation des Gaslightings versetzt. Die Manipulation passiert vor allem durch die Verleugnung und die Unglaubwürdigkeit jener Praktiken, die die Staatssicherheit selbst durchführt. Ein typisches Beispiel kann in den Akten über den Fall der Kinderärztin Karin Ritter gefunden werden. Neben der permanenten Streuung von Gerüchten wurde mehrfach in Ritters Wohnung eingebrochen: Bilder wurden umgehängt, Blumentöpfe verschoben, Tee in den Dosen wurde vertauscht. Im künstlerischen Milieu waren Einbrüche in Wohnungen typisch. Stötzer schreibt in ihren autobiografischen Reflexionen, dass zur Zersetzung neben Überwachung gehörte, dass man in ihre Wohnung einbrach und Dinge stahl. Vgl. Sandra Pingel-Schliemann, Zersetzen. Strategie einer Diktatur, Berlin 2003, 278.

Gerücht

Gerüchte waren eine beliebte Zersetzungsmaßnahme, um Personen zu isolieren und ihren öffentlichen Ruf zu diskreditieren. Der Inhalt war jeweils auf die einzelne Person zugeschnitten und reichte von Ehebruch, pornografischen Interessen, Alkoholmissbrauch, Verführung Minderjähriger, Geldgier, Verrat, Vernachlässigung elterlicher Pflichten bis hin zur Zusammenarbeit mit dem MfS. Gerade bei Letzterem war es unmöglich, den Wahrheitsgehalt zu überprüfen. Über die Künstler*innengruppe Clara Mosch wurde z. B. das Gerücht gestreut, dass eines ihrer Mitglieder Informant*in der Stasi sei. „In den Freundes- und Bekanntenkreis ist der Verdacht hineinzutragen, dass [geschwärzte Stelle] ständig die Partei- und Staatsorgane des Bezirkes über vertrauliche Sachverhalte aus seinem Bekanntenkreis informiert“. (MfS, BV, KMSt 3485, Bd. 1, BStU 000022.) Es gibt auch den Fall, dass Künstler*innen zu „legendierten Aussprachen“ vorgeladen wurden, die den Verdacht erhärten sollten, der*die Künstler*in arbeite mit den Staatsorganen zusammen.

Hauptamtliche Mitarbeiter

Die hauptamtlichen Mitarbeiter bildeten in der DDR die personelle Basis des Geheimpolizeiapparates. Sie verstanden sich nach sowjetischer Tradition als „Tschekisten“. In der staatssozialistischen Gesellschaft waren sie Teil der staatsloyalen Dienstklasse und pflegten den Korpsgeist einer Elite von „Genossen erster Klasse“. Die Zahl der hauptamtlichen Mitarbeiter verdoppelte sich bis Anfang der 1980er Jahre alle zehn Jahre. Im Jahr 1989 erreichte sie rund 91.000 – d. h. auf 180 DDR-Bürger*innen kam ein hauptamtlicher MfS-Mitarbeiter.

Informant

Sowohl in westlichen Geheimdiensten als auch bei der Geheimpolizei in Osteuropa ein geläufiger Begriff. Der BND bezeichnet den Informanten, im Unterschied zum V-Mann, als „eine Person, die in Einzelfällen oder gelegentlich und unaufgefordert den Verfassungsschutzbehörden Informationen aus dem Umfeld eines Beobachtungsobjektes anbietet“. www.verfassungsschutz.de/de/service/glossar/_II (7.6.2019)

In Ungarn und Rumänien wurden die Spitzel, also diejenigen, die man in der DDR Inoffizielle Mitarbeiter nannte, auch als Informanten bezeichnet. In der Sowjetunion schätze man die Anzahl der Informanten während des Zweiten Weltkriegs auf 22 Millionen, der KGB soll 10 Millionen Informanten bis zum Ende der Sowjetunion gehabt haben. Robert W. Pringle, Historical Dictionary of Russian and Soviet Intelligence, Boulder u. a. 2015. Bei der Politischen Polizei der Schweiz wurden vollamtliche Spitzel „Insider“ genannt. Sie wurden mit Aliasnamen ausgestattet und spielten in der Regel die Rolle von Linken (mit langen Haaren), „ermunterten als Agents provocateurs zu Straftaten, meldeten dutzende bis hunderte von Sitzungs- und DemoteilnehmerInnen“. Jürg Frischknecht, „Willi von der Bombenpolizei“, WOZ 2/2006, 12.1.2006, www.woz.ch/-619 (7.6.2019)

Inoffizielle Mitarbeiter

Inoffizielle Mitarbeiter waren das „Hauptinstrument“ der Staatssicherheit der DDR zur Überwachung der Gesellschaft. In der Regel konspirativ und aus eigener Motivation heraus lieferten sie Informationen über ihr berufliches und privates Umfeld. Sie arbeiteten in allen Bereichen der DDR-Gesellschaft sowie im Ausland bzw. in der Bundesrepublik Deutschland. In der DDR sollten sie flächendeckend abweichende Meinungen oder gar Fluchtabsichten von Ostdeutschen erkunden und entsprechend den jeweiligen Interessen der Staatssicherheit reagieren. Bezüglich der Zahl ist eine ähnliche quantitative Entwicklung wie bei den hauptamtlichen Mitarbeitern festzustellen, die allerdings mit geschätzt rund 200.000 bereits Ende der 1970er Jahre ihren Höhepunkt erreichte. In der zweiten Hälfte der 1980er Jahre wurden jährlich 4.500 bis 5.000 OV und rund 20.000 OPK durchgeführt. Folgende Unterkategorien wurden zuletzt grundsätzlich unterschieden:

- Inoffizieller Mitarbeiter im besonderen Einsatz (IME): Bei den IME handelte es sich um IM, die spezielle Aufgaben übernahmen. Dies konnten IM in „Schlüsselpositionen“ sein, sogenannte Experten-IM, oder solche, die auf Beobachtungen und Ermittlungen spezialisiert waren.
- Inoffizieller Mitarbeiter der Abwehr mit Feindverbindung oder zur unmittelbaren Bearbeitung im Verdacht der Feindtätigkeit stehender Personen (IMB): IMB waren besonders bedeutsame IM, die in direktem Kontakt zu vom MfS als feindlich eingestuften Personen standen und deren Vertrauen besaßen. Sie wurden direkt zur Arbeit an operativen Vorgängen (OV) eingesetzt. Einzelne IMB konnten hierfür auch ins westliche Ausland reisen. Zu diesem Zweck wurden sie mit Geheimdienstmaterialien und Devisen ausgestattet.
- Inoffizieller Mitarbeiter zur Sicherung der Konspiration und des Verbindungswesens (IMK): Die IMK waren für die geheime Infrastruktur der Staatssicherheit unverzichtbar: Sie stellten ihre Wohnungen bzw. ein Zimmer („konspirative Wohnung“, KW), ihre Adresse („Deckadresse“, IMK/DA) oder ihren Telefonanschluss („Decktelefon“, IMK/DT) zur Verfügung oder trugen auf sonstige Weise zur Geheimhaltung bei („sonstige“, IMK/S). Das MfS benötigte diese verschiedenen Kategorien von IMK, um die Kommunikation mit ihren Zuträger*innen unauffällig zu gewährleisten.
- Gesellschaftlicher Mitarbeiter für Sicherheit (GMS): GMS sollten für die Einhaltung von „Sicherheit, Ordnung und Gesetzlichkeit“ eintreten und sich öffentlich staatsloyal verhalten. Die so erreichte „Massenwachsamkeit“ sollte „feindliche Kräfte“ an der Entfaltung hindern und die IM sowie deren Führungsoffizier*innen entlasten. Ausgewählt und rekrutiert wurden GMS ähnlich wie IM, doch waren Geheimhaltung und Aktenführung nachlässiger. GMS sollten nicht zur direkten „Bearbeitung“ von Regimegegner*innen eingesetzt werden.
- Führungs-IM (FIM): Die FIM leiteten mehrere IM bzw. GMS an, um eingehende Informationen zu bündeln und Aufträge der Staatssicherheit bereit zu streuen. Als FIM kamen dem SED-Regime gegenüber besonders loyale und im Sinne der Staatssicherheit verschwiegene Personen infrage.

Beim Eintritt in das MfS verfasste der*die zukünftige IM ein Motivationsschreiben, in welchem er*sie sich am Ende einen neuen Namen gab. Dieser wurde frei vom IM gewählt, z.B. „Rose“, „Kurt“, „René, „Frank Körner“ oder „Otto Pfötzner“, ein IM konnte auch mehrere Decknamen haben.

Im ungarischen Geheimdienst wurden die inoffiziellen Mitarbeiter in Kategorien nach dem Motivationsgrund eingeteilt. So arbeitete der geheime Beauftragte (titkos megbìzott, tmb) aus Überzeugung für den Geheimdienst. Der geheime Mitarbeiter (titkos munkatárs, tmt) war aus politischer Überzeugung und der Informant (ügynök) wegen finanzieller oder sonstiger Vorteile und Privilegien, aber auch infolge einer Erpressung mithilfe kompromittierender Informationen beim Geheimdienst tätig. Beim bulgarischen Geheimdienst wurden die Inoffiziellen Mitarbeiter als „špion“ oder „taen agent“ bezeichnet und Informanten „razuznavč“ oder „informator“ genannt. In polnischen Akten hingegen werden Letztere als Informationsquellen („źródło informacji“) bezeichnet. Beim KGB wurden die Mitarbeiter*innen SEKSOT genannt, das Akronym für „sekretnyj sotrudnik“, geheimer Mitarbeiter.

Isolation

In Künstler*innenkreisen oft verwendete Maßnahme zur „Zersetzung“ einzelner Gruppen oder Freundeskreise. Dabei ging es unter anderem um eine „Isolierung in der Öffentlichkeit“ oder darum, „andere Künstler dem Einfluss“ einer Person zu entziehen. MfS, BV KMSt, AKG, 3485, Bd. 1, BStU 00021.

K

Kombination, operative

Zur Bearbeitung von Personen und Objekten angewandte Methode der Verknüpfung verschiedener, für die Zielpersonen scheinbar nicht zusammenhängender, legendierter Maßnahmen des MfS. Sie setzten das exakt abgestimmte Handeln von IM, hauptamtlichen Mitarbeitern des MfS und zum Teil im Rahmen des „politisch-operativen Zusammenwirkens“ von Mitarbeiter*innen anderer Institutionen voraus und dienten der „Desorientierung“, „Zersetzung“, „Abschöpfung“ und Beeinflussung von „bearbeiteten“ Personen, der Beschaffung von Informationen und Beweismaterial sowie der Gewinnung und Überprüfung von IM. Ein typisches Beispiel hierfür ist der Ausschluss vom Studium, von der Schule oder auch von Berufsverbänden. Da das MfS nicht immer leitende Personen der betreffenden Institution als IM zur Verfügung hatte, wurden Ausschlüsse auch über Beeinflussung der Verantwortlichen oder mithilfe von Gerüchten erreicht.

Kompromat

Belege oder Beweise für ein juristisches oder moralisches Fehlverhalten einer*s Bürgers*in der DDR. Kompromate wurden sowohl in der Zersetzung als auch bei der Werbung von IM gebraucht. Im letzteren Fall wurden die zukünftigen IM damit zur Mitarbeit beim MfS erpresst. Da in solchen Situationen durchgehend mit Motivationsschwierigkeiten gerechnet wurde, setzten die Führungsoffiziere selten Kompromate ein. In Zersetzungsmaßnahmen hingegen wurden Kompromate häufig verwendet, auch wenn sie gezielt vom MfS inszeniert wurden. Der Begriff wurde aus dem Russischen übernommen, er ist ein Akronym für **kompro**mittierendes **Mat**erial.

Konspiration

Grundprinzip der nachrichtendienstlichen und geheimpolizeilichen Arbeit des MfS, das den Einsatz von inoffiziellen Kräften und anderen verdeckten Mitteln und Methoden sowie die weitgehende Geheimhaltung der eigenen Tätigkeit auch gegenüber anderen DDR-Organen und dem SED-Parteiapparat beinhaltet. Als „innere Konspiration“ wird die Berichterstattung der IM über sich selbst in der dritten Person verstanden. Aufgrund der inneren Konspiration konnten IM auch durch die Berichte von anderen IMs beobachtet und kontrolliert werden, da nicht immer alle IM über die anderen in der gleichen Gruppe Bescheid wussten.

Kriminalisierung

Die „Nutzung bzw. [das] Schaffen von Umständen und Bedingungen, die eine strafrechtliche Verfolgung begünstigen“, war laut Wörterbuch des MfS eine Zersetzungsmaßnahme, bei welcher versucht wurde, Oppositionelle dazu zu bringen, kriminelle Handlungen zu begehen, um sie dann verurteilen und durch die Haftstrafe isolieren zu können. In Gabriele Stötzers Akte kann man folgenden Satz lesen: „Ferner sind konsequent weitere Voraussetzungen für eine strafrechtliche Verfolgung der im OV ‚Toxin‘ bearbeiteten Person K., Gabriele, zu schaffen.“ Ebenso findet sich im OV „Made“ die Anweisung, dass „ständig zu prüfen [sei], ob Hinweise und Beweise für kriminelle Handlungen und Verstösse gegen die staatliche Ordnung erarbeitet werden können“. MfS, BV, KMSt, AKG, 3485, Bd. 1, BStU 000026.

„Kunsthistoriker in Zivil“

Bezeichnung von Künstler*innen für Informant*innen und Spitzel, die auf die Kunstszene angesetzt waren. Die Formulierung kommt aus dem Russischen („iskusstvovedy v štatskom“) und wurde vor allem dort verwendet. Der Künstler Sven Gundlach schreibt z.B., dass „Kunsthistoriker in Zivil“ als Fahrer verkleidet bei der Bulldozerausstellung anwesend waren. Sven Gundlach, „Vystavka kak akcija“, Dekorativnoe iskusstvo 5 (1991), 33–35, 33.

L

Legende, operative

Inszenierte fiktive Sachverhalte und Vorwände, die bei bestimmten Personen gewünschte Verhaltensweisen auslösen und/oder das MfS in die Lage versetzen sollten, an bestimmte Informationen zu gelangen, wobei der nachrichtendienstliche Hintergrund der Vorgänge, d.h. der IM und die Maßnahme selbst, unerkannt bleiben sollte. Die Legende sollte glaubwürdig sein, auf realen, überprüfbaren Gegebenheiten beruhen und jeweils auf jede einzelne zu beobachtende oder bearbeitete Person abgestimmt werden. Je nach operativer Zielsetzung gab es die Reise-, Ermittlungs-, Gesprächs-, Kontakt-, Ausweich- und Rückzugslegenden. „Legende“ ist ein internationaler geheimdienstlicher Begriff, beim BND bezieht er sich auf die Verwendung „ganz oder teilweise erfundener oder geänderter biographischer Daten, um den Auftrag der Nachrichtendienste zu erfüllen und für sie tätige Personen gegenüber Dritten zu schützen. Im Rahmen einer Legende werden Tarnmittel eingesetzt, insbesondere Tarnadressen, Tarnausweise und Kfz-Tarn-Kennzeichen.“ www.verfassungsschutz.de/de/service/glossar/_IL (7.6.2019)

Liquidierung

Dieser Begriff wurde nur für abstrakte Dinge wie Vorgänge, Möglichkeiten, Gegenstände benutzt und meinte deren „Zersetzung“. Im OV „Arkade“ werden diverse Maßnahmen zur „Liquidierung der Galerie“ von Jürgen Schweinebraden geplant, etwa ein Stromausfall, der wochenlange Reparaturen zur Folge hätte, oder der Versand von anonymen Materialien, die das Ziel hatten, die Galerie zu diffamieren. In polnischen Akten wird interessanterweise die Liquidierung von Gruppen und Institutionen als Neutralisation (neutralizacja) bezeichnet, z.B. bei der Künstler*innengruppe Orange Alternative (Pomaranczowa Alternatywa).

M

Maskierung

Um bei Überwachungsmaßnahmen nicht aufzufallen, verwenden Informanten, Spione, Agenten, V-Männer usw. das Mittel der Maskierung. In der BStU kann man recherchieren, wie Beobachtungsstützpunkte als Garderobe dienten, in denen eine Sammlung von Berufsbekleidung, Perücken und Schminkutensilien aufbewahrt wurden. Am Einsatztag verkleideten sich die Mitarbeiter*innen unauffällig in einer der Umgebung angepassten Form, etwa als Handwerker*in, Förster*in oder Kellner*in.

Einige Bezirksverwaltungen des MfS beschäftigten für Maßnahmen der Maskierung Friseur*innen und Maskenbildner*innen als hauptamtliche IM. Als „PKW-Maskierung“ wurde die Tarnung von MfS-Fahrzeugen bezeichnet, die durch private Gegenstände, gefälschte Kennzeichen oder aufgedruckte Firmenschilder ein ziviles Aussehen erhielten. Der Begriff wurde direkt vom russischen „maskirovka“ übernommen, der heute noch in diesem Sinne verstanden wird.

Maßnahmen, aktive

Aktivitäten des MfS im Westen, die über die Informationsbeschaffung hinausgingen. In den 1950er Jahren beinhaltete dies auch Entführungen und Attentate. Später handelte es sich zum Großteil um die Lancierung von Desinformation, um psychologische Kriegsführung und teilweise auch um Maßnahmen zur Beeinflussung von politischen Entscheidungsprozessen. Spektakulär war die Ermordung des bulgarischen Exilschriftstellers Georgi Markov am 7. September 1978 in London. Tatwaffe war ein Regenschirm. Wie man heute weiß, hatte der bulgarische Geheimdienst die Spitze des Regenschirms mit einer kleinen Kugel präpariert, die Markov von einem Agenten in die rechte Wade gerammt wurde. In der Kugel waren etwa 200 Mikrogramm Rizin.

In den Akten kann kein eindeutiger Begriff mit äquivalenter Bedeutung fürs Inland gefunden werden. Oft wird von einer operativen, politisch-operativen oder auch disziplinierenden Maßnahme gesprochen. Auftragsmord wurde in Russland auch als „nasse Sache“ („mokroye dela“) oder „schwarze Arbeit“ („černaja rabota“) bezeichnet. Robert W. Pringle, Historical Dictionary of Russian and Soviet Intelligence, Boulder u. a. 2015.

Maßnahmenplan

In einem Maßnahmenplan wurden die nächsten auszuführenden Schritte und die entsprechenden Verantwortlichkeiten definiert. Inhaltlich bestand dieser Maßnahmenplan oft auch aus Zersetzungsmassnahmen, welche alle durch den Führungsoffizier aufeinander abgestimmt und ausgedacht wurden. War der Plan durch die höheren Instanzen bestätigt, wurde er dem Führungsoffizier zur Umsetzung überlassen. Der Maßnahmenplan gegen den ungarischen Künstler Tamás St. Auby sah z. B. vor, diesen in eine psychiatrische Klinik zu bringen, wenn er nicht aufhöre, Happenings zu veranstalten.

Methoden, operative

Aus Erfahrungen und wissenschaftlichen Erkenntnissen gewonnenes System von Grundsätzen und Regeln, das der Lösung geheimdienstlicher Aufgaben und dem effektiven Einsatz operativer Kräfte und Mittel dienen sollte. Die Methoden waren an die jeweils vorliegenden operativen Bedingungen anzupassen.

N

Netzwerk

„hálózat“ (ung.) ist eine interne Bezeichnung der ungarischen Staatssicherheit für die Summe der geheimen Mitarbeiter, die als „Netzwerk“ organisiert wurden. Auch in Rumänien war dieser Begriff zur Selbstbezeichnung üblich: „rețea“. Vgl. Katherine Verdery, Secrets and Truth, Budapest, New York 2014, 277.

Ö

Öffentlichkeits- und Traditionsarbeit

Diensteinheit, die 1955 vom MfS gegründet wurde. Sie sorgte für die Erarbeitung von Ausstellungen, Printpublikationen und Filmen zur Tätigkeit des MfS sowie für die Platzierung solcher Themen in den DDR-Medien. Ab Ende der 1950er Jahre konzentrierte sich die Öffentlichkeitsarbeit des MfS auf die elektronischen Medien und den Film. Besonders erfolgreich war der vom MfS inspirierte 1963 gedrehte Spielfilm For eyes only über die spektakuläre Entwendung einer Agentenkartei aus der Würzburger Dienststelle des amerikanischen Militärgeheimdienstes MID durch den „Kundschafter“ Horst Hesse.

P

Performative Zensur

Terminus von Sylvia Sasse, der die Zensurmaßnahmen der Staatssicherheit zur Unterbindung von künstlerischen Aktionen, Ausstellungen usw. durch performative, theatrale Aktionen bezeichnet. Gemeint sind Wasserrohrbrüche, die Ausstellungen verhindern, gefakete Einladungskarten für Ausstellungen, Einbrüche bis hin zu aufwendigen Gegeninszenierungen wie die Bulldozerausstellung am 15. September 1974 in Moskau.

In der Sprache des MfS ist von einer „Verhinderung“ die Rede. In ungarischen und polnischen Akten findet sich auch der Begriff „Prävention“ im Zusammenhang mit Maßnahmen gegen Happenings.

Priorisieren

„Priorálás“ (Priorisieren) meint im Ungarischen die Praxis des „Suchens“ nach speziellen Themen, Stichworten oder Personen innerhalb des Archivs der Staatssicherheit. Es war eine Routineaufgabe von Staatssicherheits-Offizieren und gehörte zum „ABC der Staatssicherheitsarbeit“ (Krisztián Ungváry), mit dessen Hilfe auch Dekonspiration oder vermeintliche „fiktive“ Anwerbungen aufgedeckt werden konnten.

Psychologie, operative

Die „operative Psychologie“ als Studienfach wurde erstmals 1965 an der Juristischen Hochschule (JHS) in Potsdam-Eiche angeboten. Dies war eine eigens für das MfS eingerichtete Hochschule. Das Fach nahm zwischen 1986 und 1989 insgesamt 5% des vierjährigen Studiums an der JHS ein. Des Weiteren konnte im Studium die Spezialisierung „operative Psychologie“ gewählt werden. Sie war die Grundlage für die Zersetzungsmaßnahmen, den Umgang mit den IM und die Befragungen der Oppositionellen. In diversen Abschlussarbeiten wurden praktische Beispiele diskutiert, wie solche Maßnahmen oder Befragungen aussehen konnten. Zu diesem „Zweck“ wurde die operative Psychologie nur an der JHS in der DDR angeboten.

Q

Quelle

Sie war eine zentrale IM-Kategorie der Hauptverwaltung A. Als Quellen bezeichnete das MfS die im Westen tätigen IM, die Zugang zu Informationen über Aktivitäten, Absichten, Ressourcen und die innere Struktur „gegnerischer“ Institutionen besaßen. Dies konnten z. B. politische Parteien, Verbände oder Industrieunternehmen sein. Beim Verfassungsschutz versteht man unter Quelle „die Herkunft einer Information. Quellen können Personen (z. B. V-Leute), aber auch Medien (z. B. Internet, Druckerzeugnisse) oder andere Behörden sein. Unter ‚Quellenschutz‘ versteht man alle Maßnahmen, die erforderlich und geeignet sind, eine nachrichtendienstliche Quelle vor einer Enttarnung und deren Folgen zu schützen.“ www.verfassungsschutz.de/de/service/glossar/_lQ (7.6.2019)

Residentur

Als Residentur bezeichnet man einen „getarnten nachrichtendienstlichen Stützpunkt im Operationsgebiet". Unterschieden wird zwischen einer offiziellen oder halboffiziellen Vertretung (z. B. Botschaft, Handelsvertretung), die als „Legalresidentur" bezeichnet wird, und einer illegalen, konspirativen Residentur.

Selbstdisqualifikation

Selbstdisqualifikation beschreibt den Versuch von Künstler*innen, sich für die Zusammenarbeit mit der Staatssicherheit im Vorhinein zu disqualifizieren. Der tschechische Künstler Jan Mlčoch vermied die Zusammenarbeit mit der Geheimpolizei dadurch, dass er, als man ihm anbot, Informant zu werden, behauptete, er habe bereits an seinem Arbeitsplatz verkündet, dass er sich mit einem Mitarbeiter des Innenministeriums getroffen habe. Deshalb sei er nicht mehr vertrauenswürdig. Vgl. Tomáš Pospiszyl, „Wer schaut zu? Fotografische Dokumentationen von Happenings und Performances in der Tschechoslowakei", in: Artists & Agents, hrsg. v. Kata Krasznahorkai, Sylvia Sasse, Leipzig: Spector Books, 2019, S. 339–347.

Sicherheitsüberprüfungen

Verfahren zur Einschätzung der „sicherheitspolitischen" Eignung von Personen, denen bedeutsame Aufgaben, Funktionen und Befugnisse übertragen oder Vollmachten bzw. Genehmigungen erteilt werden sollten. Sicherheitsüberprüfungen und andere Personenermittlungen unterhalb der Schwelle registrierter Vorgänge gingen in der DDR pro Jahr in die Hunderttausende (1987: ca. 400.000) und wurden hauptsächlich von Kreisdienststellen durchgeführt. Ende des Jahres 1987 war durchschnittlich jede*r zweite DDR-Bürger*in in der Vorverdichtungs-, Such- und Hinweiskartei (VSH) der MfS-Dienststelle ihres*seines Kreises erfasst.

Signalisation

Der Terminus „szignalizáció" bezeichnet in Ungarn eine „Methode, die es ermöglicht, Personen jenseits von Prävention und Strafverfahren differenziert zur Verantwortung zu ziehen (zu belangen). Es ist ein ‚Zeichengeben' über gesellschafts-feindliche Tätigkeiten für die zuständige Partei-, Staats- Gesellschafts-, Wirtschaftsinstitutionen oder Behörden. Quelle: Gergely Attila, Állambiztonsági értelmező kéziszótár (Wörterbuch der Staatssicherheit, hg. BM (Belügyminisztérium, Innenministerium der Volksrepublik Ungarn), nur für die Verwendung für Mitarbeiter des Innenministeriums), Budapest 1980. https://hvg.hu/itthon/20050225allambiztonsag (7.6.2019)

Spionage

Als Spionage bezeichnet man nur die Tätigkeit eines fremden Landes, die auf die „Mitteilung oder Lieferung von Tatsachen, Gegenständen oder Erkenntnissen" im eigenen Land gerichtet ist. www.verfassungsschutz.de/de/service/glossar/_IS (7.6.2019)

Tipper

Eine Kategorie von Inoffiziellen Mitarbeitern, die das MfS auf Personen hinweisen sollten („tippen"), die als Kandidat*innen für die inoffizielle Arbeit, insbesondere im Operationsgebiet, infrage kamen. In der Regel verfügte dieser IM in der DDR über eine berufliche, politische oder gesellschaftliche Stellung, die ihm einen entsprechenden Überblick erlaubte. Als Begriff auch im ungarischen Kontext genutzt, wie z. B. „Tipp-Suche" (tippkutatás): die erste Phase der Netzwerkbildung bei einer Personensuche.

Treff

Der Treff war eine Zusammenkunft zwischen Führungsoffizier bzw. Instrukteur und IM unter konspirativen Bedingungen. Der Treff gehörte zu den „wichtigsten Methoden" der Informationsübermittlung. Er hatte zahlreiche Aufgaben zu erfüllen wie die persönliche Aussprache, Auftragsvergabe und Berichterstattung. Auch die Erziehung, Anleitung, Befähigung und Überprüfung des IM fand ganz oder teilweise beim Treff statt, der möglichst in einer konspirativen Wohnung durchzuführen war. Es gab den „Haupttreff", den „Vortreff" bzw. „Sichttreff", bei dem sich die Beteiligten, ohne miteinander zu sprechen, gegenseitig signalisierten, ob ein Haupttreff möglich war. Péter Esterházy schreibt in seinem Roman Verbesserte Ausgabe über die Treffen seines Vaters mit der Staatssicherheit.

Tschekisten

So wurden die MfS-Mitarbeiter bezeichnet. Tschekisten wurden als besondere Persönlichkeit mit „sechstem Sinn" verstanden, „der sie befähigt, die Feinde zu erkennen und aufzuspüren" (Erich Mielke, 1957) verstanden. Aus dieser Ideologie ergab sich das normative Leitbild der „tschekistischen Persönlichkeit" für die Formung und seelisch-moralische Orientierung der MfS-Mitarbeiter als Weltanschauungskämpfer*innen. Im Mittelpunkt standen die „tiefen Gefühle des Hasses, des Abscheus, der Abneigung und Unerbittlichkeit" als „entscheidende Grundlage für den leidenschaftlichen und unversöhnlichen Kampf gegen den Feind".

Heute werden in Russland die ehemaligen Geheimdienstmitarbeiter*innen, die jetzt in der politischen Führung tätig sind, „Silovki" genannt, eine Ableitung aus dem russischen „sila" (Kraft, Stärke). Bis 1990 kursierten ganz unterschiedliche ironische Bezeichnungen für die Geheimpolizei und ihre Mitarbeiter. DDR: „VEB Horch und Guck", „Firma", „Kombinat", „Verein", „Freunde von Nebenan", „Paul Greifzu", „Memfis", „Horch und Greif", „die Freunde mit der Lederjacke". Sowjetunion: „Tiefbohrkomitee" (Kontora/komitet glubokovo burenija), „Wohin man muss" (Kuda nado), „Galina Borisovna" (GB, für KGB), analog zu Sofija Vladimorovna für „sowjetskaja vlast'" (Sowjetmacht), „Onkel in Stiefeln" (djad'ki v sapogachš), „Greifer" (stukači), „Erste Abteilung" (Pervyj otdel), „Komitetčik", „Tschekist", „Spezi", „osobist" (von Osobyj otdel, Spezialabteilung), „Mensch aus der Lubjanka" (čelovek s Lubjanki) in Moskau, „Mensch aus dem Großen Haus" (čelovek iz Bol'šogo doma) in Leningrad). Polen: „psi" (Hunde) für Spione, Rumänien: „Securişti" (Sicherheitsverwahrer), Ungarn: „Vamzer", „Hé", „Spicli" (Spitzel), „Tégla" (Ziegelstein), „Besúgó" (Petze).

Verschleierung

Die ungarische Bezeichnung (fátyolozás) für Daten und Dokumente, die auf „operativem Wege" gesammelt und anschließend „legalisiert" wurden, damit sie weiterverwendet werden können. Die ursprüngliche Quelle musste verschleiert werden.

Vertrauensleute (V-Leute), Counter-Men und Gewährspersonen

Bezeichnung des Verfassungsschutzes für Personen, „die planvoll und systematisch zur Gewinnung von Informationen über extremistische Bestrebungen eingesetzt werden. Sie sind keine Mitarbeiter*innen des Verfassungsschutzes. Für ihre Informationen werden sie in der Regel entlohnt. Die Identität von Vertrauensleuten wird besonders geschützt (s.a. Quellenschutz). Bei dem Einsatz von V-Leuten handelt sich um ein nachrichtendienstliches Mittel/Instrument." www.verfassungsschutz.de /de/service/glossar/_IV#v-leute

„Counter-Men (CM)" sind hingegen Agent*innen eines fremden Nachrichtendienstes, die man für die gezielte Gewinnung von Informationen nutzt.

Vorbeugende Überwachung

Die DDR-Gesellschaft sowie die staatlichen, ökonomischen und gesellschaftlichen Institutionen wurden vorbeugend durch geheime Informanten, später durch IM überwacht. Dahinter stand unter anderem die Vorstellung, dass sich in der Gesellschaft – bedingt durch „feindliche" westliche Einflüsse – überall Gefahren für den Sozialismus und damit die DDR entwickeln könnten. Unter den Bedingungen der Entspannungspolitik verzichtete das MfS mit Rücksicht auf die internationale Reputation zunehmend auf offen repressive Maßnahmen und ersetzte diese durch vorbeugende und verdeckt-manipulative Vorgehensweisen, die erheblich größere personelle Ressourcen erforderten.

Vorgang, operativer (OV)

Ein registrierpflichtiger Vorgang und Sammelbegriff für Einzel- bzw. Gruppenvorgänge, der angelegt wurde, um im Rahmen von verdeckten, zum Teil auch offenen Ermittlungen gegen missliebige Personen vorgehen zu können. Ein solcher Vorgang wurde aufgrund von Hinweisen auf – aus Sicht des MfS – strafrechtlich relevante Tatbestände eröffnet. Enthalten waren Überprüfungen von Personen, Einsatzberichte, Maßnahmenpläne und detaillierte Beschreibungen der beobachteten Personen, ihrer Gewohnheiten und ihres Umfelds. Die Namensgebung der operativen Vorgänge war dem zugeteilten Führungsoffizier überlassen, wobei der Name in vielen Fällen einen Bezug zur Person hatte, die bearbeitet wurde. Die Namen kommen manchmal aus dem Kunstmilieu wie „Autodikakt", „Pinsel", „Tipper", „Deuter", „Siebdruck", „Palette", „Schwitters", „Festő" (Maler). Oder sind Persiflagen von Familiennamen der zu beobachtenden Personen, wie „Horgászok" im Falle von Péter Halász (dessen Nachname Fischer bedeutet). Mitunter waren die Vorgangsnamen eindeutig pejorativ, passten ins propagandistische Feindschema, wie z.B. Schädlingsnamen bei der Künstler*innengruppe Clara Mosch („Made", „Wurm"), oder sollten die Gefährlichkeit unterstreichen, so bei Gabriele Stötzer, der man den Vorgangsnamen „Toxin" gab.

Im Vergleich zum Russischen wurde der Begriff hier leicht angepasst, da „delo operativnoj razrabotki" wörtlich übersetzt „Vorgang/Angelegenheit/ Sache/Dossier der operativen Bearbeitung" meint. Im Ungarischen wurde der operative Vorgang als „O-dosszié" (operatives Dossier) bezeichnet. Ähnlich wie der OV ist es der zusammenfassende Name der Ansammlung der Personal-, Gruppen-, Beobachtungs-, Fahndungs-, Objekt-, Besondere Ereignis-, sowie Kontroll-Dossiers. Der operative Vorgang über eine einzelne Person wurde als „személyi dosszié" geführt. In das O-Register (O-napló) wurden die Objektakten nach Abschluss des Vorgangs, bei der Archivierung aufgenommen. Fast wie in den ungarischen Akten wurde in Bulgarien der OV auch „operativno delo" genannt. Weiter wird zwischen persönlicher („lično delo") und Arbeitsakte („rabotno delo") unterschieden. In den polnischen Akten lässt sich beim Begriff „sprawa operacyjnego rozpracowania" die Herkunft aus dem Russischen erkennen, da er Wort für Wort übernommen worden ist. Bei der Benennung werden die Akten jeweils mit „kryptonim" und folgend dem Codenamen benannt.

W

Wer-kennt-wen-Schema (WKW-Schema, Wer-ist-wer-aufklärung)

Das WKW-Schema war ein Arbeitsmittel, um die familiären, freundschaftlichen und sonstigen relevanten Beziehungen einer Person zu erfassen und darzustellen. Es diente dem Zweck, die Konspiration und Sicherheit von IMs zu gewährleisten, deren Einsatz zu koordinieren und für sie neue Einsatzmöglichkeiten aufzuzeigen. In einer grafischen Darstellung wurden hierzu die Verbindungen, die der IM zu anderen Personen unterhielt und diese wiederum untereinander hatten, aufgezeichnet. Um den unterschiedlichen Charakter der Personen in diesem System und der Verbindungen darzustellen, fanden Farben und Symbole Verwendung. Es fand vorrangig in IM-Akten, aber auch in unterschiedlichen OV Anwendung. Bei der Künstler*innengruppe Clara Mosch wurde IMB „Franziska Platter" mit einer Wer-ist-Wer-Aufklärung beauftragt. MfS, BV Karl-Marx-Stadt, XIV 73/75, Bd. 5, 9. Mitunter wurden auch Skizzen angefertigt, z.B. über das Beziehungsnetz der Galerie Arkade (MfS BV Berlin, AOP 7030/82, Bd. 1, BStU 000153). Auch in den Akten von Jiří Kolář findet man eine Liste von Kolářs Freund*innen und deren Merkmalen und einen Grundriss seiner Wohnung. Vgl. Tomáš Pospiszyl, „Wer schaut zu? Fotografische Dokumentationen von Happenings und Performances in der Tschechoslowakei", in: Artists & Agents, hrsg. v. Kata Krasznahorkai, Sylvia Sasse, Leipzig: Spector Books, 2019, S. 339–347.

Z

Zersetzung

Die „Zersetzung" war die Methode der verdeckten Bekämpfung von Personen und Personengruppen, die das MfS als „feindlich-negativ" einstufte und der politischen Untergrundtätigkeit verdächtigte. Die Richtlinie 1/76 zur Bearbeitung Operativer Vorgänge legte als Ziel der Zersetzung das vorbeugende Verhindern von „feindlichen" Handlungen fest. Dies wurde durch die „systematische Diskreditierung des öffentlichen Rufes, des Ansehens des Prestiges", die „systematische Organisierung beruflicher und gesellschaftlicher Misserfolge", die „zielstrebige Untergrabung von Überzeugungen", das „Erzeugen von Misstrauen und gegenseitigen Verdächtigungen", das „Erzeugen bzw. Ausnutzen und Verstärken von Rivalitäten" und das „örtliche und zeitliche Unterbinden bzw. Einschränken der gegenseitigen Beziehungen" erreicht. Der Begriff wurde direkt vom russischen „razloženie" ins Deutsche übersetzt. In Ungarn heißt es „bomlasztás" und bezeichnet die Unterbrechung feindlicher Aktivitäten jenseits eines Strafprozesses. Ziel ist die „Verweichlichung" (fellazítás) der feindlichen Gruppierungen, ihrer Aktionsfähigkeit, inneren Ordnung und Disziplin mit komplexen Gegenmaßnahmen und mit der Auflösung von menschlichen Beziehungen. Als Teil-Maßnahmen gelten: Denunziation, Beeinflussung, Isolation, Abtrennung. Im Bulgarischen wurde ebenfalls ein aus dem Russischen kommender Begriff für die Zersetzung verwendet: „razlagane".

Zersetzungsmaßnahme

In der Richtlinie 1/76, die den Beginn der systematischen Zersetzung markiert, sind die möglichen Maßnahmen, um eine beobachtete Person zu zersetzten, wie folgt beschrieben:

- „systematisches Diskreditieren des öffentlichen Rufes, des Ansehens, des Prestiges" durch:
  - unwahre Angaben und das Verbreiten von Gerüchten über
    - Ehebruch
    - pornografische Interessen
    - Alkoholmissbrauch
    - Verführung Minderjähriger
    - Geldgier
    - Vernachlässigung elterlicher Pflichten
    - Verrat von politischen Mitstreiter*innen, Freund*innen und Verwandten in Verhören
    - Mitarbeit beim MfS
  - Erzeugen von Misstrauen
  - Vorladen von Personen zu staatlichen Dienststellen
  - Versenden anonymer oder pseudonymer Briefe
  - Telefonanrufe

- „systematische Organisierung beruflicher und gesellschaftlicher Misserfolge zur Untergrabung des Selbstvertrauens einzelner Personen" durch:
  - Bildungs- und Berufsverweigerung
  - Ausschluss aus Berufsverbänden oder Nichtzulassung zu diesen
  - Verunsicherung und Disziplinierung durch ständige Aussprachen bei beruflich Vorgesetzten, der Polizei und dem MfS

Des Weiteren griffen Führungsoffiziere auch gerne zu folgenden Zersetzungsmaßnahmen:

- Einschränkung der Bewegungsfreiheit
  - Mutwillige Beschädigung des Fahrzeugs
  - Entzug des Führerscheins oder des Personalausweises
- Zerstörung des Privatlebens
  - demonstrative Tag- und Nachtbeobachtungen
  - ständige telefonische Anrufe
  - Annoncenkampagnen
  - heimliche Hauseinbrüche und das Verstellen von Gegenständen
  - Beschädigung privaten Eigentums
  - Vortäuschung außerehelicher Beziehungen
  - verdeckt organisierte Entfremdung der Kinder von den Eltern
  - Schaffen von Voraussetzungen für die strafrechtliche Verfolgung

Die Zersetzungsmaßnahmen wurden vom zuständigen Führungsoffizier auf die zu zersetzende Person abgestimmt und dann den höheren Instanzen zur Überprüfung vorgelegt. Die grundsätzlichen Methoden, wie eine Person zersetzt werden kann, wurden in der Juristischen Hochschule in Potsdam unter anderem in Diplomarbeiten entwickelt. Die konkrete Ausformulierung und Gestaltung übernahm dann der Führungsoffizier.

Zersetzungsgruppen, operative

In diesen Gruppen kamen Partner des POZW (politisch-operatives Zusammenwirken) zusammen, um aktiv Veranstaltungen zu stören. Dies waren in der Regel Student*innen, Schüler*innen, Pädagog*innen, Vorgesetzte der Arbeitsstelle von teilnehmenden Oppositionellen oder auch Mitglieder von Wohnbezirksausschüssen. Wie sich diese Gruppen genau zu verhalten hatten, wurde durch unerkannte Mitarbeiter*innen des MfS orchestriert. Sie hatten dabei „sachkundig und überzeugend die Politik von Partei und Regierung auf den Gebieten der Friedens-, Verteidigungspolitik, des Umweltschutzes, der Menschenrechte zu erläutern" (BStU, ZA, JHS VVS 001-351/86, Bl. 63). Dadurch sollte erreicht werden, dass die Mitteilung der Oppositionellen in den staatskonformen Aussagen der Zersetzungsgruppe unterging.

Zusammengestellt von Susanne Wegmann, Kata Krasznahorkai und Sylvia Sasse.
Die Einträge stammen aus unterschiedlichen Lexika, hauptsächlich aus: Das MfS-Lexikon. Begriffe, Personen und Strukturen der Staatssicherheit der DDR, 3. aktualisierte Auflage, Berlin 2016.

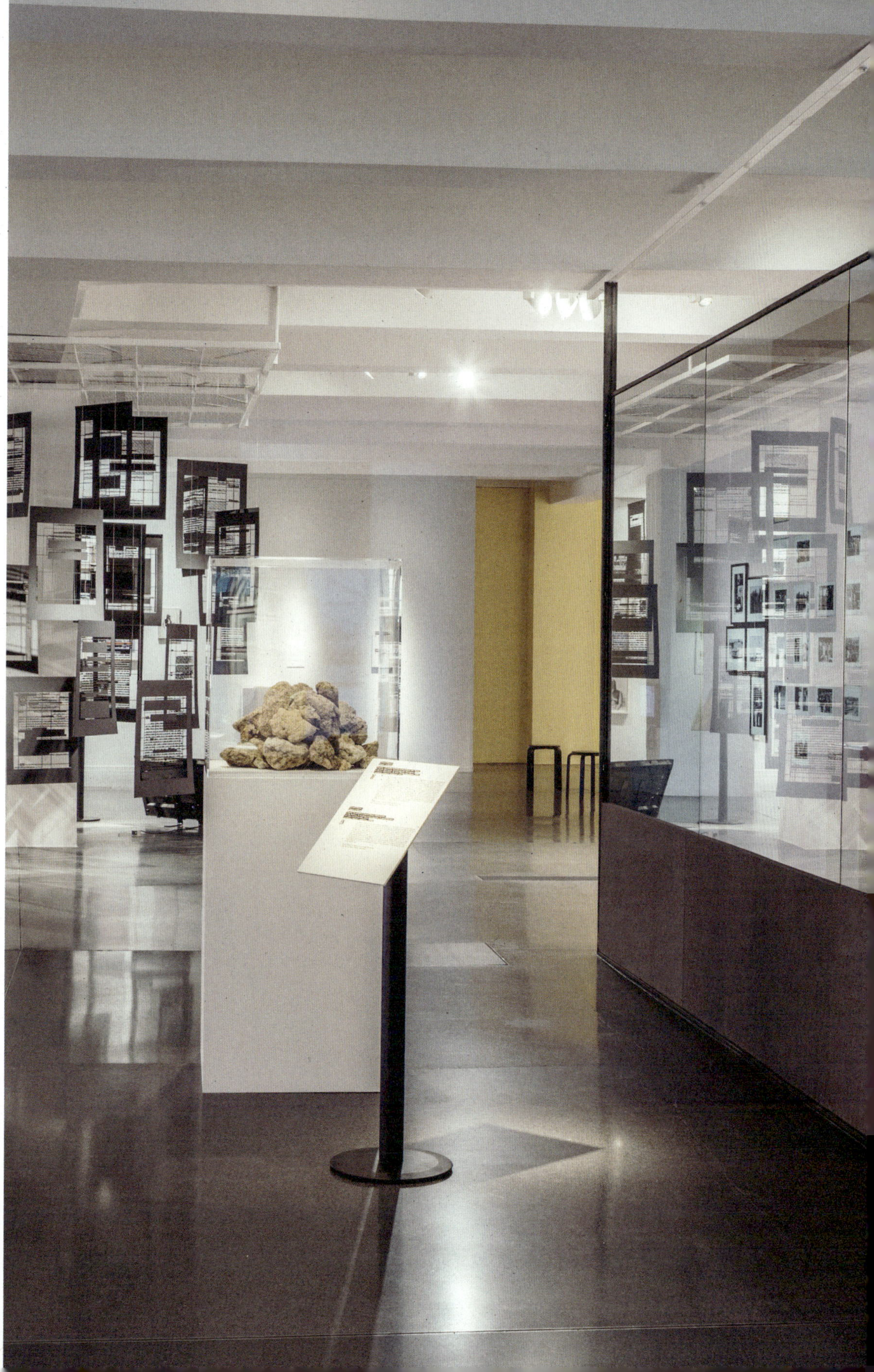

Ausstellungsansicht: Artists & Agents –
Performancekunst und Geheimdienste, HMKV 2019

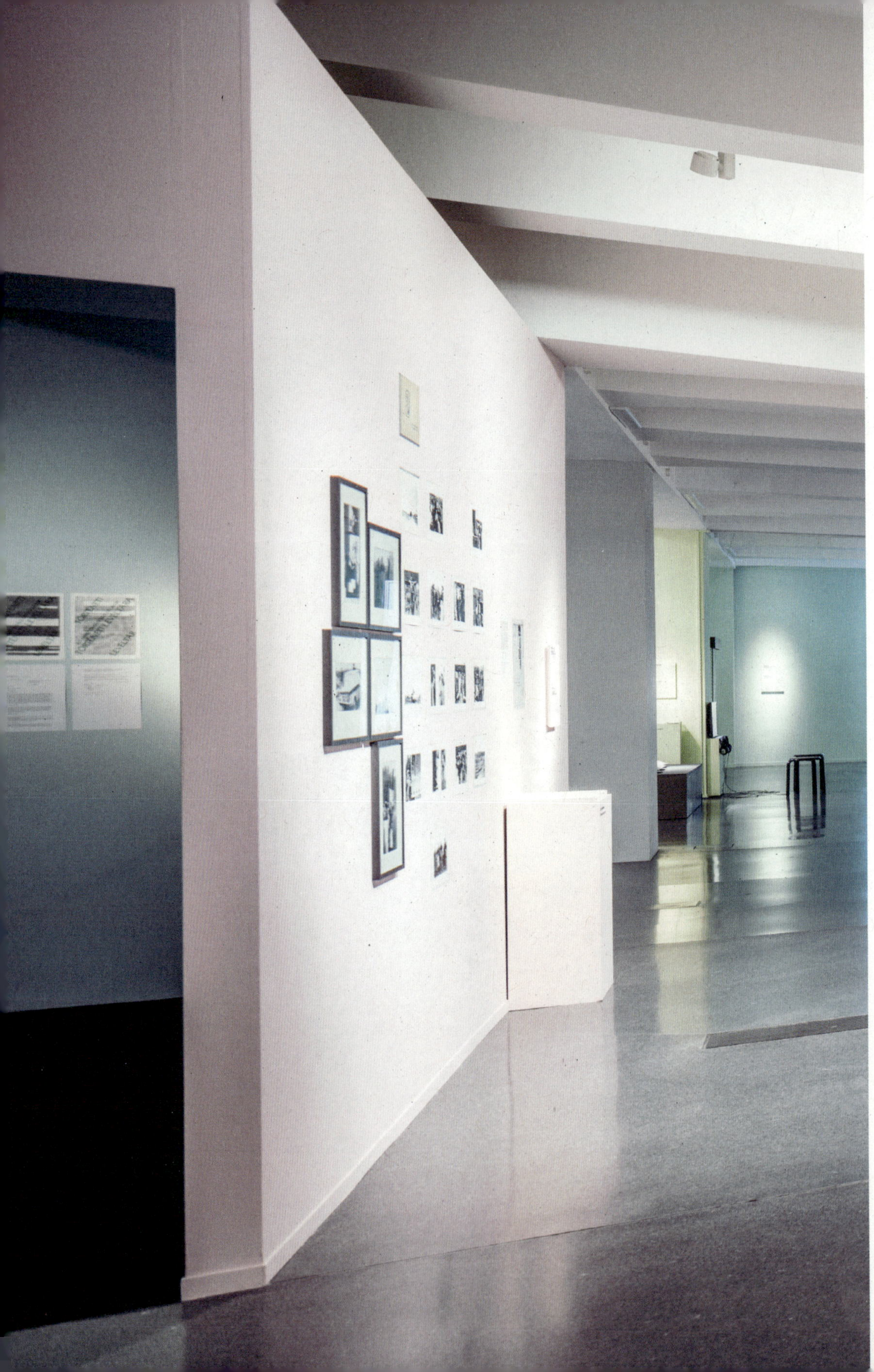

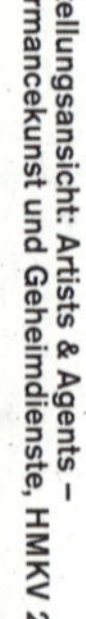

Ausstellungsansicht: Artists & Agents –
Performancekunst und Geheimdienste, HMKV 2019

Glossary

A

Adjutant
Term used by Nadezhda Mandelstam in her autobiography to refer to persons who "served two gods at once," who wanted to play a role in the literature and art worlds while simultaneously delivering information to the secret services. The term was discussed at the conference "Stasi, KGB, and Literature" in Moscow in 1993. See Arseni Roginski, Nikita Ochotin, "Archivquellen zum Thema KGB und Literatur," in Stasi, KGB und Literatur. Beiträge und Erfahrungen aus Russland und Deutschland (Cologne, 1993).

Agent
Persons, according to the German Office for the Protection of the Constitution (Verfassungsschutz), who "are intentionally in contact with a foreign intelligence service and who perform clandestine activities at their command." Different motivations are determinative here, e.g. material or ideological reasons but also blackmail. The term is not generally used for secret police surveillance, although the term was repeatedly used in society for informants and collaborators of state security. www.verfassungsschutz.de/de/service/glossar/_IA

Archive
The following is a list of all archives concerned with the appraisal and research of secret police files:

- Germany: Federal Commissioner for the Records of the State Security Service of the Former German Democratic Republic (Bundesbeauftragte für die Unterlagen des Staatssicherheitsdienstes der ehemaligen DDR, BStU), founded 1990
- Czech Republic: Office for the Documentation and Investigation of the Crimes of Communism (ÚSTR, Ústav pro studium totalitních režimů), founded 1996
- Hungary: Historical Archive of the Secret Service (ÁBTL, Állambiztonsági Szolgátok Történeti Levéltára), founded 1997
- Poland: Institute for National Memory (IPN, Instytut Pamięci Narodowej), founded 1998
- Romania: National Council for the Study of the Archive of the Securitate (CNSAS, Consiliul Național pentru Studierea Arhivelor Securității), founded 2000
- Slovakia: Institute for National Memory (UPN, Ústav pamäti národa), founded 2003
- Bulgaria: Inspection Committee (COMDOS), founded 2003.

Since 2013, the Baltic states, Slovenia, and Albania have also joined the consortium. Research is also now possible in Kiev. Furthermore, one can also perform research in the Swiss Federal Archive on the collection of files compiled between 1900 and 1990. In Germany, there is a "right to information" which, in principle, everyone has vis-à-vis the authorities responsible for the protection of the constitution with regard to the personal data stored about them. www.verfassungsschutz.de/de/service/glossar/_IA

B

Brother Institutions
Secret services of friendly countries. In East Berlin, for example, there were secret apartments for agent meetings to exchange espionage findings or to kidnap emigrants to the West, in order to then hand them over to the respective secret service. Starting in 1955/56, the Stasi took part in multilateral secret service conferences with Eastern Bloc states. By this time, consultations were already taking place between the secret services regarding comprehensive information exchange on persons and facts as well as collaborative espionage against West Germany.

C

Combination, operative
Methods used in the handling of persons and objects to link various apparently unconnected, legend-related Stasi measures (see Legend, operative). They require precisely coordinated actions of unofficial collaborators (IMs), full-time Stasi agents, and in some cases employees of other institutions in the context of "political-operative collaboration." They serve the purpose of "disorientation," "disruption," "siphoning," and the influence of "handled" persons, the acquisition of information and evidence as well as the recruitment and review of IMs. A typical example of this is the exclusion from university studies, from school, or from professional associations. Because the Stasi did not always have persons in leadership positions of the respective institutions available as IMs, exclusions were also accomplished through the influence or spreading of rumors to responsible persons.

Concealment
The Hungarian term (fátyolozás) for data and documents which were collected during the course of operations and subsequently "legalized," so that they could continue to be used. The original source needed to be concealed.

Conspiracy
Foundational principle of the Stasi's intelligence and secret police work consisting of the deployment of unofficial forces and other clandestine means and methods as well as the concealment of one's own activities, including from other GDR bodies and the SED party apparatus. "Internal conspiracy" is understood as the IM's reporting on him- or herself in the third person. On the basis of internal conspiracy, IMs could also be observed and monitored in the reports of other IMs, as IMs did not always know the identity of other IMs in the same group.

Criminalization
The "use and/or creation of circumstances and conditions which facilitate criminal prosecution" was a disruption measure which attempted to cause dissidents to commit criminal acts in order to then sentence them and isolate them in prison. In Gabriele Stötzer's files, one can read the following sentence: "In addition, further conditions for criminal prosecution of the person handled in operation 'Toxin,' K., Gabriele, are to be created." We also find the instruction in Operation "Maggot" to "continually check whether indications and evidence of criminal activity and violations of state order can be investigated." MfS, BV, KMSt, AKG, 3485, Vol. 1, BStU 000026.

Chekists
A name for Stasi agents. Chekists (named after Cheka, the early Soviet secret police apparatus) were understood to be special persons with a "sixth sense" that "allowed them to recognize and detect enemies" (Erich Mielke, 1957). From this ideology emerged the normative model of the "Chekist personality" for the formation and spiritual-moral orientation of Stasi agents as ideological combatants. At the center of this were "deep feelings of hate, revulsion, disinclination, and relentlessness" as the "decisive foundation of passionate and unforgiving struggle against the enemy."

In contemporary Russia, former secret service agents who are now active in political leadership positions are called Siloviki, derived from the Russian "sila" (power, strength). Through 1990, a wide variety of ironic names for the secret police and their agents was in circulation: GDR: "VEB Listen and Look," "the company," "collective combine," "the association," "friends next door," "Paul Grabhold (Greifzu)," "Memphis," "the friends in the leather jackets." Soviet Union: "deep drilling committee" (Kontora/komitet glubokovo burenija), "where to go" (Куда надо), "Galina Borisovna" (GB, for KGB), analogous to Sofija Vladimorovna for "sowjetskaja vlast" ("Soviet power"), "uncle in boots" (djad'ki v sapogachš), "gripper" (stukači), "Section One" (Pervyj otdel), "Komitetčik," "chekist," "spezi", "osobist" (from Osobyj otdel, Special Section), "person from Lubjanka" (čelovek s Lubjanki) in Moscow, "person from the big house" (čelovek iz Bol'šogo doma) in Leningrad). Poland: "psi" (dog) for spies. Romania: "Securişti" (custodian of security). Hungary: "Vamzer," "Hé," "Spicli" (spy), "Tégla" (brick), "Besúgó" (tattletale).

D

Deconspiration

The disclosure of organizations, goals, working methods, and persons who were secretly to be used by the Stasi for operative tasks. Especially significant was the deconspiration of unofficial collaborators. This could be done by the unofficial collaborator him- or herself by intentionally revealing their identity to a third party or unintentionally through a violation of the rules of secrecy. Deconspiration was seen as a major harm to the Stasi and an endangerment of their work. The word "deconspiration" was taken directly from Russian (dekonspiracija) according to the Soviet model and has since come into international use.

Differentiation, political-operative

Differentiation was propagated as a method and working principle within the Ministry for State Security with the intention of gaining as precise a description and categorization as possible of the persons named in the reports, operative person controls, and operative case files. Their attitudes and actions were to be classified according to their "dangerousness" to the system and assigned to specific categories (like indifferent, hostile-negative, etc.).

Discrediting

The "systematic discrediting of public reputation, regard, and prestige on the basis of connected true, verifiable, and discrediting details and untrue, credible, non-disprovable, and thus equally discrediting details" was a common Stasi disruption measure (cf. Das MfS-Lexikon. Begriffe, Personen und Strukturen der Staatssicherheit der DDR, 3rd Edition, Berlin 2016, p. 390ff). This was accomplished through the spreading of rumors and false details about the person, the creation of mistrust, the dissemination of anonymous and pseudonymous letters and telephone calls, and also through issuing summonses to state offices. In the sphere of literature and art, the point was primarily to degrade artistic works. They were discredited as "concoctions," "pamphlets," or as "so-called literature" or "so-called art" (MfS, BV Erfurt AOP "Toxin," Vol. 4, BStU 000021). In addition, literary texts or artworks were degraded as "incomprehensible" or "unqualified," and writers and artists were pathologized as mentally ill or categorized as "psychopathic." With Rainer Kurz, e.g. in the operative plan, we read: "evidence should be found that Kurz's prose is bad prose and serves only the goal of agitation and the political-ideological diversion of the enemy" (Marko Martin, "'Geschaffene Machwerke'. Die Sprache der Stasi," in Text+Kritik, Feinderklärung. Literatur und Staatssicherheitsdienst, ed. Heinz Ludwig Arnold, Issue 120 (1993), p. 51). In 1985, Russian artist Anatoly Zigalov was institutionalized in a psychiatric clinic after putting on the action Golden Subbotnik (Zolotoj voskresnik). http://conceptualism.letov.ru/TOTART/Anatoly-Zhigalov-avtobiografia.html

Disinformation

The conscious dissemination of completely or partially contradictory information. The goal of disinformation was to discredit persons, institutions, and political projects in the West and thus to weaken, isolate, or ruin them, and also to influence decisions or to deceive the West about actions or conditions in the East (e.g. political and economic problems, measures against critics of the regime, etc.). In the GDR, it was primarily Department X of Central Department A which was responsible for formulating appropriate content and implementing it in concrete actions (active measures). This term was also derived from the Russian "dezinformacija" (deza); in 1923, the GPU had set up an office of disinformation with the goal of hindering the counter-revolutionary activities of their enemies. In the "Maggot" case, the disruption of the artist group Clara Mosch, false information was spread about multiple members (e.g. rumors about spying activities, affairs) in order to foment conflict in the group with the intention of sowing division.

Disinformation, inner

Vladimir Voinovich's formulation. The Russian writer Voinovich reports of the mendaciousness of his files. Even the small amount of material available shows how informants and agents lied upwards to exaggerate their activities and those of the surveillance subjects in order to build their own "careers" or simply fulfill a quota. "I always knew that it was part of the phenomenon of the Soviet system that the lower-downs lied to the higher-ups, the higher-ups to the lower-downs and that they expected lies from them." Vladimir Voinovich, Delo № 34840 (Moscow, 1993).

Disruption (Zersetzung)

"Disruption" was the method of clandestinely combatting persons and groups classified as "hostile-negative" by the Stasi and who were suspected of underground activity. Directive 1/76 on the handling of operative actions defined the goal of disruption as the preventative hindering of "hostile" actions. This was achieved through the "systematic discrediting of public reputation, authority, and prestige," the "systematic organization of professional and social failures," the "purposeful undermining of convictions," the "creation of mistrust and mutual suspicion," the "creation or use and intensification of rivalries," and the "local and temporal prevention or restriction of mutual relationships." The term was translated directly from the Russian "razloženie" into German. In Hungary it was called "bomlasztás" and referred to the disruption of hostile activities outside of the legal system. The goal is the "softening" ("fellazítás") of hostile groups, their ability to act, and internal structure and discipline with complex countermeasures and the dissolution of personal relationships. Partial measures included: denunciation, influencing, isolation, and separation. The Russian-rooted term "razlagane" was also used in Bulgarian to refer to disruption.

Disruption measures

In Directive 1/76, which marked the beginning of systematic disruption, the possible measures for disrupting a person of interest are described as follows:

- "systematic discrediting of public reputation, authority, and prestige" through:
  - false details and the spreading of rumors about
    - adultery
    - pornographic interests
    - alcohol abuse
    - sexual relations with minors
    - greed for money
    - neglect of parental duties
    - betrayal of fellow political campaigners, friends, and acquaintances in interrogations
    - collaboration with the Stasi
  - generation of mistrust
  - summoning persons to state offices
  - use of anonymous or pseudonymous letters
  - telephone calls
- "systematic organization of professional and social failures with the purpose of undermining the self-confidence of individual persons" through:
  - denial of educational and career opportunities
  - expulsion from professional associations, or preventing entry into them
  - making persons insecure and disciplining them repeatedly through repeated interrogations by police, the Stasi, and superiors in the workplace.

In addition, commanding officers liked using the following disruption measures:

- restriction of freedom of movement
  - willfully damaging vehicles
  - revoking driver's license or personal identification documents
- destruction of private life
  - open round-the-clock surveillance
  - constant telephone calls
  - advertising campaigns
  - secret house break-ins and moving objects around
  - damaging private property
  - inventing extramarital relationships
  - secretly organized alienation of children from parents
  - creation of conditions for criminal proceedings

The disruption measures were tailored by the responsible commanding officer to the disruption target and then sent to higher authorities for review. The basic methods for disrupting a person were developed in the law school (Juristische Hochschule) in Potsdam, including in graduate theses. The concrete development and "creative" design was then undertaken by the commanding officer.

Disruption groups, operative

In these groups, partners of the POZW (politisch-operatives Zusammenwirken, "political-operative collaboration") gathered together to actively disrupt events. They were generally university and high school students, teachers, managers at the workplaces of participating dissidents, or even members of local community boards. The behavior required of these groups was orchestrated by anonymous Stasi agents. Their task was to "competently and convincingly explain the politics of the party and government in the realms of peace and defense policy, environmental protection, and human rights." (BStU, ZA, JHS VVS 001-351/86, Bl. 63) This was intended to cause the the dissidents' message to get lost in the state-conformant statements of the disruption group.

Diversion, political-ideological (PID)

A central term in the terminology of communist state security services. GDR citizens who expressed dissenting political views with an impact on the public were categorized as "supporters of PID" and accordingly placed under surveillance. PID was considered a prerequisite for the development of organized political opposition. After initial skepticism on the part of the Soviets with regard to this term—where ideological disputes were considered a party matter—the term and its associated operative orientation were later adopted by the other communist secret services. One of the goals was to portray supporters of PID as financed and controlled by the West.

E

Espionage

Espionage refers to activity in a foreign country which aims at the "communication or delivery of facts, objects, or knowledge" to the home country. https://www.verfassungsschutz.de/de/service/glossar/_IS

F

Fiche

Term for secret service files in Switzerland. In 1990, the so-called "Fiche Scandal" (or "Fiche Affair") took place in Switzerland. In the late 1980s, it was gradually made public that Swiss federal authorities and cantonal police had compiled approximately 900,000 fiches on over approx. 700,000 persons and organizations that were considered suspect: foreign anarchists, Swiss socialists and labor unionists, unwelcome political refugees and foreigners.

Forgery/fake

"Fakes" are active measures of the Stasi which are intended to lead to the discrediting of a person or group and could be understood as disinformation acts on the part of the Stasi. For example, the Friedrichsfeld Peace Circle wanted to release their own publication, the Friedrichsfeld Fire Alarm. Before the first edition was even prepared by the Peace Circle, one-hundred copies produced by the Stasi appeared in opposition circles in Berlin. But because the bell in the logo was printed backwards, people familiar with the group were able to recognize the forgery (Sandra Pingel-Schliemann, Zersetzen. Strategie einer Diktatur [Berlin 2003], p. 229). In Operation "Arkade," the surveillance of Jürgen Schweinebraden's Berlin gallery Arkade, obviously forged invitation cards were sent for an exhibition in order to send potential interested persons to the gallery on the wrong day, thus discrediting the gallerist. Stasi agents even wrote anti-Stasi poems and passed them off as the work of others. (MfS BV Berlin, AOP 7030/82, Vol. 7, BStU 000120 ff.)

Full-time agents

Full-time agents were the personnel foundation of the secret police apparatus. They conceived of themselves, in the Soviet tradition, as "Chekists" (see Chekist). In a state socialist society, they were part of the state-loyal service class and cultivated an esprit de corps of an elite of "comrades of the first class." The number of full-time agents doubled every decade until the early 1980s. In 1989, there were about 91,000—which means that 1 in every 180 GDR citizens was a full-time Stasi agent.

G

Gaslighting

A term not used by state security but which was a typical psychological disruption measure. In psychology, gaslighting is described as a form of manipulation of the perception where the victim is intentionally disoriented and made to feel uncertain about their perceptions. One or more persons, repeatedly and over a long period of time, causes the victim to question reality through intervening in that reality. This can occur through the denial of really-existing things, behaviors, or events, or less commonly through conscious staging.

The term comes from the title of the 1938 play Gaslight by the British dramatist Patrick Hamilton. Hamilton describes manipulations of perceptions of self and reality by way of the repeated, long-term manipulation and doubting of the perceptions of the victim. While gaslighters, in psychology, are generally individual actors, in the practice of secret services it is a system of actors guided by the state. It is the state which puts its undesirable citizens into the situation of gaslighting. The manipulation happens, above all, through the denial and simple unbelievability of the practices which state security itself carries out. A typical example can be found in the case files of pediatrician Karin Ritter. Alongside the continual spreading of rumors about her person, her apartment was broken into multiple times: pictures were moved around, flower pots shifted, the tea in her tea cans switched out. Apartment break-ins were common among artists. Stötzer writes in her memoirs that disruption entailed both surveillance and breaking into her apartment and stealing her things. Cf. Sandra Pingel-Schliemann, Zersetzen. Strategie einer Diktatur, Berlin 2003, 278.

H

Handling, operative

Euphemism for all activities and measures of the Stasi's "political-operative work," i.e. the actions of the secret services and secret police relating to persons or fact-finding when the Stasi believed there was evidence of "hostile-negative actions." Handling might include the performance of operative monitoring of persons or an operative case, which led to the creation of a file in the Stasi archives.

Hostile-negative

A "political-operative differentiation" used to characterize a majority of those observed. Persons, activities, or elements who did not align with the ideal socialist image were described as "hostile-negative." It was either decided in the measure plans to transform "hostile-negative" elements into socialist ones, or the persons and groups were "disrupted" and their activities, where possible, thwarted. In the files of artist Gabriele Stötzer we read: "the hostile-negative attitude of this person, her goal of spreading negative ideas and joining with other hostile-negative persons of like mind, is suited to assist in the organization of a political underground in the GDR" (Gabi Stötzer, Stasidada, typescript). In other secret service languages, there is no direct correspondence to "hostile-negative." In Polish, the term "wroga działalność" (hostile activity) is used.

In the German Office for the Protection of the Constitution, the term "extremist efforts" roughly corresponds to the paradigm of the "enemy within." This includes "activities with the goal of eliminating liberal democracy, preparatory acts, agitation, and acts of violence." In Eastern Europe, it was precisely those acts which took the constitution seriously which were labelled "hostile-negative." Without intending to make a comparison with the techniques of enemy production in dictatorships, abuses can also happen in democracies with regard to the assessment of "extremist efforts," e.g. when political "critics" come under suspicion of extremism, as happened in Germany in 2018 when an investigation was begun into the Center for Political Beauty on suspicion of forming a criminal organization. In Germany, § 129 StGB is considered the "snooping paragraph," through which investigative authorities are authorized to perform mail monitoring, telephone surveillance, long-term observation, the use of informants and secret investigators, digital dragnets, and major bugging operations.

I

Individual procedure

A form of procedure common between 1950 and 1960. At the center of the "operational procedure" was an individual person accused of "hostile activity."

Influencing

An operative method of prevention. Aims at altering the will, the formation of opinions, and the emotions in a "favorable" direction. Influencing is targeted towards politically unstable persons with "unfavorable personality traits" who are inclined towards "negative tendencies."

Informant

A common term in the secret services of both Western and Eastern Europe. The German Federal Intelligence Agency (Bundesnachrichtendienst) describes the informant as "a person who in individual cases, or occasionally and voluntarily, offers information about an observation subject to the constitutional defense agencies." (https://www.verfassungsschutz.de/de/service/glossar/_II) In Hungary and Romania, domestic spies, i.e. those who were called "unofficial collaborators" in the GDR, were called informants. In the Soviet Union, it is estimated that there were 22 million informants during the Second World War; the KGB is alleged to have had 10 million until the fall of the Soviet Union (Robert W. Pringle, Historical Dictionary of Russian and Soviet Intelligence, Boulder et al., 2015). The political police in Switzerland called full-time informants "insiders." They were given codenames and generally played the role of leftists (with long hair), "encouraged crimes as agents provocateurs, registered dozens to hundreds of sit-in and protest participants." (Jürg Frischknecht, "Willi von der Bombenpolizei," WOZ, 2/2006, 12.01.2006, https://www.woz.ch/-619 [accessed 9.6.2019]).

Intermediaries (V-Leute), countermen, and information persons

Term of German Federal Intelligence Service (BND) for persons "who are methodically and systematically deployed for the acquisition of information about extremist efforts. They are not employees of the constitutional defense authorities. They are generally paid for their information. The identity of intermediaries is specially protected (see also "source protection"). The use of intermediaries is an intelligence method/instrument." (https://www.verfassungsschutz.de/de/service/glossar/_lV#v-leute) "Counter-men" in contrast are agents of a foreign intelligence service used for the targeted acquisition of information.

Isolation

A frequently used measure against artists for the "disruption" of individual groups or groups of friends. The purposes included "isolation in public" or to remove the "influence [of a person] on other artists." MFS, BV KMSt, AKG, 3485, Vol. 1, BStU 00021.

K

Kidnapping

Defined as the "conveying of persons against their will, and with the use of specific means and methods (violence, threats, deception, narcotics, intoxicants, etc.), from their original residence to another location, state, or region." In line with this Stasi-specific definition, we can distinguish between three tactical, sometimes combinable kidnapping variants: abductions using physical violence; abductions using narcotics; and kidnappings by means of malicious deception. In the 1950s, an increased number of political opponents of the GDR residing in West Germany were kidnapped, sentenced, and imprisoned in the GDR. In 1964, Pavel Tigrid the exiled Czech author with an American passport, publisher of the exile journal Svědectví, was about to be kidnapped by state security at an international PEN congress in Hungary and brought to trial in Prague. Because he was tipped off just in time by the Hungarian secret service, however, he left early for Paris. Nevertheless, in 1966 he was tried in absentia and sentenced to fourteen years in prison.

Kompromat

Proof or evidence of legal or moral misbehavior of a citizen of the GDR. Kompromat was used both in disruption and the recruitment of unofficial collaborators (IMs). In the latter case, the future IM was blackmailed into collaboration with the Stasi. Because motivational difficulties were expected in such situations, commanding officers rarely used kompromat. In contrast, kompromat was frequently used in disruption measures, even if it was intentionally staged by the Stasi. The term was taken from Russian, where it is an acronym for **compro**mizing **mat**erial.

L

Legend, operative

Orchestrated fictional facts and guises which triggered desired behaviors in specific persons and/or were intended to put the Stasi in a position to gain certain information. The intelligence background of the person or event, i.e. the informant and the action itself, was to remain hidden. The legend should be believable and based on real, verifiable facts and was tailored to every individual person to be observed or handled. Depending on the operative goal, there were legends relating to travel, investigations, conversations, and contacts, as well as evasion and retreat backstories. In German intelligence, the legend is the use of "wholly or partially invented or altered biographical data for the purpose of fulfilling the missions of the intelligence services and to protect their agents from third parties. Means of camouflage are used in the legend, particularly cover addresses, cover identification, and cover license plates." https://www.verfassungsschutz.de/de/service/glossar/_IL

Liquidation

This term was only used for abstract things like events, possibilities, and subjects, and referred to their "disruption." In Operation "Arkade," diverse measures were taken to "liquidate the gallery" of Jürgen Schweinebraden, e.g. by means of a power outage which required weeks of repairs afterwards, or the sending of anonymous materials with the goal of defaming the gallery. In Polish files, the liquidation of groups and institutions is interestingly referred to as "neutralization" (neutralizacja), e.g. of the artist group Orange Alternative (Pomaranczowa Alternatywa).

M

Masking

To remain unnoticed during surveillance actions, informants, spies, and agents, etc. used the method of masking. In the BStU, one can research how observation bases served as cloakrooms for the storage of professional outfits, wigs, and makeup tools. On the day of deployment, the agents would discreetly dress themselves in a way appropriate to their surroundings, whether as a laborer, forester, or waiter.

Some local Stasi offices used hairstylists and mask-makers as full-time agents for masking measures. "Vehicle masking" referred to Stasi vehicles which received a civilian disguise through private objects, falsified license plates, or imprinted company signs. The term was taken directly from the Russian "maskirovka", where it still has the same meaning.

Measures, active

Activities of the Stasi in the West which went beyond the collection of information. In the 1950s, this also included kidnappings and assassinations. Later, it mainly concerned the spreading of disinformation, the waging of psychological warfare, and in part measures to influence political decision-making processes. A spectacular instance was the assassination of Bulgarian exile author Georgi Markov on September 7, 1978 on the Waterloo Bridge in London. The weapon used was an umbrella. As we now know, the Bulgarian secret service had prepared the tip of the umbrella with a small pellet which was rammed into Markov's right calf by an agent. In the pellet were approximately 200 micrograms of ricin.

In the files, there can be found no term of equivalent significance for domestic actions. They often speak of an operative, political-operative, or disciplinary measure. Contract killing was also called a "wet business" (mokroye dela) or "black work" (černaja rabota) in Russia. Robert W. Pringle, Historical Dictionary of Russian and Soviet Intelligence (Boulder et al., 2015).

Measure Plan

In a measure plan, or action plan, the initial steps to be carried out were defined and responsibility for them assigned. These measure plans often substantially consisted of "disruption measures" which were coordinated and planned out by the commanding officer. If the plan was approved by the higher authorities, it was given over to the commanding officer to implement. The measure plan against the Hungarian artist Tamás St. Auby planned, for example, to have him admitted to a psychiatric clinic if he did not cease to make happenings.

Methods, operative

A system of principles and rules gained from experience and scientific knowledge which served to accomplish secret service missions and to effectively implement operative forces and means. The methods were adapted to the specific actual operative conditions.

Monitoring process

A form of procedure used in the GDR from 1953 to 1960. In monitoring processes, persons were investigated who were considered (potentially) politically unreliable or hostile and thus preventatively observed, e.g. former Nazi functionaries, former Social Democrats, participants in the actions of June 17, 1953 as well as persons who had moved from the West. Because the monitoring process gradually declined in significance, the still-existing cases became subject cases in the 1960s.

N

Network

"Hálózat" (Hungarian) is a term used internally by Hungarian state security to refer to secret collaborators who were organized as a "network." Also common as a term of self-reference in Romania: "ețea". See Katherine Verdery, "Secrets and Truth" (Budapest, New York 2014), p. 277.

O

Observation, operative

"Operative observation" was among the conspiratorial investigative methods generally assigned by the operative service units of the Ministry for State Security and carried out by full-time agents. So-called target persons (called "observation subjects") were observed for a specific period of time in order to find information about residence locations, connections, work positions, lifestyle habits, and potentially criminal activities. Information from surveillance was entered into personal screening checks, operative case files, and security reviews.

Observer

Stasi agents specially trained in operative surveillance. These were sometimes so-called "unknown collaborators" or observer-informants (Inoffizieller Mitarbeiter im besonderen Einsatz, IME). Observers were trained in secret photography, cartography, personal identification, and vehicle pursuit. They were taught how to move discreetly on foot, in automobiles, and on public transit and how to keep the correct distance from the subject. Sometimes groups of observers were used with different assigned roles. During official or private visits by western politicians, bodyguards or police officers often functioned as observers.

Operative action (operativer Vorgang, OV)

An operation requiring registration and a general term for individual or group operations which were initiated to enable action against undesirable persons in the framework of secret or sometimes also public investigations. An operation of this kind was opened on the basis of what the Stasi viewed as criminal offenses. It encompassed personal background checks, mission reports, measure plans, and detailed descriptions of the observed person, his or her habits and milieu. The naming of operative actions was left to the assigned commanding officer, the name often having a relationship to the person being handled. The names often came from the art world, e.g. "autodidact," "paintbrush," "tipper," "interpreter," "silkscreen," "palette," "Schwitters," or "Festő" (painter). Or they were pastiches of the surnames of the observed persons, like "Horgászok" in the case of Péter Halász (whose last name means "fisher"). The operational names were often clearly pejorative and fit into propagandistic enemy schemas, e.g. vermin names for the artist group Clara Mosch ("maggot," "worm") or to emphasize danger in the case of Gabriele Stötzer, who was given the operational name "Toxin."

As compared with Russian, this term was slightly adapted, as "delo operativnoj razrabotki" literally means "operation/occasion/matter/dossier of the operative action." In Hungarian, the operative action was called "O-disszié" (operative dossier). Similar to the OV is the summary name of collections of personal, group, surveillance, search, object, special event, and monitoring dossiers. The operative action pertaining to an individual person was carried out as "személyi dosszié". In the O-Register (O-napló), object files were archived after conclusion of the action. In Bulgarian, the OV had almost the same name as in Hungary, "operativno delo". A distinction was also made between personal (lično delo) and professional (rabotno delo) files. In the Polish files, the Russian origins of the term "sprawa operacyjnego rozpracowania" are palpable, being taken over word-for-word. During naming, the files were named with "kryptonim" and subsequently the code name.

P

Patronage

Patronage was a disruption measure in the GDR used on groups of artists to isolate individual group members and thereby bring about the dissolution of the group. By funneling jobs to individual artists, enabling exhibition participation, awarding prizes, grants, and honors, or approving travel to the West, the intention was to both distance the individual artist from the other group members and to enable career possibilities in the system. In the artist group Clara Mosch, for example, measures against one member were planned to "cause him, by means of intense political-ideological cultivation, patronage, and appropriate political-op. measures, to distance himself from the activities of persons XX." MfS, BV, KMSt 3485, Vol. 1, BStU 000024. Another form of patronage was undertaken by the CIA in 1950 with the Berlin-based group "Congress for Cultural Freedom" (CCF), founded in same year, with the intention of influencing leftist circles through financial injections and pro-American propaganda in the art world. The congress published approximately twenty political magazines, put on events, and organized prize award ceremonies. Abstract Expressionist artists like painters Jackson Pollock and Mark Rothko were given particular support. See Campaigning Culture and the Global Cold War: The Journals of the Congress for Cultural Freedom, ed. by Giles Scott-Smith, Charlotte A. Lerg, Palgrave Macmillan UK, 2017.

Performative censorship

Sylvia Sasse's term for state security censorship measures intended to stop art actions, exhibitions, etc. by means of performative, theatrical actions. These included breaking water pipes, hindering exhibitions, faking invitation cards for exhibitions, break-ins, and even went as far as lavish counter-performances like the Moscow Bulldozer Exhibition on September 15, 1974. Stasi language speaks of "hindering." In Polish and Hungarian files, one finds the term "prevention" in the context of anti-happening measures.

"Plainclothes art historians"

Term used by artists to refer to informants and spies who were planted in the art scene. The formulation comes from Russian (iskusstvovedy v štatskom) and was primarily used there. The artist Sven Gundlach writes for example that "plainclothes art historians" were present disguised as drivers at the Bulldozer Exhibition. Sven Gundlach, "Vystavka kak akcija," Dekorativnoe iskusstvo, No. 5, pp. 33–35, here p. 33.

Preventative surveillance

Society, as well as public, economic, and social institutions, were preventatively surveilled by secret informants and later through unofficial collaborators. The idea behind this was that there were threats to socialism, and thus the GDR, everywhere in society—and shaped by "hostile" western influences. As a result of the policy of détente, the Stasi, with a view to their international reputation, increasingly avoided openly repressive measures and replaced them with preventative and clandestine manipulative approaches which required significantly more staff resources.

Prioritization

"Priorálás" (English: "to prioritize") refers to the practice of "searching" for specific topics, keywords, or persons within the archives of state security. It was a routine assignment of state security officers and was part of the "ABCs of State Security" (Krisztián Ungváry), which helped to uncover "deconspiration" or supposedly "fictive" recruitments.

Psychology, operative

"Operative psychology" was first offered as a course of study in 1965 at the law school (Juristische Hochschule, JHS) in Potsdam-Eiche. This was a school specifically transformed for the Stasi. The specialization "Operative Psychology" could be chosen during postgraduate studies. It was the foundation of disruption measures, interaction with unofficial collaborators, and interrogation of dissidents. Numerous graduate theses discussed practical examples of what such measures or interrogations might look like. Operative psychology with this "goal" was only offered at the JHS in the GDR.

Public and traditional operations

This is a service unit established by the Stasi in 1955. It was responsible for the preparation of exhibitions, print publications, and films for the activities of the Stasi as well as for the placement of such themes in GDR media. Starting in the late 1950s, the Stasi's public operations concentrated on electronic media and film. Particularly successful was the Stasi-inspired 1963 film For Eyes Only about the spectacular theft of an index of agents from the Würzburg office of the American military intelligence service MID by the "scout" Horst Hesse.

Q

Questioning

Option permissible under criminal procedural law for officially taking up contact with suspects, witnesses, and other persons before the introduction of investigation proceedings (criminal procedural early review phase) of Eastern European secret police. § 95 StPO/1968 permitted suspects to be "delivered" to questioning ("delivery"). The Stasi sometimes used questioning as a demonstrative measure to intimidate dissidents who themselves could not be subject to investigation proceedings for political reasons. Questioning was also used in disruption plans to intentionally spread or confirm rumors and to foment distrust in groups. In Artists & Agents, we have published the questioning of an artist which formally resembles a discussion: the Stasi officers show an interest in the genre of "action art," in the artist's milieu, and in leverage which they could potentially use against him. In the Soviet Union, there were "prophylactic warnings," summonses to interviews; between 1967 and 1975, more than 130,000 Soviet citizens were summoned to interviews and warned. Possible causes of this include the publication of a book in samizdat or abroad (Vladimir Voinovich writes about this in his book Delo № 34840) or also contacts with foreigners. Dissidents report of such summonses in the Chronicle of Ongoing Events (Chronika tekuščich sobytij).

R

Rendezvous

The rendezvous was a secret meeting between a commanding officer or instructor and an unofficial collaborator. The rendezvous was among the "most important methods" of information transfer. It had a number of tasks to fulfill, like personal discussion, the assignment of tasks, and reporting. The training, instruction, qualification, and review of the unofficial collaborator also took place entirely or partially in the rendezvous, which took place if possible in a secret apartment. There was the "primary rendezvous," the "pre-rendezvous," and the "visual rendezvous" where the parties signaled to each other, without speaking, whether a primary rendezvous was possible. In his novel, Corrected Version, Péter Esterházy writes about the rendezvous of his father with state security.

Residentory

A "residentory" (German: Residentur) is a "camouflaged intelligence base in an area of operations." A distinction was made between official or semi-official locations (e.g. embassy, commercial delegation), referred to as "legal residentories" and illegal, clandestine residentories.

Rumor

Rumors were a popular disruption measure for isolating persons from a group, from friends, or from family, and for discrediting their public reputation. The truth content of the disseminated rumors could largely not be determined, which made it even more difficult to defend oneself against them. The content was tailored to the individual person, and could concern adultery, pornographic interests, alcohol abuse, sexual relations with minors, greed, betrayal, neglect of parental responsibilities, or even collaboration with the Stasi itself. The rumor was spread about the artist group Clara Mosch, for example, that one of their members was a Stasi informant. "In the circle of friends and acquaintances, the suspicion should be spread that XX is constantly informing local party and state organs about confidential matters among his group of friends." MfS, BV, KMSt 3485, Vol. 1, BStU 000022. There were also cases of artists being summoned to "legendary interviews" which were intended to intensify suspicion that the artist was working with the organs of state.

S

Security reviews

Procedures for assessing the "security-political" suitability of persons who were to be entrusted with important missions, functions, and authorizations, or to whom authority and/or permissions and approvals were to be assigned. Security reviews and other investigations of persons which took place beneath the level of officially registered operations numbered in the hundreds of thousands annually (1987: approx. 400,000) and were primarily carried out by local Stasi offices. By the end of 1987, an average of one in every two GDR citizens were recorded in the Prevention, Search, and Tip Index of the local Stasi office.

Self-disqualification

Describes the attempt of artists to disqualify themselves in advance from collaboration with state security. The Czech artist Jan Mlčoch avoided collaboration with the secret police by asserting, when offered to become an informant, that he had already announced at work that he had met with an employee of the Interior Ministry. He was thus no longer trustworthy. See Tomáš Pospiszyl, "Look Who's Watching? Photographic Documentation of Happenings and Performances in Czechoslovakia", in: Artists & Agents, ed. by Kata Krasznahorkai, Sylvia Sasse, Leipzig: Spector Books, 2019, pp. 339—347.

Signalization

The term "szignalizáció" refers in Hungary to a "method which enables the precise assignment of responsibility (prosecution) of persons outside of the context of prevention and criminal proceedings. It is a 'giving a sign' about activities hostile to society for the responsible party, state, social, or economic institutions or authorities."

Siphoning (Abschöpfen)

The secret collection of operationally relevant information by the Stasi. Persons could be "siphoned off" by unofficial collaborators. Siphoning also refers to the intentional or unintentional transfer of information from the unofficial collaborator or "social collaborator for security" (gesellschaftlicher Mitarbeiter für Sicherheit, GMS) to the commanding officer. One example of this was an "operative measure" against a member of the artist group Clara Mosch, allowing him to travel abroad to the West in order to "siphon" further information, e.g. about art smuggling. MfS, BV Karl-Marx-Stadt, XIV 73/75, Vol. 5, 6.

Source

A central category of unofficial collaborator (IM) in Head Office A. "Sources," for the Stasi, were those IMs active in the west who had access to information about the activities, intentions, resources, and internal structures of "hostile" institutions. These could include political parties, associations, or industrial companies. The German constitutional defense authorities define a source as: "the origin of an item of information. Sources can be persons (e.g. informants) but also media (e.g. internet, printed matter) or other agencies. 'Source protection' is all of those measures which are necessary and appropriate to protect an intelligence source from demasking and its consequences." www.verfassungsschutz.de/de/service/glossar/_lQ

T

Tipper

A category of unofficial collaborator who tipped off the Stasi about persons who might be candidates for unofficial collaboration, particularly in the area of operations. As a rule, this unofficial collaborator had a professional, political, or social position which enabled a corresponding overview. Also used as a term in Hungary, e.g. "tip search" (tippkutatás): the first phase of network formation in the search for a person.

U

Unofficial Collaborator (IM)

Unofficial collaborators (inoffizielle Mitarbeiter, IMs) were the "primary instrument" of state security in the GDR for the surveillance of society. Generally acting in secret and of their own motivation, they provided information about their professional and private worlds. They worked in every area of GDR society as well as abroad, including in West Germany. In the GDR, they were intended to exhaustively investigate dissenting opinions or even plans to flee to the West and to accordingly act in the interests of state security. With respect to their number, we can identify a similar quantitative development to full-time agents, their number peaking in the late 1970s at around 200,000. In the second half of the 1980s, 4,500 to 5,000 operations, and about 20,000 person controls, were carried out annually. The Stasi ultimately distinguished between the following subcategories:

- Unofficial Collaborator in Special Deployment (Inoffizieller Mitarbeiter im besonderen Einsatz, IME): IMEs were unofficial collaborators who took on special tasks. These could be IMs in "key positions," so-called expert IMs, or those specialized in surveillance and investigation.
- Unofficial Collaborator for Homeland Defense with Enemy Connections and for the Immediate Handling of Persons Suspected of Hostile Actions (Inoffizieller Mitarbeiter der Abwehr mit Feindverbindung bzw. zur unmittelbaren Bearbeitung im Verdacht der Feindtätigkeit stehender Personen, IMB): IMBs were particularly important IMs. They enjoyed the confidence of the Stasi, and they also had direct contacts with people classified by the Stasi as hostile.
- Unofficial Collaborator for the Assurance of Secrecy and Communication (Inoffizieller Mitarbeiter zur Sicherung der Konspiration und des Verbindungswesens, IMK): IMKs were indispensable for the secret infrastructure of state security: they made their apartments or rooms available ("secret apartment"), their addresses ("cover address"), or their telephone number ("cover telephone"), or otherwise contributed to the maintenance of secrecy ("other"). The Stasi needed these various categories of IMK to guarantee discreet communication with their informers.
- Social Collaborator for Security (Gesellschaftlicher Mitarbeiter für Sicherheit, GMSs): MSs were intended to stand up for "security, order, and lawfulness" and to remain publicly loyal to the state. The "mass vigilance" achieved in this way was intended to hinder the development of "hostile powers" and lighten the burden of IMs and their commanding officers. GMSs were selected and recruited in a similar way to IMs, although confidentiality requirements and file keeping were more relaxed. GMSs were intended to be used for the direct "handling" of opponents of the regime.
- Commanding IM (Führungs-IM, FIM): FIMs managed multiple IMs and/or GMSs to collect incoming information and disseminate the orders of state security. Candidate FIMs were persons who were particularly loyal to the Party (SED) and discreet according to state security.

Upon entering the Stasi, the future IM wrote a letter of motivation, at the end of which he or she specified a new name. This name was freely chosen by the IM, e.g. "Rose," "Kurt," "Rene," "Frank Körner" or "Otto Pfötzner." An IM could also have multiple codenames.

In the Hungarian secret service, unofficial collaborators were categorized according to their motivations. Secret agents ("titkos megbìzott", "tmt") acted from political conviction and the informant ("ügynök") for financial reasons or for other advantages, but also due to blackmail with the help of compromising information in the possession of the secret service. In the Bulgarian secret service, unofficial collaborators were called "špion" or "taen agent" and informants "razuznavč" or "informator". In the Polish files the latter were instead called information sources ("źródło informacji"). In the KGB, collaborators were called SEKSOT, the acronym for секретный сотрудник, secret collaborators.

Who-knows-who schema (WKW schema, Who's-Who Report)

The WKW schema was a working method for recording and presenting the family, friends, and other relations of a person. It served the purpose of guaranteeing the secrecy and security of IMs, coordinating their deployment, and showing them new deployment possibilities. Connections between the IM and other persons and how these other persons were connected were shown in a graphic representation. Different colors and symbols were used to portray the different characters of the persons in this system and its connections. It was used primarily in IM files, but also in various operational actions. In the case of the artist group Clara Mosch, IMB "Franziska Platter" was tasked with a who's-who clarification. MfS, BV Karl-Marx-Stadt, XIV 73/75, Vol. 5, 9. Sketches were also sometimes created, e.g. of the relationship network of the Gallery Arkade (MfS BV Berlin, AOP 7030/82, Vol. 1, BStU 000153). In the files of Jiří Kolář can also be found a list of Kolář's friends and their characteristics and blueprints of his apartment. See Tomáš Pospiszyl, "Look Who's Watching? Photographic Documentation of Happenings and Performances in Czechoslovakia" in: Artists & Agents, ed. by Kata Krasznahorkai, Sylvia Sasse, Leipzig: Spector Books, 2019, pp. 339—347.

Compiled by Susanne Wegmann, Kata Krasznahorkai, and Sylvia Sasse
The entries originate from various lexicons, primarily from: Das MfS-Lexikon. Begriffe, Personen und Strukturen der Staatssicherheit der DDR, 3rd Edition (Berlin 2016).

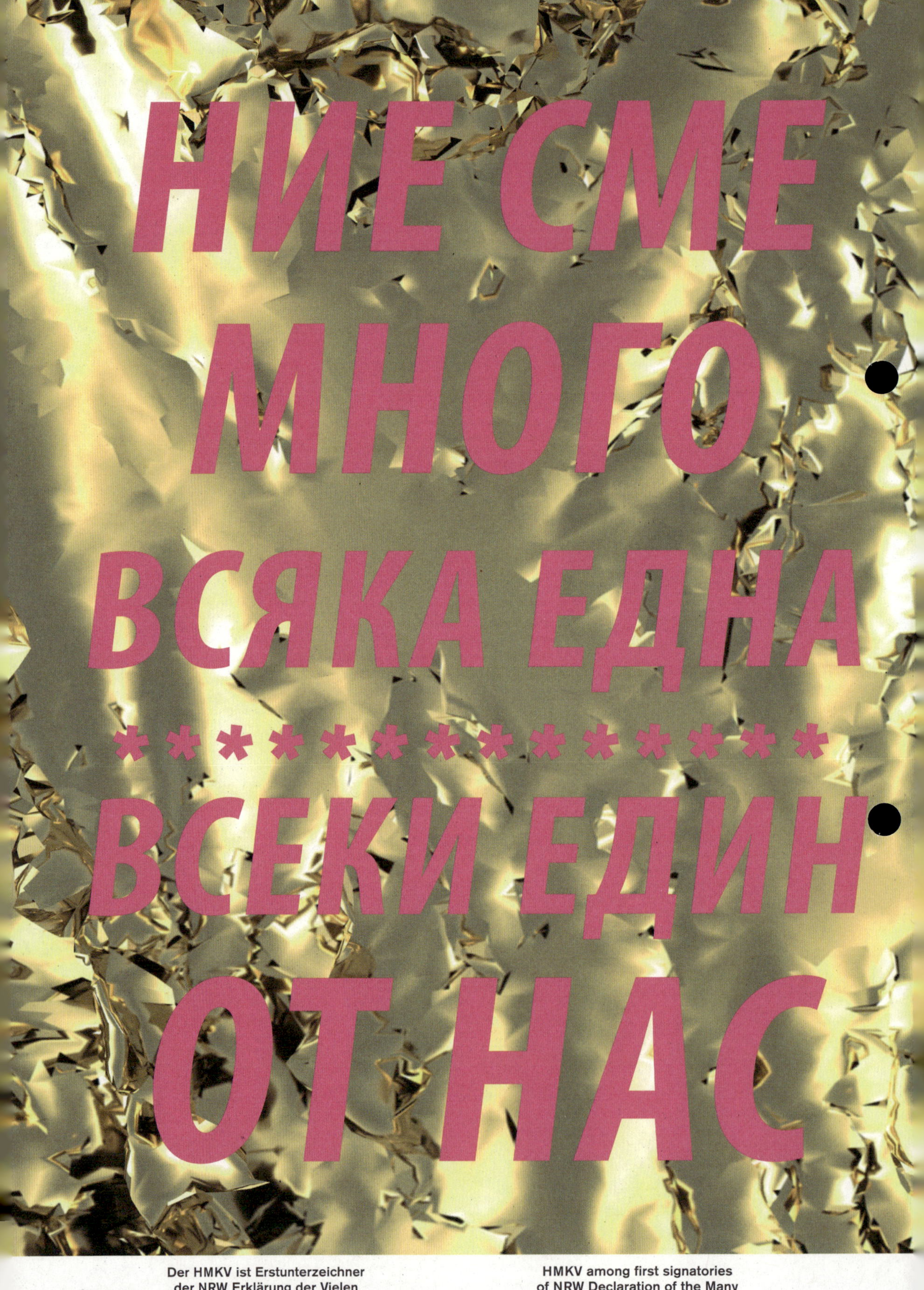

Der HMKV ist Erstunterzeichner der NRW Erklärung der Vielen

HMKV among first signatories of NRW Declaration of the Many

Impressum / Colophon

Artists & Agents – Performancekunst und Geheimdienste
Artists & Agents – Performance Art and Secret Services

26.10.2019–22.03.2020
HMKV (Hartware MedienKunstVerein)
im / at Dortmunder U

Gefördert durch / Funded by

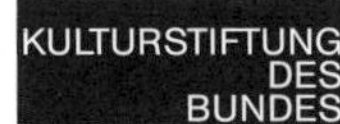

Ministerium für
Kultur und Wissenschaft
des Landes Nordrhein-Westfalen

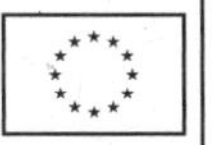

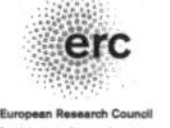

Förderer HMKV / Funders HMKV

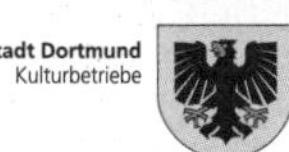

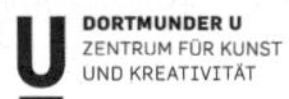

Kooperationspartner / Cooperation Partner

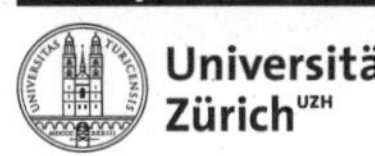

Künstler*Innen / Artists
Alexandru Antik (RO)
Tina Bara & Alba D'Urbano (DE)
Kurt Buchwald (DE)
Károly Elekes / Árpád Nagy / Gruppe MAMŰ (RO)
György Galántai / Artpool (HU)
Ion Grigorescu (RO)
Sanja Iveković (HR)
Voluspa Jarpa (CL)
Jens Klein (DE)
Daniel Knorr (RO/DE)
Csilla Könczei (RO)
Korpys / Löffler (DE)
Jiří Kovanda (CZ)
Jill Magid (US)
Simon Menner (DE)
Arwed Messmer (DE)
Clara Mosch (DE)
Orange Alternative (PL)
Peng! Collective (DE)
Józef Robakowski (PL)
Cornelia Schleime (DE)
Nedko Solakov (BG)
Gabriele Stötzer (DE)
Tamás St.Turba (NETRAF-agent) / Gábor Altorjay (HU)

Kuratiert von / Curated by
Inke Arns (HMKV),
Kata Krasznahorkai (Universität Zürich),
Sylvia Sasse (Universität Zürich)

HMKV (Hartware MedienKunstVerein)

Direktorin / Director
Dr. Inke Arns

Geschäftsführung / Managing Director
Johanna Knott

Technischer Leiter / Technical Director
Stephan Karass

Organisation & Produktion / Organisation & Production
Kathleen Ansorg, Nina Petryk, Jessica Piechotta, Regina Weidmann

Presse- und Öffentlichkeitsarbeit / Press and Public Relations
Dr. Inke Arns, Jelena Löckner, Martin Adler

Media Managerin / Media Manager
Christine Bartsch

Vermittlung / Education
Stephanie Brysch

Assistenz der Geschäftsführung / Assistant to the Managing Director
Katharina Stein

Buchhaltung / Accounting
Simone Czech

Infoteam / Information Staff
David Döhrer, Andree Höppe, Lennart Kurth, Silvia Liebig, Richard Opoku-Agyemang, Linda Richerd, Sabrina Richmann, Miu-Ho Tang

AUSSERDEM / FURTHERMORE

Aufbauteam / Construction Team
Sanja Biere, Kai Kickelbick, Zeljko Petonjic

Gestaltung / Design
Nathow & Geppert, Bielefeld
ng-gestaltung.de

Ausstellungsszenographie / Exhibition Scenography
please don't touch, Dortmund
prjktr. [projektor_berlin]

PUBLIKATION / PUBLICATION

HMKV Ausstellungsmagazin / HMKV Exhibition Magazine 02/2019
Erschienen anlässlich der Ausstellung / published on the occasion of the exhibition

Artists & Agents – Performancekunst und Geheimdienste /
Artists & Agents—Performance Art and Secret Services
26.10.2019–22.03.2020
HMKV (Hartware MedienKunstVerein) im / at Dortmunder U

Herausgeber*innen / Editors
Inke Arns, Kata Krasznahorkai, Sylvia Sasse
HMKV (Hartware MedienKunstVerein)

Texte / Texts
Inke Arns (A), Kata Krasznahorkai (K), Sylvia Sasse (S), Van Abbemuseum

Übersetzung / Translation
Brian Alkire, Kenneth Friend

Koordination / Coordination
Regina Weidmann, Kathleen Ansorg, Nina Petryk, Jessica Piechotta

Gestaltung / Design
Nathow & Geppert, Bielefeld
ng-gestaltung.de

Fotografie / Photography
Ausstellungsansichten/
exhibition views

Auflage: 1.000
Druck: DBM Druckhaus Berlin-Mitte GmbH

ISSN-Nr. / No: 2629-2629

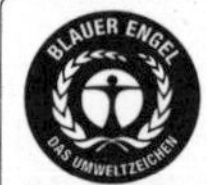

Dieses Druckerzeugnis wurde mit dem Blauen Engel ausgezeichnet.

Verantwortlich / Responsible
HMKV
Hartware MedienKunstVerein

eingetragen beim Amtsgericht Dortmund als Hartware MedienKunstVerein e.V.
VR4833, Ust ID NR.: DE 268698763
Vorstandsvorsitzende: Raimund Müller, Stefan Hilterhaus

Büro / Office
Hoher Wall 15, 44137 Dortmund
Tel: +49 231 .13 73 21-55
E-Mail: info@hmkv.de
www.hmkv.de

f hartwaremedienkunstverein
@hmkv_de
@hmkv_de

ARTISTS & AGENTS

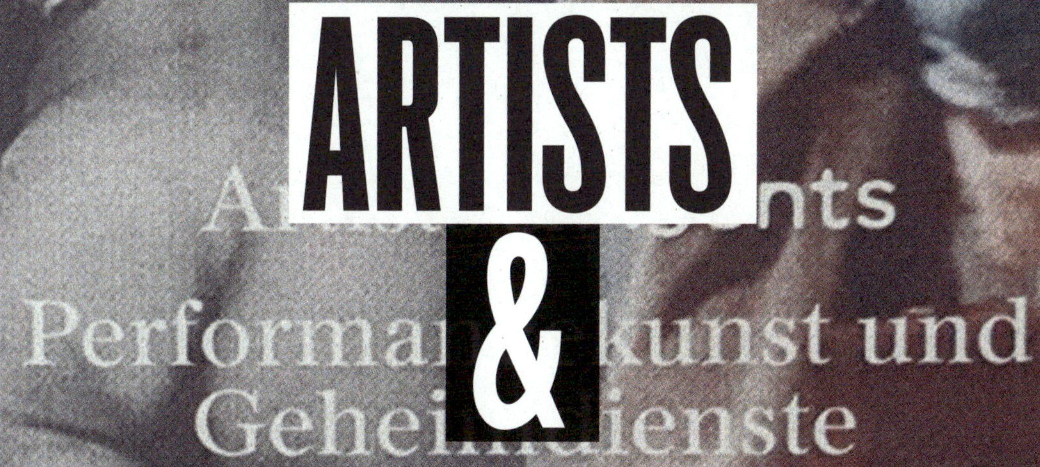

Im Rahmen der Ausstellung ist auch folgende Publikation erschienen: Artists & Agents – Performancekunst und Geheimdienste

hrsg. v. Kata Krasznahorkai, Sylvia Sasse, Leipzig: Spector Books, 2019, 688 S.

The following book was also published as part of the exhibition: Artists & Agents – Performance Art and Secret Services

edited by Kata Krasznahorkai, Sylvia Sasse, Leipzig: Spector Books, 2019, 688 pp.

Kata Krasznahorkai,
Sylvia Sasse (Hg.)

AGENTS